JN050427

「個別最適な学び」と「協働的な学び」の一体的な充実を目指して

奈須正裕／伏木久始 編著

北大路書房

はじめに

　2021年1月26日の中央教育審議会答申「『令和の日本型学校教育』の構築を目指して――全ての子供たちの可能性を引き出す，個別最適な学びと，協働的な学びの実現[1]」は，2017年版学習指導要領の円滑で十全な実践化に必要なさまざまな道具立てを打ち出したものと解釈できる。多くの興味深い提案がなされているが，わけても注目を集めたのは「個別最適な学び」であろう。

　背景には，近年における子どもの多様性の量的・質的な拡大がある。発達障害の可能性のある子ども，不登校や不登校傾向の子ども，経済的な困難を抱える子ども，海外にルーツをもつ子ども等の増加に加え，これまで十分に光が当てられることがなかった特定分野に特異な才能のある子どもについても，文部科学省はようやく本格的な検討を開始した[2]。

　これらの子どもに最大限のサポートを行うのは，社会が果たすべき義務である。しかし，多様性はこれらの子どもたちだけの問題ではない。「特に困っていない」「何とかやれている」とされる子どもにも多様性はある。どの子もその子ならではの独自な要求や都合を抱えて教室にいるのである。

　すべての子どもは幸せになる権利をもって生まれてくる。その子らしく十全に学び育つ権利，いわゆる学習権・発達権も当然そのなかに含まれる。

　子どもがうまく学べないのは，子どもの側に障害があるのではなく，カリキュラムや学習環境の側に障害があるからにほかならない。一人ひとりの実情に即して，可能な限り障害を取り除き改善を図る。いまやこれが世界のトレンドであり，ようやく日本もその方向に舵を切りはじめた。今回の「個別最適な学

＊1　中央教育審議会「『令和の日本型学校教育』の構築を目指して――全ての子供たちの可能性を引き出す，個別最適な学びと，協働的な学びの実現（答申）」2021年。
＊2　特定分野に特異な才能のある児童生徒に対する学校における指導・支援の在り方等に関する有識者会議「審議のまとめ――多様性を認め合う個別最適な学びと協働的な学びの一体的な充実の一環として」2022年。

＊1　　＊2

び」の提起は，そのような思想的枠組みのなかで理解される必要がある。

　もっとも，「個別最適な学び」に連なる原理や実践それ自体は，近代学校に対する批判と改革の流れのなかでさまざまに取り組まれ，議論されてきたものであり，日本においても100年以上に及ぶ膨大な実践資産が存在している。今後の展開を考えるうえで，これらに学ぶべく整理を進めることは重要な課題であろう。

　一方，しばしば「個別最適な学び」と対峙するかのように語られる「協働的な学び」もまた，実は近代学校に対する批判と改革のなかで拡充を遂げてきた実践動向にほかならない。両者に共通するのは，子どもたち自身による自立的な学びの推進であり，その背後にある，すべての子どもは有能な（competent）学び手であり，適切な環境なり状況と出合いさえすれば，自ら進んで学ぼうとするし，学ぶことができるという事実認識である。

　なにより「協働的な学び」でも，多様性は鍵となる概念である。「協働的な学び」が実現を目指すのは，単に皆で心を一つにし，力を合わせて頑張るとか，集団としてのパフォーマンスの向上を目的に個人が最大限の努力をするといったことではない。そういえば，こういった文脈でかつて頻繁に使われた「集団」という表現が，中教審答申にも本書にもほとんど登場しない。「協働的な学び」が「集団」としての成果を目安とした学びではなく，多様な「個」の間でこそ生じる互恵的な学びであり，その成果もまた一人ひとりに返っていくことを目指したものであるのは，このあたりからも明らかであろう。

　「令和の日本型学校教育」の実践創造に際しては，そのような特質をもつ「個別最適な学び」と「協働的な学び」がそれぞれに充実するとともに，両者の間に相補的で相互促進的な関係を構築することが望まれる。中教審答申も「『個別最適な学び』と『協働的な学び』の一体的な充実の重要性について，関係者の理解を広げていくことが大切である[*3]」としている。

　おりしも，内容中心から資質・能力を基盤とした学力論への転換，GIGAスクール構想に伴うICT環境の拡充など，学校教育を取り巻く状況が大きく変

＊3　前掲（＊1），19頁。

化するなか，それは理論的・実践的にどのように可能となるのか。また，具体的な姿はどのようなものとなるのか。もちろん，この問いに対する回答は多種多様に存在するし，むしろそれぞれの回答の背景や根拠から，私たちは未来に向けて多くの示唆を得ることができるだろう。

　以上のような認識に基づき，本書では学校教育における「個別最適な学び」と「協働的な学び」の一体的充実を目指して，現状において考え得る多様な回答を国内外の実践や研究に広く求め，整理するとともに，今後に向けて検討を要する諸課題の広範な洗い出しに努めた。

　そのようななかで浮き彫りになってきたのは，一斉指導に象徴される伝統的な学校の在り方では，すでに子どもの学習権・発達権の十全な保障は困難であるという事実である。OECD 等の高い評価からも明らかなように，国際的に見て日本の学校教育は決してうまくいっていないわけではない。しかし，順風満帆というわけでもないのは，誰しもが薄々気づいているとおりであろう。

　「いやいや，大丈夫。日本の学校はね，まだまだやれますよ」

　先日，ある校長からこんな声を聞いた。しかし，絶好調のとき，人は「まだまだやれる」とは言わない。すでにかなり危ういということに気づいているからこそ，つい口をついて出た言葉なのだと思う。

　一番まずいのは，薄々気づいているにもかかわらず，不都合な事実から目をそらし，結論を先送りすることである。その間にも事態は着実に深刻さの度合いを増していき，ついには取り返しのつかない地点にまで達してしまう。このあたりの感覚は，地球環境をめぐる現在の状況と似ているかもしれない。

　先の校長と同じ「まだ」という表現を使うなら，正しくは「いまならまだ間に合う」であろう。そのためにいま何をすべきか。この切実な問いに対し，本書での議論が少しでも皆さんのヒントになれば，望外の幸せである。

　なお，本書では，まずはできるだけ多様な実践や研究が一堂に会することを最優先としたので，用語の統一が十分に図れてはいない。典型は「協働的な学び」をめぐるもので，執筆者により，共同，協同，協働，協調などさまざまな表現が用いられている。いずれも，それぞれの実践や研究の背景，経緯，依って立つ立場などから，その表現でなければならない十分な必然性がある。

したがって「なぜその表現なのか」という問いを携え，各章に固有な文脈をしっかりと読み取ることを心がけてほしい。本の編集作業として親切さに欠けることは重々承知しているが，微妙な違いを十把一絡げにまとめてしまうと，それぞれの取組みの重要な特質をとり逃がすことにつながりかねない。

　先に子どもの多様性に関わって述べたのと同様に，教育実践もまた，微妙な違いのなかにこそ本質的な違い，つまりそれぞれのかけがえのなさは存在する。「神は細部に宿る」のである。

　すでに30年近く前のエピソードになるが，不登校の子どもがこんな言葉を残している。言わずもがなではあるが，「あそこ」とは学校のことである。
「あそこには，やらなきゃいけないことと，やっちゃいけないことしかない」

　当然，この後に続くのは「だから僕はあそこには行かない」であろう。

　日本の学校を，分量的にはカリキュラムのなかのほんの一部でもいいから，すべての子どもたちにとって「やりたいこと」のある場所にしたい。

　もちろん，学校には「やらなきゃいけないこと」もあるが，それ自体は子どもも理解しているし納得もしている。残る要件は「自分にあったやりかた」や「自分たちのペース」でやっていい場所になることである。たったそれだけの変化で，子どもたちは喜々として「やらなきゃいけないこと」に取り組む。

　本書は，このシンプルにして深遠な事実を改めて確認するために編まれた。

　2023年10月

　　　　　　　　　　　　　　　　　　　　　　　　　　　　奈須正裕

刊行に寄せて

子どもを主語にした学校教育へ

荒瀬　克己

答申の役割

　2021年1月26日，中央教育審議会（以下，「中教審」）が「『令和の日本型学校教育』の構築を目指して——全ての子供たちの可能性を引き出す，個別最適な学びと，協働的な学びの実現（答申）[*1]」（以下，「令和答申」という）を出した。

　小学校では新学習指導要領による教育活動がはじまったばかり（2020年4月施行），中学校はまもなく（2021年4月施行），高等学校においても1年後（2022年4月施行）に移行しようとしている時期であったから，現場では戸惑う声が多くあった。特に反響が大きかったのは，これまで懸命に進めてきた「個に応じた指導」から「個別最適な学び」とした点だ。しかし，このことについて，令和答申は「はじめに」において，次のように述べている。

> 　本答申は，第I部総論と第II部各論から成っている。総論においては，まず，社会の変化が加速度を増し，複雑で予測困難となってきている中，子供たちの資質・能力を確実に育成する必要があり，そのためには，新学習指導要領の着実な実施が重要である（下線は筆者。以下同）とした。（…中略…）ここでは，ICTの活用と少人数によるきめ細かな指導体制の整備により，「個に応じた指導」を学習者視点から整理した概念である「個別最適な学び」と，これまでも「日本型学校教育」において重視されてきた，「協働的な学び」とを一体的に充実することを目指している。

＊1　中央教育審議会「『令和の日本型学校教育』の構築を目指して——全ての子供たちの可能性を引き出す，個別最適な学びと，協働的な学びの実現（答申）」2021年。

詳細については答申本体をお読みいただくこととして，ここで述べたいのは，令和答申が提言しているのは，これまでとは別のことをはじめようというのではなく，「新学習指導要領の着実な実施」が重要であり，その際，指導者側の視点からの「個に応じた指導」を，学習者側の視点から「個別最適な学び」と言い換え，これまで以上に一人ひとりの学び手に寄り添った取組みを進めていくのを提言しているということだ。そして，その目指す姿を「一人一人の子供を主語にする学校教育」と呼んだのである。

　高等学校学習指導要領第1章総則第1款の「1」について，2009年3月告示（2013年4月1日施行）と2018年3月告示（2022年4月1日施行）の記述を見比べてみたい。

　「教育課程編成の一般方針」と題された2009年告示の学習指導要領の第1款「1」には，次のように記述されている。

　　　各学校においては，教育基本法及び学校教育法その他の法令並びにこの章以下に示すところに従い，生徒の人間として調和のとれた育成を目指し，地域や学校の実態，課程や学科の特色，生徒の心身の発達の段階及び特性等を十分考慮して，適切な教育課程を編成するものとし，これらに掲げる目標を達成するよう教育を行うものとする。

　一方，「高等学校教育の基本と教育課程の役割」と題された2018年告示の学習指導要領では，以下のようになっている。

　　　各学校においては，教育基本法及び学校教育法その他の法令並びにこの章以下に示すところに従い，生徒の人間として調和のとれた育成を目指し，生徒の心身の発達の段階や特性等，課程や学科の特色及び学校や地域の実態を十分考慮して，適切な教育課程を編成するものとし，これらに掲げる目標を達成するよう教育を行うものとする。

　この点は小学校，中学校においても同様で，小学校では「地域や学校の実態

及び児童の心身の発達の段階や特性を十分考慮して」とあったものが、「児童の心身の発達の段階や特性及び学校や地域の実態を十分考慮して」と書き換えられている。すなわち新学習指導要領では、まず子どもに視点を置いていることがわかる。つまり、令和答申の「一人一人の子供を主語にする学校教育」は、新学習指導要領においてすでに示唆されているものであったのだ。

そのように考えると、令和答申は、コロナ禍という予想もしなかった状況や、それに関連しての GIGA スクール構想の前倒しによる ICT 機器活用の促進といった、子どもたちの学習環境の大きな変化が進むなかで、小学校高学年の教科担任制導入や、高等学校教育におけるスクール・ポリシーの策定等の新たな展開を示しつつ、「一人一人の子供を主語にする学校教育」の姿を目指して、新学習指導要領を読み解き、その着実な実施を進めるための、もう一つの「解説」であるということができるだろう。

子どもたちに育みたいもの

新学習指導要領には「前文」が添えられている。その内容は、学校段階と学校種の違いを超えて共通するものである。まず教育基本法第1条と第2条が掲げられ、続いて次のような段落がある。

　　これからの学校には、こうした教育の目的及び目標の達成を目指しつつ、一人一人の児童が、自分のよさや可能性を認識するとともに、あらゆる他者を価値のある存在として尊重し、多様な人々と協働しながら様々な社会的変化を乗り越え、豊かな人生を切り拓き、持続可能な社会の創り手となることができるようにすることが求められる。このために必要な教育の在り方を具体化するのが、各学校において教育の内容等を組織的かつ計画的に組み立てた教育課程である。

これは小学校のものだが、中学校、高等学校では「児童」が「生徒」に、「小学校」が、「中学校」,「高等学校」に置き換えられているだけで、内容的に

はまったく同一である。各学校の教育課程が子ども一人ひとりの発達段階に応じた丁寧な対応を求められるのは当然だが，その機能については，同じ考え方が初等中等教育全体を貫いているということである。

上記の下線部には，教育課程によって「一人一人の児童」が「できるようにすること」が示されている。その最初に書かれているのは，「自分のよさや可能性を認識する」ことであり，自己肯定感の重要性が掲げられている。自己肯定感とは，自分が大切な一人の人間であり，学ぶことを通して成長できる存在だという認識である。しかしこの認識は，なかなか自分だけではもちにくい。自分には何ができるだろうか。何かの役に立っているだろうか。ここにいてもよいのだろうか。そのような思いや不安に駆られるのは，実は大人もそうだが，子どもにとってはいっそう大きい。

誰もが大切な一人であり，学ぶことで成長できる存在であり，いまどんなに苦しくとも世界は変化するものだということは，周囲の者からすれば間違いのないことと思われるが，当の本人としては気づきにくい。それに気づかせるのは，近くにいる他者である。子ども同士ということもあるだろうが，親や教師といった大人の存在が重要になる。

同調圧力に抗うことも子どもには難しい。苦しいときに助けを求めれば手が差し伸べられるという経験が，必要なときに「助けて」と声をあげることのできる子どもに育てる。そのような訴えを聞いたときはもちろんのことだが，大人はつねに注意深く子どもを見守っていることが必要だ。子どもにとって大人は，頼れる存在でなければならない。

学校生活のなかで，教科の学び，総合的な学習（探究）の時間，特別活動等を通して，子どもたちがどのような力を身につけていくかということに関心のない教師はいない。その際重要なのは，教師が何を教えたかでなく，子どもたちが何を学んでどんな力をつけていくかということである。教師は内発を促す外発を工夫して，学ぶ喜びを子どもたち自身のものにしていくことが求められる。子どもたちの参加や参画もまた重要になるだろう。そういった理解は，大人として備えていることの必要な，子どもに対する礼儀である。

一人ひとりの子どもと丁寧に向き合うことによって，子ども自身の価値や可

能性に気づかせ，自立に向けて歩めるように支える。そのために重要なのが，評価である。子どもたちの自己肯定感を養うことにつながる評価を行っているかが問われる。もとより，単に褒めればよいというものではない。信頼関係に裏打ちされたコミュニケーションのなかでの評価であれば，たとえ厳しく指摘するとしても，きっと子どもに受け入れられるだろう。子どもの気づきにつながる評価か。観点が共有されている評価か。それらが重要だ。評価は，子どもに対する応援でなければならない。

答申に込められた思い

　答申の第Ⅰ部総論「3．2020年代を通じて実現すべき『令和の日本型学校教育』の姿」では，たとえば義務教育について次のような記述がある。

　　　児童生徒一人一人の資質・能力を伸ばすという観点から，新たな ICT 環境や先端技術を最大限活用することなどにより，基礎的・基本的な知識・技能や言語能力，情報活用能力，問題発見・解決能力等の学習の基盤となる資質・能力の確実な育成が行われるとともに，多様な児童生徒一人一人の興味・関心等に応じ，その意欲を高めやりたいことを深められる学びが提供されている。

　他の部分でも下線部と同様に，それらが実現している状態を示す文末になっている。はじめてこれらを読んだとき想起したものがあった。1963年のキング牧師（Martin Luther King, Jr.）の演説である[*2]。"I have a dream" のあとにいくつもの「夢」が語られた。それらは，不可能な夢物語としてではなく，近い将来に必ず実現させるという強い意志の込められた，切実な呼びかけではなかったか。

＊2　キング牧師の演説については，QR コードを参照。

答申の「３．2020年代を通じて実現すべき『令和の日本型学校教育』の姿」も同じである。新学習指導要領を着実に実施していくことを通して，子どもたちの自己肯定感を育み，これからの社会を生きていく子どもたち一人ひとりが主体的・対話的で深い学びを重ねて幸福な人生を自ら創出していくことが，持続可能な幸福な社会を築いていくことにつながっていく。答申には，それを必ず実現するために不断の努力を重ねるという思いが込められている。その思いを受け止めて，学習指導要領を読み進めることが重要だ。

　小学校学習指導要領解説総則編の「第３節　教育課程の実施と学習評価」には，「主体的・対話的で深い学びの実現に向けた授業改善の具体的な内容については，中央教育審議会答申において，以下の三つの視点に立った授業改善を行うことが示されている。教科等の特質を踏まえ，具体的な学習内容や児童の状況等に応じて，これらの視点の具体的な内容を手掛かりに，質の高い学びを実現し，学習内容を深く理解し，資質・能力を身に付け，生涯にわたって能動的（アクティブ）に学び続けるようにすることが求められている」として，次の３点が挙げられている。ちなみに，これらは2016年12月の中教審答申[*3]からの引用で，学校段階を問わず示されている。

① 学ぶことに興味や関心を持ち，自己のキャリア形成の方向性と関連付けながら，見通しをもって粘り強く取り組み，自己の学習活動を振り返って次につなげる「主体的な学び」が実現できているかという視点。

② 子供同士の協働，教職員や地域の人との対話，先哲の考え方を手掛かりに考えること等を通じ，自己の考えを広げ深める「対話的な学び」が実現できているかという視点。

③ 習得・活用・探究という学びの過程の中で，各教科等の特質に応じた「見方・考え方」を働かせながら，知識を相互に関連付けてより深く理解したり，情報を精査して考えを形成したり，問題を見いだして解決策

＊３　中央教育審議会「幼稚園，小学校，中学校，高等学校及び特別支援学校の学習指導要領等の改善及び必要な方策等について（答申）」2016年。

を考えたり，思いや考えを基に創造したりすることに向かう「深い学び」が実現できているかという視点。

　単語や文節それぞれが見慣れたものではあるが，あえて一つひとつの内容について，じっくりと考える必要があるだろう。そこから，目の前にいる子ども一人ひとりの状況が浮かび上がり，どのような工夫改善を重ねることが重要かについても見えてくるに違いない。

教師の学び

　最後に，子どもの学びを支える教師の学びについて述べたい。

　答申の最後の92頁では「今後更に検討を要する事項」として，「教職員の養成・採用・研修等の在り方」と「教育委員会の在り方，特に，教育委員会事務局の更なる機能強化や，首長部局との連携の促進，外部人材の活用等をはじめとする社会との連携等を含む教育行政の推進体制の在り方」について述べている。

　このうち教職員に関しては，答申が出た直後の2021年3月に文部科学大臣から中教審に「『令和の日本型学校教育』を担う教師の養成・採用・研修等の在り方について」の諮問があり，[*4]①教師に求められる資質能力の再定義，②多様な専門性を有する質の高い教職員集団の在り方，③教員免許の在り方・教員免許更新制の抜本的な見直し，④教員養成大学・学部，教職大学院の機能強化・高度化，⑤教師を支える環境整備という5点の検討項目が挙げられた。

　「令和の日本型学校教育」を担う教師の在り方特別部会が設置され，特に，教員免許更新制については先行して結論を得る必要があるとして，教員免許更新制に関する小委員会が設置されて集中的に審議が重ねられ，2021年11月15日に「教員免許更新制を発展的に解消することを文部科学省において検討するこ

＊4　「『令和の日本型学校教育』を担う教師の養成・採用・研修等の在り方について（諮問）」2021年。

とが適当である」とする「審議まとめ」が示された。それを受けて2022年に法改正がなされ、教員免許更新制に代わる研修の充実が提言されている。

この「審議まとめ」は「おわりに」において、次のことを「重要なメッセージ」として記載している。

「学びに専念する時間を確保した一人一人の教師が、自らの専門職性を高めていく営みであると自覚しながら、誇りを持って主体的に研修に打ち込むことができるという姿の実現を目指していく」。

「教師の学びの内容の多様性と、自らの日々の経験や他者から学ぶといった『現場の経験』も含む学びのスタイルの多様性を重視する」。

その際教師に求められるのは、「変化を前向きに受け止め、探究心を持ちつつ自律的に学ぶ」ことであり、「個別最適な学び、協働的な学びの充実を通じて、『主体的・対話的で深い学び』を実現することは、児童生徒の学びのみならず、教師の学びにもまた求められている命題であるといえる」としている。

さらに中教審は審議を重ね、2022年12月19日に「『令和の日本型学校教育』を担う教師の養成・採用・研修等の在り方について —— 『新たな教師の学びの姿』の実現と、多様な専門性を有する質の高い教職員集団の形成（答申）」を出した。「審議まとめ」を踏まえた提言のいくつかを紹介しておきたい。

・主体的に学び続ける教師の姿は、児童生徒にとっても重要なロールモデルである。「令和の日本型学校教育」を実現するためには、子供たちの学びの転換とともに、教師自身の学び（研修観）の転換を図る必要がある。

・教師自らが問いを立て実践を積み重ね、振り返り、次につなげていく探

＊5　中央教育審議会「『令和の日本型学校教育』を担う新たな教師の学びの姿の実現に向けて　審議まとめ」2021年。

＊6　中央教育審議会「『令和の日本型学校教育』を担う教師の養成・採用・研修等の在り方について —— 『新たな教師の学びの姿』の実現と、多様な専門性を有する質の高い教職員集団の形成（答申）」2022年。

究的な学びを，研修実施者及び教師自らがデザインしていくことが必要になる。あわせて，教育委員会で実際に研修に携わる指導主事等に対し，研修デザインに関する学び直しの機会が提供されるべきである。

　また，校長はじめ管理職に求められるマネジメントについては，次のような指摘がある。

- ・特に「心理的安全性」の確保は，様々な課題に対応できる質の高い教職員集団を形成するために不可欠である。働き方改革を通じて学校全体が抱える業務量を見直し，安全・安心な勤務環境を実現するのみならず，萎縮せずに意見を述べたり，前例や実績のない試みに挑戦する教師を支援できる環境を醸成したりすることで，学校内外で発生した問題を教職員が一人で抱え込むことなく，組織としてより最適な解を導き出すことが可能になる。
- ・学校で働く人材の多様性が進む中で，質的な転換が求められる。校長をはじめとする学校管理職には，経歴や職種等の違いにより自らと異なる視点を持つ教職員の意見を積極的に取り入れ，互いの強みを活かす組織づくりが求められる。
- ・任命権者たる各教育委員会及び校長をはじめとする学校管理職は，研修履歴を記録・管理すること自体を目的化しない意識を十分に持ち，指標や教員研修計画ともあいまって，適切な現状把握と主体的・自律的な目標設定の下で，新たな学びに向かうための「手段」として研修履歴を活用することが重要である。

　その後，「質の高い教師の確保のための教職の魅力向上に向けた環境の在り方等に関する調査研究会」の「論点整理」，教員勤務実態調査（令和4年度）の集計（速報値）を受け，2023年5月22日，文部科学大臣から中央教育審議会に「『令和の日本型学校教育』を担う質の高い教師の確保のための環境整備に関する総合的な方策について」の諮問があった。5月24日，中教審は初等中等教育

分科会に「質の高い教師の確保特別部会」を設置し議論を始めている。

　子どもたちの学びを豊かなものにするために，教師が安心して学べる環境をどう整えるか。中教審での議論を見据えつつ，国，自治体，学校関係者，すべての大人の，本気の取組みが求められる。

目　　次

第 1 章
「令和の日本型学校教育」と一斉指導の原理的問題

第 2 章
多様性に正対し，自立した学習者を育む教育の創造

第 3 章

一体的な充実を実現する 2 つの在り方

奈須正裕　54

第4章
互恵的に深化・発展する個別最適な学びと協働的な学び

伏木久始　77

第15章
経済産業省「未来の教室」プロジェクトが目指してきたもの

第16章
ICTが拓く個別最適な学びと協働的な学びの新たな地平

「令和の日本型学校教育」と
一斉指導の原理的問題

奈須 正裕

1 「令和の日本型学校教育」

（1）「日本型学校教育」の成果と強み

　本書の主題である「個別最適な学びと協働的な学びの一体的な充実」は，中央教育審議会が2021年1月26日に公表した「『令和の日本型学校教育』の構築を目指して――全ての子供たちの可能性を引き出す，個別最適な学びと，協働的な学びの実現（答申）[*1]」（以下，「答申」）のなかで提起したものである。

　「令和の日本型学校教育」という独特な表現は，従来の「日本型学校教育」の成果や強みを確認するとともに，現状における課題を明らかにし必要な改革を進めることでブラッシュアップするという考え方から生まれた。

　「日本型学校教育」の成果や強みについて「答申」は「学校が学習指導のみならず，生徒指導等の面でも主要な役割を担い，様々な場面を通じて，子供たちの状況を総合的に把握して教師が指導を行うことで，子供たちの知・徳・体を一体で育む『日本型学校教育』は，全ての子供たちに一定水準の教育を保障する平等性の面，全人教育という面などについて諸外国から高く評価されている」（5頁）としている。

　さらに，新型コロナウイルスの感染拡大に伴う長期休業を通して「学校は，学習機会と学力を保障するという役割のみならず，全人的な発達・成長を保障

＊1　中央教育審議会「『令和の日本型学校教育』の構築を目指して――全ての子供たちの可能性を引き出す，個別最適な学びと，協働的な学びの実現（答申）」2021年。

する役割や，人と安全・安心につながることができる居場所・セーフティネットとして身体的，精神的な健康を保障するという福祉的な役割をも担っていることが再認識された。特に，全人格的な発達・成長の保障，居場所・セーフティネットとしての福祉的な役割は，日本型学校教育の強みであることに留意する必要がある」（7頁）とも述べている。

（2）社会構造の変化と「日本型学校教育」の問題

　このような成果や強みをもつ「日本型学校教育」だが，社会構造の変化に伴い，克服すべき数々の問題の存在も浮かび上がってきた。

　「答申」はまず，「我が国の経済発展を支えるために，『みんなと同じことができる』『言われたことを言われたとおりにできる』上質で均質な労働者の育成が高度経済成長期までの社会の要請として学校教育に求められてきた中で，『正解（知識）の暗記』の比重が大きくなり，『自ら課題を見つけ，それを解決する力』を育成するため，他者と協働し，自ら考え抜く学びが十分なされていないのではないかという指摘もある」ことを挙げている（8頁）。

　また「学校では『みんなで同じことを，同じように』を過度に要求する面が見られ，学校生活においても『同調圧力』を感じる子供が増えていったという指摘もある。社会の多様化が進み，画一的・同調主義的な学校文化が顕在化しやすくなった面もあるが，このことが結果としていじめなどの問題や生きづらさをもたらし，非合理的な精神論や努力主義，詰め込み教育等との間で負の循環が生じかねない」（8頁）としている。

　さらに，コロナショックによる「学校の臨時休業中，子供たちは，学校や教師からの指示・発信がないと，『何をして良いか分からず』学びを止めてしまうという実態が見られたことから，これまでの学校教育では，自立した学習者を十分育てられていなかったのではないかという指摘もある」（13頁）とした。

　加えて「情報化が加速度的に進む Society 5.0 時代において求められる力の育成に関する課題」（12頁）も指摘されており，GIGA スクール構想により「令和時代における学校の『スタンダード』」（15頁）とされた1人1台端末や高速大容量のネットワーク環境の活用とその日常化が強く望まれてもいた。

（3）個別最適な学びと協働的な学びの一体的な充実

　このような現状を踏まえ「答申」は17～19頁において，個別最適な学びと協働的な学びの一体的な充実による「日本型学校教育」のブラッシュアップが必要であると訴える。まず言及されるのは，「個別最適な学び」である。

　「新型コロナウイルス感染症の感染拡大による臨時休業の長期化により，多様な子供一人一人が自立した学習者として学び続けていけるようになっているか，という点が改めて焦点化されたところであり，これからの学校教育においては，子供がICTも活用しながら自ら学習を調整しながら学んでいくことができるよう，『個に応じた指導』を充実することが必要である」（17頁）。

　「個に応じた指導」は「1989年版学習指導要領」で打ち出された概念であり，「指導の個別化」と「学習の個性化」の２つからなると理解されてきた。今回の「答申」でもこれを踏襲し「子供一人一人の特性や学習進度，学習到達度等に応じ，指導方法・教材や学習時間等の柔軟な提供・設定を行うことなどの『指導の個別化』」と「子供一人一人に応じた学習活動や学習課題に取り組む機会を提供することで，子供自身が学習が最適となるよう調整する『学習の個性化』」の双方が必要であることを確認している（17頁）。

　そして「『指導の個別化』と『学習の個性化』を教師視点から整理した概念が『個に応じた指導』であり，この『個に応じた指導』を学習者視点から整理した概念が『個別最適な学び』である」（18頁）とまとめている。

　一方，協働的な学びについては「『個別最適な学び』が『孤立した学び』に陥らないよう，これまでも『日本型学校教育』において重視されてきた，探究的な学習や体験活動などを通じ，子供同士で，あるいは地域の方々をはじめ多様な他者と協働しながら，あらゆる他者を価値のある存在として尊重し，様々な社会的な変化を乗り越え，持続可能な社会の創り手となることができるよう，必要な資質・能力を育成する『協働的な学び』を充実することも重要である」（18頁）として，その位置づけの明確化が図られた。

　そのうえで「『協働的な学び』においては，集団の中で個が埋没してしまうことがないよう，『主体的・対話的で深い学び』の実現に向けた授業改善につなげ，子供一人一人のよい点や可能性を生かすことで，異なる考え方が組み合

わさり，よりよい学びを生み出していくようにすることが大切である」（18頁）としている。

　個別最適な学びと協働的な学びの関係性については「各学校においては，教科等の特質に応じ，地域・学校や児童生徒の実情を踏まえながら，授業の中で『個別最適な学び』の成果を『協働的な学び』に生かし，更にその成果を『個別最適な学び』に還元するなど，『個別最適な学び』と『協働的な学び』を一体的に充実し，『主体的・対話的で深い学び』の実現に向けた授業改善につなげていくことが必要である」（19頁）と整理された。

　これらを受けて「答申」は「目指すべき『令和の日本型学校教育』の姿を『全ての子供たちの可能性を引き出す，個別最適な学びと，協働的な学びの実現』とする」（19頁）と結論づけたのである。

（4）「令和の日本型学校教育」が求めるもの

　以上から「令和の日本型学校教育」の構築，その具体としての「個別最適な学びと協働的な学びの一体的な充実」において，次の5つのことが示唆される。

①「日本型学校教育」の成果や強みの発展的継承

　「日本型学校教育」は，すべての子どもたちに一定水準の，しかも広範囲にわたる全人的な教育を提供している点，身体的・精神的な健康を保障する福祉的な役割を担っている点などにおいて大きな成果や強みをもっている。これらについては，さらに発展的に継承していくことが望まれよう。

②「正解主義」と「同調圧力」からの脱却

　その一方で従来の「日本型学校教育」は，正解主義や同調圧力といった問題を抱えており，それらが子どもたちの学習者としての自立を阻んでもきた。もっとも，これらは主に経済社会からの要請のなかで生み出されてきた特質であり，必ずしも教育の内在的な要求を基盤としたものではなかろう。従来の学校には，やむを得ず正解主義や同調圧力が生じてきた部分もある。今回，中教審がこのような歴史認識を提起したことには，大きな意味がある。

　そして，いまや経済社会は「みんなと同じことができる」「言われたことを言われたとおりにできる」人材など求めてはいない。これは，経済産業省が主

導した「未来の教室」ビジョン（本書第15章参照）などからも明らかであろう。

　つまり，高度経済成長期までに明確に存在したような「外圧」は，すでに存在しない。にもかかわらず，正解主義や同調圧力は学校に残存している。もしかすると学校教育だけが，かつての成功体験に基づき，いわば「慣性」によって，いまもなお従来の路線を走り続けているのではないか。

　学校はいまこそ，どのような子どもを育てるのか，またそれを通してどのような未来社会を実現していくのかを，自律性と創造性をもって思考すべきである。「2017年版学習指導要領」の理念である「社会に開かれた教育課程」における「よりよい学校教育を通してよりよい社会を創る」（「小学校学習指導要領」前文）との表現は，まさにそのことを強く求めている。そして，各学校においてそのような動きが生じたならば，その結論のなかに正解主義や同調圧力の維持が入ることなど，到底ありえないと思うのである。

③ 自立した学習者へ

　「社会に開かれた教育課程」の理念に立って今後の学校教育が目指すべき姿，つまり「令和の日本型学校教育」を構想するとき，まず立ち現れてくるのは，すべての子どもが自立した学習者として育つことであろう。そして，子どもがICTも活用しながら自ら学習を調整し，学び続けていけるようにするには，「指導の個別化」と「学習の個性化」からなる「個別最適な学び」の充実が不可欠になってくる。

　そこでは，一人ひとりにあった指導方法・教材・学習時間等の柔軟な提供（指導の個別化）を進めるとともに，自分に最適な学びについて知り，さらに自己調整しながら自力で学習を計画・実行できる子どもの育成（学習の個性化）が目指される。後者こそが「個別最適な学び」の目的であり，前者はその手段と言えなくもないが，前者がなければ後者も生じようがなく，両者が相伴ってはじめて「個別最適な学び」の十全な実現が可能になると理解すべきであろう。

　したがって，まずは多様な指導方法・教材・学習時間等の柔軟な提供を可能とする体制の確立が急務である。そしてさらに，子ども自身が自らの意思でそれらと関わり，多様な学習活動や学習課題に取り組めるようにしたい。そうすることで子どもたちは，決められた内容を学ぶにしても「この学び方だと自分

らしく，楽しく上手に学べる」という方法的な面（「学び方の得意[*2]」）と，何を学ぶかをめぐって「この領域が得意，充実する，自分には必要」という内容的な面（「学ぶ領域の得意」）の２種類の「個別最適な学び」を見出し，さらに自己調整しながら自力で進められるようになっていく。こうして，子どもは次第に自立した学習者へと育っていくのである。

④「正解」ではなく，「最適解」「納得解」を求め続ける

「個別最適な学び」が「孤立した学び」に陥らぬよう，かねてより「日本型学校教育」が大切にしてきた「協働的な学び」のいっそうの充実が併せて望まれる。OECD がウェル・ビーイングという言葉で表現するように，これからの教育は個人としてよりよい人生を送るとともに，よりよい社会づくりに主体として参画することに資するものである必要がある。

そこでは，多様な他者と協働し，あらかじめの正解のない問題解決に取り組んでいく経験が不可欠となってこよう。したがって「協働的な学び」も単に集団で展開される学びではなく，集団のなかで個が埋没しないよう，異なる考えが組み合わさり，よりよい学びが生み出されるような質の学びとしていくことが大切である。子どもたち自身の手で，正解ではなく最適解や納得解を求め続けていく学びを豊かに展開していくことが期待されているのである。

⑤「一体的な充実」を目指して

そのような質の「個別最適な学び」と「協働的な学び」を「主体的・対話的で深い学び」が実現されるよう，相補的で相互促進的な関係を保ちながら一体的に充実させていくことが「令和の日本型学校教育」の構築における中心的な課題となる。

＊２　学校教育を通して育むべき個性を「学び方の得意」と「学ぶ領域の得意」の二側面で整理したのは，本書第６章を執筆した加藤幸次氏である。たとえば，加藤幸次「指導の個別化・学習の個性化」『個性化教育読本』教育開発研究所，1990年，36-42頁。

2 │ 近代の発明品としての一斉指導

（1）安上がりが最大のメリットである教育方法

　「令和の日本型学校教育」では，「個別最適な学びと協働的な学びの一体的な充実」により，正解主義や同調圧力といった問題を克服し，すべての子どもが自立した学習者として育つことを目指す。そのような学び，そして子どもの育ちが，「2017年版学習指導要領」が目指す「主体的・対話的で深い学び」の実現による「資質・能力」の育成へとつながることは，言うまでもない。

　このように考えるとき，まず明らかにすべきは，正解主義や同調圧力といった問題がどこから生じたのかであろう。さまざまな原因や経緯が考えられるが，教育方法学的には，一斉指導の成立にまで遡って検討する必要がある。

　そもそも，学級やそれを基盤とした一斉指導は自然発生的に生まれたものではない。それは明確な意図のもと，近代という時代に「発明」された。

　寺子屋など近代以前の教育機関では，たとえ大勢の子どもが一つの部屋に居合わせても学習は個別的に進められ，教材も一人ひとり違っていた。ほとんどの時間，子どもたちは師匠がその子のために準備した教材を各自のペースで自習していて，それを一人ひとり順番に師匠が呼んでは，少しの時間，個別的に指導するのが基本だったのである。

　ルソーの『エミール』*3 やロックの『教育に関する考察』*4 など教育学の古典的名著も，家庭教師としてどう指導するかを前提に書かれている。洋の東西を問わず，長年にわたり子どもの教育は個別での学習や指導が中心だった。

　家庭教師のようなマンツーマンでの指導は，その子のペース，知識や思考の状態，意欲や体調などに徹底して寄り添えるので，子どもから見た学びの効率はほぼ最大になり，無理なく着実に学びを保障できる。認知心理学の研究によると，マンツーマンでの指導では，教室での一斉指導の4倍の速さで同じ水準に達することが知られている。*5 人件費的には非常に贅沢な教育方法にはなるが，

＊3　ルソー，今野一雄（訳）『エミール（上・中・下）』岩波書店，1962年・1963年・1964年。
＊4　ロック，服部知文（訳）『教育に関する考察』岩波書店，1967年。

ある意味で理想的なやり方なのである。

　日本では明治期に当たる近代に入ると，国民すべてに初等教育を施そうという考えが広がってくる。問題は，大勢の子どもにどうやって教育を施すかであった。個別での指導は子どもの学習効率は高いが，１人の教師が面倒を見られる人数には限界があり，人件費面でどうにも採算があわない。

　そこで採用されたのが，学級集団を相手にした一斉指導である。これにより一度に多くの子ども，それこそ明治期には80人をいまと同じ広さの教室にすし詰めにすることで，安価に教育を行えるようになった。

　このように，学級単位の一斉指導は，学校運営の費用効率や教師による指導の効率を求めるなかで編み出された。同じ効率でも，一人ひとりの子どもの学習効率については，一斉指導は決して高くはない，というか，むしろ低い。つまり，一斉指導は教育方法としてすぐれているからではなく，もっぱら安上がりであるという理由により採用されたのである。もちろん，明治の終わりから大正にかけて，心ある教師の慧眼と草の根の取組みにより，多様な子どもたちが共に学び育つ場として学級は「発見」されるし，それこそが協働的な学びの原点なのだが，それは学級の「発明」とはまた別の物語になる。

（2）雀の学校

　一斉指導は，1871（明治４）年に来日したアメリカ人のお雇い外国人教師，マリオン・スコットによって日本に導入された。スコットはカリフォルニアの学校で使われていた教具類一式を取り寄せ，明治政府が教員養成のために東京に新設した官立師範学校に，当時のアメリカの教室をそのまま再現する。

　授業は掛図を中心的な教材とし，あらかじめ決められている一問一答式の問答を繰り返すというもので，問答の内容をそのまま丸ごと復唱し暗記する注入主義的なものであった。官立師範学校校長の諸葛信澄が1873（明治６）年に著した『小学教師必携』には，以下のような問答が例示されている。[6]

＊5　J・T・ブルーアー，松田文子・森敏昭（監訳）『授業が変わる――認知心理学と教育実践が手を結ぶとき』北大路書房，1997年，103頁。

図1‑1　明治初期の授業の様子

出所：土方幸勝（編），田中義廉・諸葛信澄（閲）『師範学校小学校教授法（正）』甘泉堂，1873年。

問い：柿ト云フ物ハ，如何ナル物ナリヤ

答え：柿ノ木ニ熟スル実ナリ

問い：何ノ用タル物ナリヤ

答え：果物ノ一種ニシテ，食物トナルナリ

問い：如何ニシテ食スルヤ

答え：多ク生ニテ食シ，稀ニハ，乾シテ食スルモノナリ

　実際の教室の様子については，やはり1873年に書かれた『師範学校小学教授法』に，次のように記されている（図1‑1参照）。

＊6　諸葛信澄『小学教師必携』畑雨樓，1873年（国立教育政策研究所教育図書館貴重資料デジタルコレクション）。

図の如く教ふる図を正面に掛け教師鞭を以て図の中の一品を指し生徒に
　　　向ひ一人ツヽ読しむ　一同読み終らば再び一列同音に読ましむるなり

　まったくもって，童謡「雀の学校」の歌詞そのものである。

　　チイチイパッパ　チイパッパ
　　雀の学校の先生は　むちを振り振りチイパッパ
　　生徒の雀は輪になって　お口をそろえてチイパッパ
　　まだまだいけないチイパッパ　も一度一緒にチイパッパ
　　チイチイパッパ　チイパッパ

　今日の感覚では，そんなことで教育になるのかと誰しもが怪訝に思うに違いない。しかし，残念ながら，これこそが一斉指導の出発点であった。
　もちろん150年の時を経て，今日では学級を基盤とした一斉指導も大いに改善されている。丸暗記でよしとすることなどなく，深い意味理解を目指しているし，協働的な学びの要素を含むことがごく当たり前にもなっている。
　しかしその一方で，黒板に書かれた今日のめあてを教師の「さん，はいっ」という掛け声のもと，クラス全員で声を揃えて読み上げる，もし揃わなかったならもう一度最初からやり直させるといったことも引き続き行われている。ほとんどの教師はその理由や意義を考えることなく，一種の習い性や儀式としてやっているのだろう。しかし，それは「雀の学校」以外の何物でもない。そして，一糸乱れぬ大きな声でめあてを読み上げる子どもたちの姿にご満悦な先生の表情を見るにつけ，根の深い部分ではいまもなお日本の学校は「雀の学校」の域を脱していないのではないかと不安になるのである。
　このように，正解主義と同調圧力は近代学校の出発点において，一斉指導という教育方法のなかにしっかりと組み込まれていたし，いまもなお色濃く残っている。だからこそ，正解主義と同調圧力を克服し，学校をすべての子どもが

＊7　清水かつら（作詞），弘田龍太郎（作曲）「雀の学校」1922年。

自立した学習者として育つ場にするには，「雀の学校」的な一斉指導から脱却し，個別最適な学びと協働的な学びの一体的な充実を図る必要があるのである。

3 ｜ 一斉指導の何がどう問題なのか

（1）「まだ終わっていない人も鉛筆を置いて」

　改善が進んできたとはいえ，一斉指導は子どもたちの間に存在する多様性をめぐって原理的問題を抱え込んでおり，そこにはおのずから限界がある。

　たとえば，教室には何事もすばやくやれる速い子と，万事においてゆっくりな遅い子がいる。何も速い子が優れていて，遅い子が劣っているわけではない。

　ところが，現状では速い子が圧倒的に有利である。これは，一斉指導がその名のとおり，たった一つのペースで進められることと関係している。「真ん中よりちょっと下」のペースで授業を実施することは，学校現場の経験則である。「ちょっと下」という表現が暗示するように，それは能力を想定しているが，現実には能力があっても学習速度の遅い子はペースについていけない。

　教師は「5分でやってみましょう」と言い，5分後には「まだ終わっていない人も鉛筆を置いて」と学びを打ち切らせてきた。7分あればやれる能力をもつ遅い子は，中途半端なまま次の活動へと向かわせられる。かくして，遅い子はその時間「できなかった子」になる。問題は，そんな日々の累積が，いつしかその子を「できない子」「能力のない子」にすり替えていくことであろう。

　話し合いで活躍するのは，もちろん5分でしっかりと考えをまとめられた子たちである。彼らが優秀なのは間違いないが，もう一つ確かなのは，教師が設定した時間内で課題を終えられる速い子だということである。

　もしかすると，少々ペースが遅いがゆえに話し合いで活躍するチャンスを得られなかった子も，同じくらい優秀かもしれない。その子のペースでじっくりと考えられる時間さえ与えられれば，深い考えや鋭い意見を皆の前で披露できた可能性があるのである。しかし，教師が決めたたった一つのペースですべてが進んでいく一斉指導のもとでは，それはつねに可能性で終わっていく。

この洞察は，キャロル（Carroll, J. B.）によって1963年に提起された。[8]キャロルはまず，誰でも十分な時間さえかければ，どのような学習課題でも達成することができると考える。そして，教室で生じている学習成立の状況やそこに認められる個人差は，一人ひとりの子どもが必要としていた学習時間に対し，実際に費やされた学習時間が十分であったかどうかに全面的に依存していると指摘した。

キャロル流に考えれば，話し合いで活躍できる子とできない子の違いは優秀さではなく，それぞれの学びのペース，必要とする学習時間にほかならない。しかも，タイムリミットをどこに設定するかは教師次第で，そもそも何をもって速い，遅いが決まるのかさえきわめて恣意的である。

一方，速い子は問題なく学習を成立させられる。現状では速い子は「できた子」になり，さらに「できる子」になりやすい。しかし，悩みもある。教師が5分と設定したところを，3分でやり終えてしまうのである。速い子はいつも待たされており，物足りなさやイライラを感じている。

最近，この現象を「浮きこぼれ」と呼ぶ人もいて，遅い子の「落ちこぼれ」と同様に深刻な問題であるとの認識が広がりを見せている。最大の問題は「浮きこぼれ」の子どもたちは「できる子」であり，特に困ってはいないと見なされ，仮に不満を述べたり要求をしようものなら「わがまま」とか「自分勝手」と非難されかねない立場に置かれてきたことであろう。しかも，そんな風土を教室内に生み出してきたのが，ほかならぬ教師だったりもする。毎日の授業で膨大な時間，待たされ続けている子どもに対し，学び合いとか育ち合いといった美辞麗句で不当な同調圧力をかけてきたことに気づくべきであり，学習権や発達権の全面的な保障という視座から抜本的な解決策を講じる必要がある。

このように，伝統的な教室は急かされる子と待たされる子であふれかえってきた。一斉指導は，一人ひとりが実際に手を動かし頭を働かせて学んでいる実学習時間が意外なほど短い。先に指摘した子どもの学習効率が低いというのは，

* 8　Carroll, J. B. (1963). A model of school learning. *Teachers College Record*, 64(8), 723-733.

こういうことである。

（2）適性処遇交互作用

　その子が必要とする学習時間一つをとっても，これほどの問題がある。しかも，子どもたちはさらにさまざまな面において異なっている。学習の成立や質に影響を及ぼす個人差を学習適性（learning aptitude または単に aptitude）と呼ぶが，学習適性としては学習速度以外にも，学習スタイルや認知スタイル，興味・関心，生活経験などがある。[*9]

　1957年，クロンバック（Cronbach, L. J.）は，個人の学習適性によって与えられる処遇（指導方法や教材など）の効果が異なる現象を ATI（Aptitude Treatment Interaction：適性処遇交互作用）と命名する。[*10] たとえば，近年の英語学習では会話重視の傾向が顕著になっているが，1時間に2種類のコミュニケーション活動を位置づけた授業と，活動は1種類にとどめ，その時間に文法規則の指導を行った授業を比較した研究によると，個人差を考慮せずに両者を比較した場合，筆記テストの成績にはほとんど差がなかった。[*11] ところが，知能や不安に関する個人差を学習適性として考慮したところ，さまざまな ATI が認められたのである。

　図1‐2の2本のグラフが右肩上がりであることからもわかるように，知能の高さは成績に対し促進的に働くが，傾きの程度は指導法によって異なり，知能の低い子は1活動＋規則の指導の下でよりうまく学べていた。また，不安は学習に抑制的に働くことが知られているが，図1‐3が示すように，コミュニケーション活動に徹した指導ではグラフはほぼ平坦となり，不安の影響をある程度まで回避できることが示唆された。もし，それぞれの図の2本のグラフの交点を境に，個々人の学習適性にとってより有利な指導を提供できれば，理論

＊9　文部科学省の文書では「学習特性」という表現が用いられることが多い。

＊10　Cronbach, L. J.（1957）. The two disciplines of scientific psychology. *American Psychologist*, **12**(11), 671-684.

＊11　倉八順子「コミュニカティブ・アプローチにおける規則教授が学習成果及び学習意欲に及ぼす効果」『教育心理学研究』第42巻第1号，1994年，48-58頁。

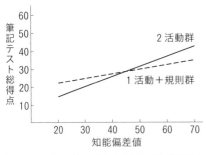

図1-2　英語教授法における ATI（知能の影響）
出所：倉八順子「コミュニカティブ・アプローチにおける規則教授が学習成果及び学習意欲に及ぼす効果」『教育心理学研究』第42巻第1号，1994年，56頁をもとに一部改変。

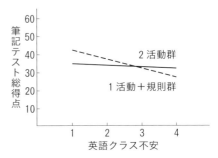

図1-3　英語教授法における ATI（不安の影響）
出所：倉八順子「コミュニカティブ・アプローチにおける規則教授が学習成果及び学習意欲に及ぼす効果」『教育心理学研究』第42巻第1号，1994年，56頁。

的にはすべての子どもがその潜在的可能性を最大限に開花できるはずである。

　とはいえ，ATI がすぐさま自動的に授業づくりの処方箋をもたらすわけではない。ATI は学習適性と指導法の関係に関する貴重な知見を提供してはくれるが，一人ひとりの子どもの内では，複数の学習適性が複雑に絡み合って存在している。たとえば，知能が低く不安の高い子には，どのような指導を提供すべきなのか。知能が低い子には1活動＋規則が有利だが，不安が高い子には2活動の方が向いているというのが先の研究結果だからである。

　ATI が私たちに指し示しているのは，教育の原理であり向かうべき方向性である。現状ではうまく学べていない子どもも，別な指導法や教材であれば，もっとうまく学べる可能性はいくらもある。したがって，学習指導に際しては，一人ひとりの学習適性に応じた多様な指導方法や教材を豊かに準備し，柔軟に提供していくことが望まれる。この原理を踏まえたうえで，目の前の子ども一人ひとりに対し，どのような指導がより望ましいかを模索していきたい。その際，上記のような知見はそのまま自動的に適用できるわけではないが，困っている目の前の子どもに対し，どのような指導をすべきかと思いをめぐらせるうえで，さまざまなヒントやインスピレーションを与えてくれるだろう。

（3）学習計画の立案に子どもが参画する

　学習時間，指導法，教材などを，その子の学習適性に最も適合するように調整することを学習指導の「最適化」という。「個別最適な学び」の「最適」は，ここから来ている。最適化の主体は当初は教師であってもよいが，自分に適合した学びの経験を足場に，ゆくゆくは一人ひとりの子どもが自らに最適な学びを計画・実行・評価できるようになることが望まれる。今回の「答申」がこれを「学習の個性化」として重視しているのは，前述のとおりである。

　ならば，学習計画の立案に子どもが参画できるようにしてはどうか。具体的には，利用可能な学習方法や学習材に関する情報をすべて開示し，いずれを選択するか，あるいはどのように組み合わせて学び進めていくかの判断なり計画を子どもたち一人ひとりにゆだねる，ないしは一緒に相談するのである。

　図 1 - 4，図 1 - 5 は「単元内自由進度学習」（本書第 7 章参照）で用いられる「学習のてびき」と呼ばれる学習カードである。[12]　単元のめあてや学習の流れ，利用可能なリソースに関する情報がわかりやすく記されており，子どもたちはこのカードを参考に単元の学習計画を立て，自力で学び進めていく。図 1 - 4 と図 1 - 5 は，いずれも 6 年生算数科「比例」の単元のてびきだが，子どもが取り組む学習活動は大きく異なっている。図 1 - 4 は，具体物を通しての学習には熱心に取り組めるが，抽象的な思考は苦手なタイプの子どもを想定したもので，実験を中心とした流れになっている。一方，図 1 - 5 は，着々と学習をこなしてはいけるが，自分から深く追究することには消極的なタイプの子ども向けに開発されたもので，学んだことを生かしてものづくりに挑戦するよう導く展開になっている。

　教師としては，子どもたちの学習適性を勘案してこのような 2 種類の学習コースを準備し，個々の子どもに対してコースの推奨も行う。しかし，それは必ずしも指示や結論ではない。さらに子どもと相談するのはもちろんのこと，最終的には子どもの判断で推奨とは異なるコースを選択してもよい。

＊12　愛知県東浦町立緒川小学校『自己学習力の育成と評価――続・個性化教育へのアプローチ』明治図書出版，1985年。

```
━━━━学習のてびき（6年 算数「比例」）
　　━━ この「てびき」の目標 ━━
　1．ともなって変わる2つの量について理解できる。
　2．正比例・反比例の意味がわかり，それらの関係を式に表すことがで
　　　きる。
　3．正比例・反比例のグラフをかいたり，それらのグラフを読み取るこ
　　　とができる。
　　　　　　　　　　　　　━━ 標準時間640分（8ブロック）━━
```

0　週プロコーナーにある「反比例装置」と書いた箱，これ何かな？この中に大豆を入れて，いろんな形の長方形をつくってみます。右上の頂点に印をつけていくと…おやへんな曲線がひけました。ここでの学習を参考にして，この曲線の意味を考えてみましょう。そして君も何か変わった「比例装置」を作ってみませんか。

	カード	教科書	参考書	そ　の　他
1　ともなって変わる2つの量について学習しましょう。	学1	P.78 〜 P.79	P.82	
2　針金の長さを求めたりする実験を通して正比例について学習しましょう。	学9	P.80 〜 P.89 解答カード1	P.83 〜 P.89	レポート用紙A.B
3　てこを利用する実験などを通して反比例について学習しましょう。	学10	P.90 〜 P.95 解答カード2	P.90 〜 P.94	レポート用紙C.D 6年理科（下）のコピー
4　いろいろなグラフについて学習しましょう。	学8	P.96 〜 P.97 解答カード3	P.95	テープE

5　チェックテストAまたはBをしましょう。
　　　できたら先生に提出して見てもらいましょう。

　━━━━━━ ここまでは全員通過しましょう。━━━━━━

6　週プロコーナーにある「比例装置」を参考にして，君も新しいアイディアの作品を作ってみましょう。また，ヒントカードを利用していろいろなグラフをかいてみましょう。

図1‐4　学習のてびき「かば」

出所：愛知県東浦町立緒川小学校『自己学習力の育成と評価——続・個性化教育へのアプローチ』明治図書出版，1985年，193頁。

━━━━ 学習のてびき（6年 算数「比例」）━━━━

━━ この「てびき」の目標 ━━
1．ともなって変わる2つの量について理解できる。
2．正比例・反比例の意味がわかり，それらの関係を式に表すことができる。
3．正比例・反比例のグラフをかいたり，それらの関係をグラフを読みとることができる。

━━ 標準時間640分（8ブロック）━━

0　金物屋さんへ針金を買いに行ったことはないかな？「2mmの針金を10mください。」と言うと，お店の人はまいてたばねてあるはり金からどうやってその長さ分をはかりとってくれるのだろう。
　　ある金物屋のおじさんは，ものさしではなく，はかりを持ち出しました。重さをはかりはじめたのです。どうして重さをはかって長さがわかるのかな？

	カード	教科書	参考書	そ の 他
1　ともなって変わる2つの量について学習しましょう。	学1	P.78 〜 P.79	P.82	
2　正比例について学習して，正比例装置を作ってみよう。	学11	P.80 〜 P.89	P.83 〜 P.89	レポートE 週プロコーナー 参考作品 VTR
3　反比例について学習して，反比例装置を作ってみよう。	学11	P.90 〜 P.95	P.90 〜 P.94	レポートF パソコン
4　いろいろなグラフについて学習しましょう。	学8	P.96 〜 P.97	P.95	テープE

　　それぞれの装置とレポート用紙E・Fを提出しましょう。

━━━━ ここまでは全員通過しましょう。━━━━

5　週プロコーナーにある針金のたばの長さや，厚紙の重さを，比例の考え方を利用して求めてみましょう。また，ヒントカードを利用していろいろなグラフをかいてみましょう。

図1‐5　学習のてびき「たぬき」

出所：愛知県東浦町立緒川小学校『自己学習力の育成と評価──続・個性化教育へのアプローチ』明治図書出版，1985年，194頁。

コース選択の理由としては「今回はこのやり方でやってみたい」など，自己の新たな可能性への挑戦もあれば，「なかよしの友達が向こうのコースだから，私もそうしようと思う」といった付和雷同的な他者への追随もあるが，後者の場合も含め，原則として子どもの判断を尊重する。理由は明確で，子どもの判断で学び進めた結果，やはりうまくいかなかったり，意外と上手に学べたりする経験を得ること自体が，価値ある学習だと考えるからである。

学習の個性化では，今日の学習内容や学習課題を首尾よく達成できることももちろん大切にするが，それと同等かときにはそれ以上に，自らの学習適性やそれがどのような場合によりよく発揮できるかに関する自己理解，つまりメタ認知的知識[*13]の拡充や更新を重視する。そのためには，さまざまな学びの経験を各自で自由に試せる機会の提供が不可欠なのである。

（4）学習権・発達権の全面的な保障

子どもには大いなる多様性がある。ところが，一斉指導はこれを等閑視し，多くの場合，たった一つのペース，たった一つの筋道，たった一つの教材，たった一つの目標で行われてきた。しかも，それらの意思決定に子どもが関与することはほとんどなく，すべては教師が取り仕切る。授業がわからない，楽しくないと訴える子どもが一定の割合で現れるのは，その当然の帰結であろう。

もちろん，一斉指導も先人たちの努力と工夫により，ある程度までの改善はなされてきた。実際，上記のような問題をめぐり，学校や教師は意外なほど自信に満ちた様子で「一斉指導のなかで個に応じた指導を工夫している」と異口同音に訴える。しかし，子どもたちの間に存在する多様性は，それで対応可能な範囲をしばしば大きく越えてしまう。そうなるともう，個々の教師の努力や善意だけでは，十分な対応は困難を極める。一斉指導が原理的な問題を抱え込

[*13] **メタ認知的知識**：メタとは上位という意味で，メタ認知とは認知に関する認知のこと。進行中の学習を常時モニターし，よりよく学習過程をコントロールする技能（メタ認知的技能）と，自分の学習能力や学習適性に関する理解，学習課題の性質や効果的な課題解決方略に関する知識，学ぶとはどういうことかという学習観など，学習にまつわる知識や理解や信念（メタ認知的知識）の２つの側面からなる。メタ認知は学習者の行動や選択に影響を及ぼし，ひいては学習の成立状況や質を左右する。

んでいるとは，まさにそのような意味合いでのことである。

　しかも，近年，子どもの多様性は質的にも量的にも拡大の一途をたどっている。たとえば，2022年6月2日の内閣府総合科学技術・イノベーション会議「Society 5.0の実現に向けた教育・人材育成に関する政策パッケージ」は「1．社会構造と子供たちを取り巻く環境の変化」のなかで「（3）認識すべき教室の中にある多様性・子供目線の重要性」に言及している（スライド10）[14]。

　そこではまず，いずれも小学校における割合として，発達障害の可能性のある子どもが7.7％，特異な才能のある子どもが2.3％，不登校の子どもが1.0％，不登校傾向の子どもが11.8％，家にある本が少ない子どもが29.8％，家で日本語をあまり話さない子どもが2.9％というデータが紹介されている。

　そして「すべての子供たちの可能性を最大限引き出す教育が求められている中，教室には，発達障害や特異な才能，家で日本語を話す頻度が少ない子供，家庭の文化資本の差による学力差等，学級には様々な特性を持つ子供が存在し，これらの特性が複合しているケースもある。同学年による同年齢の集団は，同調圧力が働きやすく，学校に馴染めず苦しむ子供も一定数存在し，不登校・不登校傾向の子供は年々増加の一途をたどっている。さらには，一斉授業スタイルでは，一定の学力層に焦点を当てざるを得ず，結果として，いわゆる『浮きこぼれ』『落ちこぼれ』双方を救えていない現状。また，困難を抱えていても，一見困難に直面しているように見えず見過ごされてしまう場合がある。このように，子供たちが多様化する中で，教師一人による紙ベースの一斉授業スタイルは限界に来ている」（スライド10）と結論づけている。

　ここで重要なのは「そうは言っても，すでに学校はできる限りの努力をしているのだから，その結果として生じる若干の『浮きこぼれ』や『落ちこぼれ』等については，免責されてしかるべきだ」という申し開きが通用する時代はすでに終わったとの認識であろう。

　すべての子どもは幸せになる権利を有しており，そのなかには学習権・発達

＊14　内閣府総合科学技術・イノベーション会議「Society 5.0の実現に向けた教育・人材育成に関する政策パッケージ」2022年。

権も含まれている。そして，教育関係者には，これを全面的に保障する義務がある。北欧などでは以前から子どもの教育や福祉の大前提とされてきたこの考え方が，同調圧力が強く，多様性に対して驚くほど冷淡であった日本でも，ようやく市民権を得つつある。言うまでもなく「令和の日本型学校教育」は，そのような地平に立って打ち出された方針にほかならない。

　なにも，学校や教師の質が低下したとか，努力が足りないと言っているのではない。内閣府の資料のタイトルにもあるとおり，これは「社会構造と子供たちを取り巻く環境の変化」なのである。

　変化には，2つの側面なり意味合いがある。1つは，内閣府のデータが示すような，客観的な意味での多様性の質的・量的な拡大である。そしてもう1つは，すべての子どもの学習権・発達権の全面的な保障に代表される，子どもの多様性の取り扱いに関する社会的な認識の成熟である。この国は，ようやく本気ですべての子どもを大切にする方向へと舵を切りつつある。

　もっとも，このような変化とは関係なく，子どもの多様性はいつの時代にも存在していたし，一斉指導が子どもの多様性に十分には対応できないという原理的な問題もまた厳然と存在していた。だからこそ，本書の各章で述べられているように，日本も含め世界中の心ある人々によって，100年も前からさまざまな取組みが「草の根」で展開されてきたのである。

　つまり，圧倒的大多数の学校や教師は，100年以上にわたって，なんとかだましだましやってきたにすぎない。しかし，ついにごまかしのきかないところまできてしまった。それが，学校をめぐる現在の状況である。

　それでもなお，不都合な現実から目をそらそうとする人，あるいは気づいているにもかかわらず手をこまねいている人は少なくない。しかし，そうこうするうちにも，変化は着実に進行している。2023年10月4日に公表された2022（令和4）年度の小学校における不登校児童数は10万5,112人であり，その割合は1.7%と，先の内閣府のデータからさらに上昇している。^{*15}ちなみに，同年度

＊15　文部科学省「令和4年度　児童生徒の問題行動・不登校等生徒指導上の諸課題に関する調査結果について」2023年。

の中学校の不登校生徒は19万3,936人であり，その割合は 6 ％であった。17人に一人が来られない学校の現状を，手をこまねいて見ているわけには，さすがにいかないであろう。

　子どもたちは一人ひとりさまざまに違っている。違っていていいし，違っていることが，その子らしく学びその子らしく育つこと，つまり基本的人権としての学習権・発達権の全面的な保障の基盤となり，源泉となるようにすべきである。少なくとも，違っていることが不利に働かないよう，十分な策を講じなければならない。「令和の日本型学校教育」が目指す，「個別最適な学びと協働的な学びの一体的な充実」とは，そのことを切実に希求している。

第2章

多様性に正対し，
自立した学習者を育む教育の創造

奈須　正裕

1 │ 一人ひとりを大切に扱う教育への志向

「個別最適な学び」と「協働的な学び」は対極に位置すると思われがちだが，一斉指導が等閑視した子どもの多様性に正対し，それがむしろ一人ひとりの子どもがその子らしく学び育つ基盤となり源泉となることを目指すなかで発展してきた点では軌を一にしている。多様性にこそ価値を見出し，一人ひとりのかけがえのなさを大切に扱う教育への志向は，正解主義や同調圧力を克服し，すべての子どもが自立した学習者として育つ道へと私たちを導くであろう。

本章では，個別最適な学びと協働的な学びがそれぞれどのように多様性と正対し，一斉指導が抱える原理的問題を乗り越えてきたのかを検討する。

2 │ 知的学習支援システム

（1）コンピュータを介して熟達者の知識を学ぶ

個別最適な学びは，家庭教師や寺子屋など近代以前の子育ての習俗である個別指導方式に由来する教育方法であり，目の前のその子の知識や思考，興味や関心，感情や体調などに徹底的に寄り添うという原理に立脚する。

この原理の有効性は，さほどの指導技術をもたない大学生でも，マンツーマンでなら結構上手に子どもの勉強をみることからも明らかである。しかし，だからといって彼らに数十人の子どもを相手にさせたなら，決して同じようにう

まくはやれないだろう。

　個別指導方式の難点は，莫大な人件費を要することである。それが近代学校が一斉指導を採用する最大の理由となったことは，すでに第 1 章で述べた。

　では，どうすればよいのか。1 つの解決策は，コンピュータに実装された知的学習支援システム（ITS: Intelligent Tutoring Systems）の利用である。近年 AI ドリルと称されることも多い ITS は，熟達者の知識や学習指導の要点に関する知識をコンピュータに組み込み，子どもたちが学習過程上で示す事実を手がかりにその子の知識や思考の状態を AI が判断し，個別最適な助言や出題を提供することで，すべての子どもを着実に学習の成立へと導く。

　たとえば，1980年代に認知心理学者のアンダーソン（Anderson, J. R.）が開発した GP チュータ（Geometry Proof Tutor）には，数学の熟達者が有する高度に洗練された体系的知識と，それに基づいて実行されるすぐれた推論のさまざまなパターンが入力されており，幾何の証明問題に対して子どもたちが行う推論や根拠づけのいちいちについて，その適否と理由，さらにその子のその時点の状態に即したヒントや用いるべき知識などを即座にわかりやすく提示する[*1]。子どもたちは GP チュータに導かれながら証明問題を解いていくが，その過程で GP チュータに実装された熟達者の知識を少しずつ，しかし着実に学びとっていく。

　興味深いのは，証明問題ではつねに前提から出発し，結論へ向けて順方向で推論を進め証明するよう教わるのが一般的なのに対し，GP チュータは子どもたちに結論から前提に向けてという逆方向の推論をも併せて促すことであろう。これは，数学の熟達者が実際の問題解決の際にそうしているからで，この支援により子どもたちの証明の力は飛躍的に向上する。このように，完成度の高い ITS は熟達者の知識構造をモデルとした的確な情報提供や支援を行うので，教科内容に関する理解や洞察の浅い教師の指導をしばしば凌駕する。

　また，計算問題の誤答の多くは，うっかりミスや不完全な自動化ではなく，

＊1　Anderson, J. R. & Lebiere, C. J.（1998）. *The atomic components of thought*. Lawrence Erlbaum Associates.

部分的に誤った手続きをその子なりのルールとして身につけていることに起因する。これを手続きバグと呼び、たとえば、筆算のひき算では図2‐1の4種類がその代表的なものである。S1は引けないときに引けるほうから引くバグ、

図2‐1　筆算のひき算の手続きバグ
出所：吉田甫・栗山和広（編著）『教室でどう教えるか
　　　どう学ぶか──認知心理学からの教育方法論』
　　　北大路書房、1992年、98頁。

S2は上の桁から借りてきたのを忘れるバグである。S3では、100を十の位に90、一の位に10繰り下げるべきところを、一の位にだけ繰り下げている。S5は2回連続して繰り下がるとき、上位の数から2を借りてくるバグである。

　これら学習指導の要点となる知識をソフトウェアに組み込むことで、子どもの誤答パターンからバグの種類を自動的に診断し、つまずきの克服に向けての支援や最適な練習問題の自動産出が可能となる。

（2）ITSが得意なこと、苦手なこと

　ITSの最大の特徴は、その応答性の高さにある。つねに子どもからの働きかけを待ち、働きかけがあれば即時に、また何度でも同じように応答する。平均回答時間5分のところを10分かかっても急かしたりはしないし、同じ間違いを繰り返しても不機嫌になったり不親切になったりもしない。機械だから当然ではあるが、教師の指導技術として「待つ」ことの大切さがいわれて久しいことなどを考えるにつけ、機械を軽んじるだけのことが人間にできているか、心静かに自らを顧みるくらいの謙虚さはあってしかるべきであろう。

　教える側の都合やタイミング、その場の感情や思いつきで引っ張ったり教え過ぎたりすることなく、一人ひとりの要求に徹底して「粘り強く」的確に寄り添うITSは、子どもが安心してじっくりと自立的に学ぶ学習環境として、かなりの水準を実現している。少なくともITSを経験した子どもたちの多くがそう感じていることを心に刻んでから、明日の教壇に立ちたい。

　そんなITSにも、もちろん限界はある。図2‐1のS2のバグをもち、間違いを指摘された直後は正解できるものの、しばらくすると元に戻ってしまう子ど

もがいた。不思議に思った担任が丁寧に話を聞いたところ「先生，借りてきたものを返さなくていいんですか」と申し訳なさそうに答えたという。この子は借りてきたのを忘れていたのではない。誰よりもよく覚えていて，律儀に返していたのである。担任は機転を利かせ「わかった。じゃあ，これは上の位さんからのプレゼント。それなら返さなくてもいいでしょ」と指導した。途端にその子の表情が明るくなり，二度と間違うことはなかったという。

　このような臨機応変な見とりや対応は，現在の ITS には不可能である。テクノロジーの進歩と普及は，教師の存在を脅かしたりはしない。むしろ，教師にしかできないことや，そこで発揮すべき専門性を浮き彫りにしてくれる。

　また，当然のことながら，ITS はディスプレイの画面と音声を基盤に学習指導を展開する。動画を繰り返し視聴したり，立体図形を三次元的に動かしたりできるなど，コンピュータならではの強みもあるが，一方で，子どもがその図形を自らの手のなかで操作することはできない。つまり，どうしても視覚と聴覚優位の学びになりがちで，触覚や身体感覚を通しての学びは大きく制限される。あるいは，理科の実験や観察，ものづくりなども実施できないし，社会科の醍醐味である，地域に出かけての見学や実地調査も困難であろう。

　ないものねだりをして，ITS を貶めようとしているのではない。ITS が得意なことと苦手なことをしっかりと意識し，カリキュラムの全体構造のなかで適切に利用していくべきだと思うのである。そのためにも，まずは教師として子どもに提供したい学習経験の全体像を描き，そのなかで ITS を用いるのが効果的な部分をはっきりさせたい。ITS は利用可能な手段の１つであり，それを用いて教育をデザインするのは教師であることを忘れてはならない。

　なお，現在 AI ドリルとして流通しているもののなかには，文字どおりのドリル機能のみで，GP チュータのような良質な学習支援機能をもたないものもある。それは紙のドリルをコンピュータに載せただけの代物であり，およそ個別最適な学びと呼ぶに値しない。導入に際し，しっかりと吟味する必要がある。

図 2 - 2　広いテーブルに移動して学ぶ	図 2 - 3　教室で友達と相談しながら学ぶ
出所：山形県天童市立天童中部小学校（筆者撮影）。	出所：山形県天童市立天童中部小学校（筆者撮影）。

3 ｜ 学校教育のパラダイムシフト

（1）「教える」システムから「学ぶ」システムへ

　近代学校がそれ以前の主要な教育方法であった個別指導方式を採用しなかった最大の理由は，人件費である。ならば，教師の「教える」働きを機械に実装してはどうかとのアイデアが ITS を生み出した。同様のアプローチには，スキナーが1950年代に開発した，その名もずばり「教える機械」であったティーチング・マシンなどもあり，発想自体はきわめてオーソドックスといえよう。

　もう１つの解決策は，教師の「教える」働きを代替するシステムを組むのではなく，子どもが自立的に「学ぶ」システムを構築するというものである。

　実践の具体としては多様な方法や形態があるが，教室の景色としては，たとえば図 2 - 2，図 2 - 3 のようになる。６年生社会科の歴史学習であり，縄文時代から古墳時代へと至る各時代の様子とその移り変わりについて，自ら問いを立て，その解決を目指してさまざまな資料を駆使して自力で学び進めている。教科書と資料集を丁寧に見比べながら自分なりの理解を構築しようと頑張る子，タブレットを使っていきなり膨大な資料に分け入る子，一人で黙々と学ぶ子もいれば，友達と相談しながら学ぶ子もいる。学ぶ場所も，教室の自席が落ち着くという子もいれば，広いテーブルが使える特別教室に移動する子もいた。

　子どもたちは教師や ITS が提供する個別指導を受けるのではなく，自分か

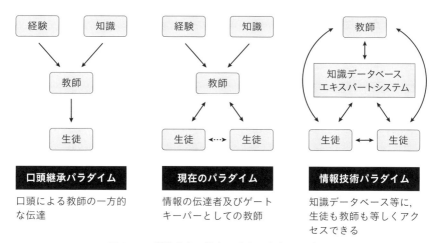

図2‐4　学校教育の過去・現在・未来のモデル

出所：Branson, R. K.（1990）. Issues in the design of schooling: Changing the paradigm. *Educational Technology*, 30(4), 7‐10.

らアプローチして必要な学習材や学習機会を手元に引き寄せ，自らに最適な学びを自らの判断で計画・実行している。自立した学習者を目指した「学習の個性化」の取組みであり，文字どおり「教える」から「学ぶ」へのパラダイムシフトだが，ここで参考になるのが，1990年にブランソン（Branson, R. K.）が来るべき情報化社会を見据えて提起した図2‐4のモデルであろう。

　「口頭継承パラダイム」とは，教師があらかじめの正解を一方的に教え込む学校教育のモデルで，第1章で見た「雀の学校」そのものである。いまもなおこの段階にある開発途上国も少なくないが，ブランソンはこれを過去のモデルと呼び，1990年時点では教師と生徒，生徒と生徒の間で双方向のやり取りがなされる「現在のパラダイム」への移行が完成しているという。

　ちなみに，ブランソンはアメリカの学校の現状に基づき，生徒間の相互作用は二次的なものに留まっているとして，わざわざその箇所の矢印を点線にしているが，日本の授業ならば，堂々と太い実線で表してよいだろう。この点に関して，日本の授業は世界に冠たる水準を実現しているといってよい。

　とはいえ，そんな日本の授業も含め「現在のパラダイム」では，生徒はつね

に教師を介してのみ，学習の対象である経験や知識に出合うよう制約されている。たとえば，日本の教師はたしかに子どもたちの問いを大切にしてきた。しかし，それとても「なるほど，皆さんの意見を聞いていると，こんな問いが成り立ちそうですね。ここからは皆でこの問いについて考えてみましょう」といった具合に，つねに一度教師を通過し，教師の発問の形であらためて子どもたちに問いかけられるものだったのではないだろうか。

　少なくとも一人ひとりの子どもが，その瞬間に立ち現れた自らの問いに即応して自由に学び進めるといった状況が許容されることは，決して多くはなかったように思う。図2‐4でいえば，たしかに図の下半分は大きく改善されてきたが，上半分の構造は「口頭継承パラダイム」の時代と大差ない。

　これに対し，未来の学校教育のモデルとされる「情報技術パラダイム」では，生徒が教師を介することなく，一人ひとりの判断でいつでも自由に知識データベースやエキスパートシステムにアクセスし，各自がいま現在必要とする経験や知識と出合い，自立的・個性的に学びを進めていく。もちろん，そこでの学びは個別的ではあっても孤立的なものではなく，生徒相互の間で自発的に生じる豊かで自然な対話や協働を伴いながら展開される。

　図2‐3に示したように，心配しなくとも，子どもは仲間と一緒に学ぶのが大好きであり，おもしろいことを発見すれば友達に話そうとする。友達も楽しみに聞き，よい発見ができてよかったと自分ごとのように喜んでくれる。

　また，子どもたちは困っている仲間がいれば放ってはおけない。その際，決して答えを教えたりはせず，その子のつまずきに即して，しかも自力で乗り越えられる支え方をしようと懸命に努力する。なかなかに難しい仕事だが，多くの場合，教師よりも上手である。

（2）ゆるやかな協働と学校の民主化

　このような，子どもたちが自発的に生み出すゆるやかで民主的な対話や協働は，ITSのようなもっぱら個別的に学び進めることが可能であり，むしろ自然な状況下でも，しばしば確認されてきた。それぞれの端末に向かう数名の子どもが横方向であれこれ話しながら快活に学ぶ姿は，ITSを用いた学びをめぐっ

て大人が勝手にイメージする冷たく静的な景色とは程遠いものである。

　ITS は典型的な「教える」システムだが，その動作は高い応答性に基づいており，つねに子どもからの働きかけを待って「教える」。学習のイニシアチブは子どもが握っているのであり，子どもの感覚としては，ITS は自分の「学び」を支援してくれる存在で，およそ「教えられている」と感じてはいない。すると，子どもは自然な形で友達と対話しながら協働的に学ぶ。どうも，このような自発的で民主的な対話や協働は「情報技術パラダイム」のような，教師の指示や許可を待つことなく，自分たちの意思で自由に学び進めることが許容されている環境下でこそ，質・量共にきわめてよく生じるようなのである。

　教師は子どものよりよい学びをこそ願い，そのいちいちに関わろうとしてきた。しかし，子どもからすればそれは管理や統制であり，いつも先生の顔色をうかがいながら学ばざるを得ない，なんとも窮屈な状況だったのではないか。監視が内発的動機づけを損ない，学びから伸びやかさやその子らしさを奪うことは，かつて心理学者たちが見出したとおりである[*2]。

　子どもたちは先生が大好きである。しかし，いつもどこかで見られている，つねに指示を待ち，許可を得なければ学べないという状況は，決して歓迎するところではない。もしかすると，先生が好きだからこそ，そんな理不尽な状況をも甘んじて受け入れてきたのではないか。教師と子どもの人間関係や信頼関係が授業の基盤だとよくいわれるが，それがなければとても授業が成立しないような状況下で，従来の学校教育は実施されてきた可能性がある。その意味で生徒指導や学級経営が何を意味するかも，再検討される必要があるだろう。

　「情報技術パラダイム」では，子どもたちは個別に，またそこから生じるゆるやかな協働を足場に，時に教師が預かり知らぬところでどんどんと学びを展開していく。これまで伝達者，ゲートキーパーの役割を担い，情報のコントローラーを全面的に掌握していた教師は，その役割を学びのデザイナー，コーディネーター，ファシリテーターへと大きく変貌させていくことになる。

＊2　鹿毛雅治「内発的動機づけ研究の展望」『教育心理学研究』第42巻第3号，1994年，345-359頁。

そうなると，もはや過剰な権威も不要となるだろう。中学の教師がいまも時折口にする「生徒になめられないことが肝心」といった構えは，学校からすっかり放逐されるに違いない。もっとも，これもまたすっかり新しいことではない。信州教育等で大切にされてきた「41人目の追究者[*3]」としての教師像など，通底する洞察や実践はこれまでも多数存在する。

　教師が権威を手放す，あるいは失うことを不安に思う人もいるだろう。しかし，そもそも権威や権力とは，学びの主権者である子どもたちから学校や教師へと，社会契約論的に委譲されるべきものだったのではないか。学校がそのような社会になってはじめて，そこで学び育つ子どもが平和で民主的な社会の形成者となることも期待できよう。「現在のパラダイム」から「情報技術パラダイム」への移行は，その意味で封建制から民主主義への移行でもある。封建領主さながらに教師が君臨する「学級王国」は，いまや終焉のときを迎えつつある。

（3）GIGA スクール構想の真価

　ただ，このようなパラダイムシフトを実現するには，子どもたち一人ひとりが経験や知識に自在にアクセスできる物的な環境整備が不可欠である。逆にいえば，従来の学校において生徒が教師を介してしか経験や知識にアクセスできなかったのは，なにも教師がいじわるをしていたわけではなく，それらを教師の手で教室にもち込むのが最も効率的で有効であった，ないしはそれに替わる適切な方法がなかったからにほかならない。

　明治初期の学校では，知識は教師の手の内にあり，全員で共有する1枚の掛図から得るものであった。後に一人ひとりの手元に教科書がやってくるが，教科書もまた，教師の指示と説明の下で使用する教材であり続けた。

　「情報技術パラダイム」という名称が示すとおり，テクノロジーの発展と普

＊3　41人目の追究者：子どもが40人いれば，教師は41人目の追究者として，同じ課題について子どもと共に考え，感じ，困り，悩み，喜び，感動し，解決しようとすべきとの考え方。たとえば，平野朝久「子どもの主体的な追究と学びを実現する授業の要件（1）」『東京学芸大学紀要　総合教育科学系Ⅰ』第68集，2017年，83-88頁。

及がこの状況を一変させる。教師を介さずとも知識データベースやエキスパートシステムを介して，子どもたち一人ひとりが経験や知識に自在にアクセスできるようになったのである。もっとも，そのためには各自がいつでも自由に活用できる情報端末と，ストレスなくクラウドにアクセスできる高速大容量のネットワーク環境が不可欠になってくる。ブランソンがモデルを提起した1990年時点では夢のような話であり，だからこそ未来のモデルなわけだが，2023年の日本の学校では，すでにこの状況がほぼ完璧に実現されている。

　これこそが GIGA スクール構想の真価であり，個別最適な学びに際し「答申」が「子供が ICT も活用しながら自ら学習を調整しながら学んでいく[*4]」と語る真意である。1人1台端末がほぼすべての授業で主体的・個性的に使われている学校と，週に何回かのみ，しかも一斉画一的にしか使われない学校の違いは，このパラダイムシフトの実現状況に大きく依存している。

（4）規律訓練との決別と環境による教育

　ブランソンは未来のモデルの中心に知識データベースとエキスパートシステムを描いたが，さらに敷衍するならば，学習環境全般とすることも可能であろう。すると，そのままで日本の一般的な幼児教育のモデルになるし，教育学的にはルソーが『エミール』で描いた世界にもなる。その意味では「情報技術パラダイム」は過去に一切の先例がない，まったくの未来の教育ではなかったわけだが，裏返せば大いなる普遍性を兼ね備えていたともいえよう。

　図2-5はごく普通の幼稚園の様子だが，道具も材料も子どもたちの都合とタイミングで，いつでも自由に使ってよいようになっている。ところが，小学校に上がった途端「今日はハサミを使います。先生が配りますから，1班の人だけ前にいらっしゃい。後の人は静かに待ちます」といった抑圧的な環境に置くから，子どもたちは一気に主体性も個性も知性も感性もすべて封印してしまう。「令和の日本型学校教育」への取組みは「手はお膝，お口チャック」や

＊4　中央教育審議会「『令和の日本型学校教育』の構築を目指して──全ての子供たちの可能性を引き出す，個別最適な学びと，協働的な学びの実現（答申）」2021年，17頁。

図 2 - 5 　幼稚園における学習環境整備
出所：静岡県御前崎市立高松幼稚園（筆者撮影）。

「生徒になめられない」など，抑圧的な規律訓練型教育との決別から開始した
い。
　そして，次にはやはり幼児教育が主要な教育方法としてきた，環境による教
育に取り組みたい。図 2 - 6 は前述の歴史学習の様子で，土器や埴輪，石器の
レプリカを博物館に見立てた余裕教室に置き，いつでも自由に見たり触ったり
できるようにしてみた。すると，子どもたちは社会科の時間はもとより休み時
間にもやってきては，友達とおしゃべりしながら結構長い時間それらと関わっ
ていた。レポートで使うのだろう，タブレットで写真を撮る子もいる。
　注目すべきは，すべての子どもが図 2 - 6 のような関わりをするわけではな
く，何度もコーナーを訪れる子もいれば，ほんのわずかな時間しか滞在しない
子もいることだろう。この学習材が心にとまり，そこで得た実感や気づきを中
心に学びを深める子もいれば，また別な学習材で学ぶ子もいる。大切なのは，
一人ひとりが自分の琴線に触れる学習材と出合えることで，それが何であるか
は子どもによって実にさまざまである。だからこそ，教師としては可能な限り

図 2 - 6　魅力的な学習環境整備
出所：山形県天童市立天童中部小学校（筆者撮影）。

図 2 - 7　子どもの意思で資料にアクセス
出所：山形県天童市立天童中部小学校（筆者撮影）。

の多様な情報や物品を準備し，提供する必要がある。

　図 2 - 7 は，教科書会社提供の大型の図版である。一斉指導では教師の都合とタイミングで 1 回だけ見せることが多いと思うが，こうやって廊下に常時貼り出しておけば，見たい子どもが見たいタイミングで見たいだけ見ていく。

　子どもが自立的に「学ぶ」システムを構築する個別最適な学びの教育方法は環境による教育であり，教師の主要な仕事は学習環境整備になる。そこでは，教師は極力「教える」ことをしないが，もちろん，子どもがしっかりと「学ぶ」ことには責任を負う。具体的には，一人ひとりの子どもの学びの様子を丁寧に見とり，また整備した環境が十分な効果を上げているかを吟味する。うまく学べていない子どもがいた場合には適宜個別指導も行うが，より重要なのは，そのような事態をもたらした学習環境の不備の改善である。それにより，次にその環境と関わって学ぶ子どもの学習成立の保障を目指す。

　斬新に聞こえるかもしれないが，幼児教育ではごく日常的な行為に過ぎない。環境による教育の考え方と，それを実現する技術としての学習環境整備を身につけることにより，学校と教師は教育方法のレパートリーを大きく広げ，より多くの事態に適切に対応できるようになるだろう。幼児教育に学ぶことで，個別最適な学びへの取組みは一気に拡充し，加速する。さらには，その副産物として，幼小のなめらかな接続も大きく推進されるに違いない。

（5）文脈情報の開示

　自発的な活動としての遊びや日々の暮らしを通して，長期的なスパンで子どもの学びや育ちを実現する幼児教育には，環境による教育という方法が実によく適合する。対して，小学校以降の教育には，このタイミングでこの内容をぜひとも学んでほしいというカリキュラム上の制約がある。ついつい，教師が前に立って教えるという教育方法に頼りがちになる所以であろう。

　もっとも，幼児期の学びが遊びや暮らしといった生活的文脈に埋め込まれた「無自覚的な学び」であるのに対し，小学生はすでに入学直後にして，教科名を冠した時間割に沿って教科書の内容を学ぶのだという明晰な意識，いわゆる「自覚的な学び」への期待を携えて学校に来ている。入学式の直後に教室で配られた教科書を食い入るように眺めている子どもの希望に満ちたまなざしは，そのことを雄弁に物語っている。

　とはいえ，単に教科書を手渡しただけでは，子どもは自力で学び進めることができない。子どもの側に，自立的に学び進める意欲や能力がないからではない。教科書は教師が一斉指導で使うことを想定しており，子どもが１人で学び進めるのに必要な情報が欠落しているからである。これは，最初から独習用として編集されている学習参考書と比べると一目瞭然であろう。

　特に欠落しているのが文脈情報で，教科書の説明が理解でき，問題が解けたとしても，なぜいまこのことを知る必要があるのか，この問題をこの位置で解くことにどんな意味があるのかが子どもには見えない。個々の説明や指示や課題が位置づく，もう１つ大きな学びの文脈がとれないのであり，それではいくら個々の内容が理解できても，全体として何がどういうことなのかが十分に把握できないのである。意味理解や概念形成における文脈情報の重要性は，心理学者が繰り返し指摘してきたとおりである。[*5] そして，この文脈情報こそが，普段の授業で教師が子どもに口頭で提供してきたものにほかならない。

　したがって，学習カード等により，学習過程のまとまりである単元の桁で文

＊5　Bransford, J. D., & Johnson, M. K.（1972）. Contextual prerequisites for understanding: Some investigations of comprehension and recall. *Journal of Verbal Learning and Verbal Behavior*, 11(6), 717-726.

脈情報を適切に補いさえすれば，子どもたちは自力で単元の学習計画を立て，1 人で学び進めることができる。典型は，第 1 章で紹介した「単元内自由進度学習」[*6] における「学習のてびき」（本書15-17頁参照）であろう。

　環境による教育の考え方に立つ個別最適な学びでは，図 2 - 6，図 2 - 7 のように，教科書に加え，さまざまな学習環境整備が行われるが，学習のてびきは一人ひとりの子どもがそれらを自由に組み合わせ，いわば自らの学びの旅をオーダーメイドで計画する際の地図やガイドブックとしての役割を果たす。

　学習のてびきにはさまざまなスタイルがあるが，典型的には，学習のめあて，学習内容，標準的な時間数，多くは問いかけの形で書かれた単元の導入に当たる短い文章，基本的な学習の流れ，教科書の該当するページや利用可能な学習材・学習機会に関する情報がわかりやすくコンパクトに記されている。学習のてびきに盛られた情報は，通常の単元指導案とほぼ同じである。子どもに指導案を渡してしまおうというのが，てびきの発想にほかならない。

　子どもたちが自立的に学ぶには，十分な情報開示が不可欠である。何がどのように求められるのか，どんな選択肢があるのかをはっきり示されるからこそ「だったら，私としてはこうしたい」「そういうことなら，今回はここにこだわってみよう」といった，その子ならではの発想や個性が豊かに湧いてくる。

　よく「授業の主役は子どもだ」といわれるが，単元の構成はもとより，何時間で学ぶのかさえ，従来の学校は十分に子どもに伝えてこなかった。主役であるはずの子どもたちが，いわばシナリオである指導案を受けとっていないのは，考えてみれば随分とおかしなことだが，それこそが従来の授業が「現在のパラダイム」で実践されてきた何よりの証拠であろう。学習のてびきの発想が斬新に見えてしまう現在の状況にこそ，問題の深刻さはある。

　子どもが主体的にならないというか，なれないのは，てびきに記されたような基本的な情報が適切に共有されていないからである。それは，どこに行くのか，いつ帰ってくるのかも告げられず乗り物に乗せられ旅に出るミステリー・ツアーのようなもので，そんな状況下で「主体的になれ」「自己発揮せよ」と

＊6　単元内自由進度学習については，本書第 7 章も参照のこと。

いうのは，かなりの無茶ぶりではないだろうか。

　したがって，普段の授業でも新しい単元に入るときには，子どもと一緒に一度教科書を単元の最後のページまで眺め，どんな内容を学ぶのか，そのためにどんな活動に取り組むのか，最終的には何がどのようにわかったりできるようになったりすればよいのか，何時間くらいで学び進めるのかといったことを，教師の思い描きとしてはっきりと提示することが望まれる。そうするだけで，しばらくすると子どもたちから，さまざまな「だったらこうしたい」が出てくるようになる。教師の振る舞いとしてはちょっとした変化だが，その結果として現在のモデルから未来のモデルへのパラダイムシフトがもたらされているのであり，それがゆえに子どもの学びへの構えが大きく変化してくるのである。

4 ｜ デジタルを実装した環境による教育

（1）環境による教育と「情報技術パラダイム」

　幼児教育では標準的な教育方法である環境による教育や，それを実現する作業なり技術としての学習環境整備を小学校以降の教育にも導入し，教師が前に立って教えるという従来型の教育方法と並ぶもう1つの選択肢として適切に運用することが，個別最適な学びでは決定的に重要になってくる。

　ここで1つの疑問が生じる。環境による教育は，デジタルが出現するはるか以前から実践されてきた。つまり，幼児教育がそうであるように，アナログでも十分可能である。すると，ICTやデジタルは必須の要件ではないのか。

　しかし，小学校以降で実践するとなると，少々話が違ってくる。というのも，小学校や中学校の教科学習を環境による教育で実現する取組みは古くからあるが，そこでは多種多様な学習材や学習環境を単元ごとに開発したりもち込んだりする必要があった。これがアナログでは膨大な作業量になる。いわゆるイニシャルコストの高さが，環境による教育を原理とした実践の広がりや継続における最大のネックだったのである。一旦整備した学習環境が比較的長期にわたり効果的に運用できる幼児教育とは，この点が大きく異なる。

　ICT やデジタルは，この積年の難問を一気に解消してくれる。もちろん，「学習のてびき」など，環境による教育に不可欠な学習材は引き続き開発する必要があるが，それ以外の一般的な学習材や学習情報の入手と，それらを学習環境として子どもに提供する作業の様相は，デジタルの登場によって一変した。

　かつては 1 つの動画を見られるようにするにも，子どもの学習に適したビデオテープを探し出し，学校で予算を組んで購入し，さらに専用のビデオデッキとディスプレイを学習環境内のコーナーに設置する必要があった。

　ところが，今日では NHK for School をはじめとして，優れた学習用の動画がインターネット上に豊富にあり，しかも多くは無料で使える。また，その子どもへの提供も，動画の QR コードを知らせるだけで十分である。

　さらには，そもそも動画の検索から子どもの手にゆだねることもできるし，そのほうがかえって，各自の求めに適合した動画と出合える可能性は高まるかもしれない。ここまで来ると，アナログではまったく不可能な領域であり，デジタルの独壇場といえよう。幼児教育の世界で十分に熟成されてきた環境による教育という原理を基盤としつつも，さらにデジタルを実装することで大いなる進化を遂げた「情報技術パラダイム」の独自性と強みがここにある。

（2）非同期型コミュニケーション

　「情報技術パラダイム」では，環境による教育に ICT やデジタルを実装することで，これまでにないさまざまな実践展開の可能性が立ち現れてくる。

　デジタルにはさまざまな特質や強みがあるが，まず指摘すべきは「同期型コミュニケーション」に依拠した従来型の授業に加え，「非同期型コミュニケーション」を基盤とした学びの実現を可能にしたことであろう。

　同期型コミュニケーションの代表は電話である。送り手の都合で受け手の時間を一方的に奪い，情報伝達それ自体も経時的に行われるため時間的な流れに強く制約されており，しかもコミュニケーションの機会は原則 1 回である。注意して聞いていないと，大変なことになる。

　伝統的な一斉指導は，この同期型コミュニケーションに依拠してきた。指導案が時間の一方向的な流れを基本に書かれるのも，教師が「ちゃんと聞いてい

なさい」と口を酸っぱくして言うのも，すべてこのことが原因である。

　対して，非同期型コミュニケーションの代表は，メールやクラウド上での情報共有である。送り手はすべての情報を一括して提供するので，受け手は各自の都合とタイミングでその都度必要な情報を何度でもとりに行くことができるし，どの情報をどの順番で処理するかも，すべて受け手次第である。

　非同期型コミュニケーションの導入により，授業や学びの時間的な在り方は激変する。送り手も受け手も一切の時間的制約から解放され，各自の時間を自由に使えるようになった。これが，さまざまな個別最適な学びや，そこから自然な形で生じるゆるやかな協働的な学びのプラットホームとなる。

　同期型コミュニケーションに依拠して授業を行う際に特に悩ましいのは，電話と異なり受け手が複数だということであろう。一斉指導とは，35人を相手に電話をかけているようなものなのである。常識的に考えて，そんなことは不可能なはずだが，この不可能を可能とすべく過去150年にわたって日本の学校が徹底して進めてきたのが，「手はお膝」「お口チャック」にはじまる厳しい規律訓練であった。

　したがって，これも非同期型への移行によって全面的に解消される。つまるところ，形成にも維持にも莫大なエネルギーを要してきた規律訓練は，およそ教育実践に内在的・原理的に不可欠なものではなく，同期型コミュニケーションに依拠した一斉指導を運用するための手段としてのみ必要だったのである。

　非同期型で学ぶ教室では，子どもたちは当然のように教室内を立ち歩くし，自発的に友達と交流するし，資料を求めて図書室に移動するなど教室を離れることもある。そもそも，一瞬たりとて全員が同じ動きなどすることはない。

　はじめて目にした人は驚き「これで学習規律は大丈夫か」などと心配するが，もちろん何の不都合も起きないし，逆にこれを制限したり統制したりすれば，そのときには一切の学びは生じなくなるだろう。

　もちろん，学びに対する積極的な態度や真摯な構え，自分が計画したことをしっかりとやり遂げる粘り強さ，さらに，共に学ぶ仲間への配慮や気づかいなど，学習に関わるモラルは重要である。しかしそれは，教師が強権を発動して行う訓練によって形成される規律とは大いに異なる。

　思想家のミシェル・フーコーは『監獄の誕生』[*7]のなかで，看守からは囚人の様子が手にとるように見え，逆に囚人からは看守がいるかどうかさえ見えない構造をもつパノプティコンという監獄の形状が，囚人をしてつねに監視されていることを意識させ，ついには模範囚的なふるまいを自ら進んで体に刻み込ませるようになるという。規律とは，このような，権力者の命令に対して自発的に服従する主体を生み出すことにほかならない。学校への批判として「まるで監獄だ」と言われることがあるが，規律訓練が監獄での囚人の矯正から生まれたことを考えると，妙に納得する。

　しかし，そろそろそれも終わりにすべきだろう。子どもが学び育つ場が監獄のようでは困るし，「令和の日本型学校教育」を典型として，すでに学校教育は命令に対して自発的に服従する主体の形成など目指してはいない。

　その一方で，音声言語による経時的なやり取りはコミュニケーションの基本であり，今後もそれは変わらない。したがって，同期型コミュニケーションを完全に否定したり，学校から一切放逐しようなどと言う気はさらさらない。

　ただ，私たちはすでに，非同期型コミュニケーションというもう1つの選択肢を手にしている。その位置から見るならば，同期型コミュニケーションやそれに依拠した従来型の授業には，多くの欠陥や深刻な問題が見えてくる。

　そのかなりの部分は，非同期型コミュニケーションを基盤とすることで改善ないし解消される可能性が高い。さらに興味深いのは，非同期型の学びを十分に経験した子どもたちは，そこに合理性さえあれば，教師が設定した同期型の学びに際しても，きわめて積極的な姿勢でこれに呼応することだろう。

　残る問題の1つは，非同期型コミュニケーションが，言語でいえば音声言語ではなく文字言語を基本とすることである。口で話せば済むことをわざわざ文字で書く（打つ）のは，一見面倒なことに思えるかもしれない。しかし，要は慣れである。すでに私たちは，メールやチャットによるコミュニケーションを日常的に使い，特に不便だとも面倒だとも思ってはいない。デジタルネイティ

＊7　ミシェル・フーコー，田村俶（訳）『監獄の誕生——監視と処罰〈新装版〉』新潮社，2020年。

ブである子どもたちにとっては，さらに
ハードルは低くなっているだろう。

　ちなみに，文字言語による非同期型コ
ミュニケーションということでいえば，
手紙も当てはまる。ただ，手紙はアナロ
グであり，コミュニケーションの成立ま
でに長い時間を要するし，モノとして存
在しているので，デジタルの強みである
情報の自在なコピーや保存ができない。
現在私たちが経験しているような非同期
型コミュニケーションの拡充と普及には，
デジタルであることが決定的に重要だっ
たのである。

図2-8　オンラインを駆使して3人が
　　　　協働的に学ぶ
出所：静岡県御前崎市立浜岡東小学校（筆者
　　　撮影）。

（3）空間的制約からの解放

　デジタルのもう1つの強みは空間的な制約に関わるもので，「対面」を前提
としていた従来型の授業に加え，「遠隔」での学びを可能とした点であろう。

　これにより，海外も含め直接会うのが難しい遠隔地の人々との対話や交流が
可能になり，この強みを生かしたユニークな実践がさまざまに展開されている。
また，過疎地の小規模校同士が，そのハンディを克服すべく，デジタルを介し
て協働で学ぶといった取組みもなされてきた。

　新型コロナウイルス感染症による全国一斉休業を契機に広がったのが，1人
1台端末を利用したオンラインでの授業配信である。もっとも，多くは通常の
一斉指導を遠隔で行うものにすぎず，学びの在り方それ自体に大きな変化は生
じなかった。この経験を生かして現在多くの学校で取り組まれているのが，さ
まざまな理由で登校できない子どもに対する，遠隔での授業参加である。

　図2-8は6年生理科の「てこ」の学習で，新型コロナの濃厚接触者となっ
たために自宅にいる子どもが，タブレット越しに自分も実験をしたいと2人の
友達に声をかけ，協働で実験を進めている場面である。おもしろかったのは，

表2-1　授業の時間的・空間的条件にデジタルがもたらす可能性

	同期型 コミュニケーション	非同期型 コミュニケーション
対面	従来型の一斉指導	環境による教育 「情報技術パラダイム」
遠隔	オンライン授業	オンデマンド授業等

出所：筆者作成。

　オンライン参加の子どもが最も理解が進んでおり，「てこ」の左側には支点から一番近い位置に6個のおもり，右側には一番遠い6番目の位置に1個のおもりをつるす実験を提案したことであった。当初，教室で実験を行う仲間たちは「そんなことで釣り合うはずがない」と言っていたのだが，いざ実験をしてみるときれいに釣り合う。子どもたちは大いに驚き，オンライン越しに「すごいすごい。○○くんの言うとおりにしたら釣り合ったよ」と歓声を上げる。その後も，なぜ釣り合うのかについて，オンライン越しの熱い討論は長く続いた。

　空間的制約はもとより，オンラインの壁をも，子どもたちはいとも簡単に乗り越え，自由闊達に協働的な学びを深めていく。

（4）「対面×非同期」の可能性

　これまでの議論で明らかなように，デジタルは時空を超えた学びを可能にしてくれるが，整理すると表2-1のように示すことができる。

　現状では，ICTやデジタルの利活用というとオンライン授業やオンデマンド授業を思い浮かべがちだが，多くは一斉指導を基本に構想・実践されており，その外見に反して，実は子どもの学びの質に思ったほどの変化はない。

　むしろ，今後追究すべきは，対面と非同期型コミュニケーションとの組み合わせを基盤とした実践展開の可能性である。子どもたちは，アナログとデジタルが効果的に組み合わされた豊かな学習環境のなかで，さまざまな個別最適な学びと，そこから自然な形で生じる協働的な学びを展開していく。前節から紹介してきた子どもたちの伸びやかで多様な学びの姿は，いずれもこの「対面×非同期」という在り方を基盤とした学習のなかで生じたものであった。もちろ

ん，自宅などから遠隔で参加する子どもがいる場合には，その子たちもこの輪のなかに自然な形で入り，共に学びを創出していくことになる。

　ところが，多くの学校や教師には，どうもピンとこないらしい。理由ははっきりしていて「なぜ教室に集合し，対面の状態が実現できているにもかかわらず，わざわざ文字言語を基本とする非同期型コミュニケーションを用い，さらには一人ひとりがばらばらに活動するのか」と言うのである。いまもなお，小学校以降の教師の圧倒的大多数は，対面が実現できるのであれば，同期型コミュニケーション，つまり一斉指導だろうと考えているに違いない。

　しかし「対面×同期」では，ICT やデジタルはおよそその効力を十分には発揮しない。図2‑4（本書27頁参照）に戻れば，それでは「現在のパラダイム」での ICT 利用と同じことになってしまう。先日も教師の指示の下，35人の子どもたちが1人1台端末で同じ動画を，ヘッドホンを耳にあてて視聴していた。それなら教室の前に設置された大型ディスプレイを用い，スピーカーの音声で視聴すればよい。そう言うと「そうですよね。やっぱり1人1台端末なんて，授業には不要です」と答えたので，思わず倒れ込みそうになった。そんな「デジタル一斉指導」からの脱却なり発想の転換が，いま切実に求められている。

　ちなみに，幼児教育，とりわけ自由保育は「対面×非同期」を基盤に実施されている。つまり，小学校以降の教師にはなんとも不可思議に思える「対面×非同期」こそが，環境による教育が基本としてきた枠組みにほかならない。先入観にとらわれることなく，まずは最初の一歩を踏み出してほしい。

5 ｜ 多様性が互恵的に学びを深める教室

（1）意図的に計画された協働的な学び

　「情報技術パラダイム」のような，教師の指示や許可を待つことなく，自分たちの意思で自由に学び進められる環境下では，子どもたちはごく自然に，また自発的に仲間との対話や協働を展開し，互恵的に学びを深めていく。理由は明快で，それが学びという営みの本来的な姿だからである。だからこそ，同様

のことは幼児教育でも日常的に観察される。個別最適な学びは，このようなゆるやかな協働的な学びを多くの場合その必然として伴う。

　ただ，そこでの対話や協働はあまりに自然に，その意味で散発的かつ断片的に実施されることが多く，その場面で可能な学びの深化に対し，対話や協働がつねに最適な状態で実施される保障はない。ここに教師の意図性の発揮の余地，あらかじめ計画された協働的な学びの展開可能性がある。

　教師によって意図的に計画された協働的な学びは，学級集団や小集団を単位に，同一のテーマや教材と向かい合い，共有された学習問題の解決を共に目指す学びの場において，仲間が表明する自分とは異なる知識や思考，感情や立場などが互恵的に問いや気づきを生み出し，それを契機に展開される対話や協働を通して学習の成立や深化がもたらされるという原理に立つ。

　たとえば，社会科の産業学習では，お家の人の仕事について互いに報告し合うなかで，さまざまな仕事があること，それぞれが相互に関連をもち自分たちの暮らしを支えてくれていることに気づく。子どもたちの生活経験の多様性が学習の展開，成立に互恵的に働いているのである。教師としては，子どもたちの多様性をどのように絡ませ，あるいは板書上で構造的に整理していくかについて，周到な計画を練ることになるだろう。

　また，1つの文章表現をめぐって友達のさまざまに異なった感じ方を聞き合うことで，自分にはなかった視点や発想を学び，その作品の世界がぐっと広がっていくといったことを，国語科の文学学習は主要な方法論としてきた。

　算数科でも，よりよい考え方を求めて別解の可能性を探り，グループや学級で話し合うことで深めていく授業が工夫され，論理的思考力や数学的な見方・考え方の醸成に有効であると考えられてきた。

　このような授業を実現するための最も周到なアプローチとしては，まず授業中の発言やノートを手がかりに前時までの一人ひとりの知識や思考，感情や立場を見とり，座席表に書き込んでいく。そして，座席表を眺めながら学級全体の状況を把握し，次時の授業の第一発言者から第三発言者くらいまでを計画指名として構想し授業に臨むといった具合である。

　典型的には，学級に存在する多様な意見のなかで，対極に位置する者を第一

発言者と第二発言者にすることにより，まず議論の基本的な軸を設定する。この時点で子どもたちは，いずれに与するかといった構えをもつことが多い。そこで第三発言者には，このシンプルな対立構造では回収できない，多くの子どもが見逃している大切な事実や別な可能性を提起する子どもを位置づける。

　これにより，本時で考えるべき問題が予想以上に複雑な構造を有することが理解されるとともに，教室の思考空間は一気に拡張され，あるいは重層的となる。子どもたちは前時までの自分の意見を拠点としつつも，それだけでは十分に満足のいく解決には至ることができないことを悟る。このことが，対立する仲間の意見にも真摯に耳を傾け，誠実かつ慎重に議論を進めていこうという協働的な学びへの強靭な意思を子どもたちに生み出す。意図的に計画された協働的な学びは，このようにして生成し展開していく。

（2）ジグソー学習

　協働的な学びの多くは，すでに存在する子どもの多様性を基盤に，子どもたちが互恵的に学び深め合う授業を構想するが，さらに教材やシステムの工夫などによって積極的に多様性を生み出すアプローチもある。

　アロンソン（Aronson, E.）が中心となって開発したジグソー学習では[*8]，2つの小集団を巧みに用いた協働的な学びを展開する。まず，子どもたちは学級単位による導入の後，5，6人のグループ（ジグソー・グループ：JG）に分かれる。次に，各JGから1人ずつが集まり，新たに5，6人からなるグループ（カウンターパート・グループ：CG）を編成する。各CGのメンバーは，教師によってあらかじめグループの数に対応するよう分割された学習内容（教材）の1つを協働で学習する（カウンターパート・セッション）。CGでの学習が終わると，各メンバーはもう一度JGに戻り，CGで学んだ内容や成果を順番に他のメンバーに教えていく。1つのJG内では，1人のメンバーしかその部分の学習をしていないので，その子はグループ全体の学習にとって必然的にかけが

＊8　Aronson, E., Blaney, N. T., Sikes, J., Stephan, C., & Snapp, M.（1975）. Busing and racial tension : The jigsaw route to learning and liking. *Psychology Today*, February, 43-59.

えのない存在となる。そして，JG での教え合い，学び合い（ジグソー・セッション）がうまく進むことによって，すべての教材を統合した学習が成立する。

　このようにジグソー学習では，教材やシステムの工夫によって全員に固有な役割と責任を与え，一人ひとりをグループ全体の学習にとってかけがえのない存在とする。人は，自分でなければという固有な価値をもつ存在として他者から期待されると，大いにやりがいを感じて頑張れるものである。

　アロンソンらは，多民族の子どもたちが在籍する学級にジグソー学習を導入することで，人種や民族間の緊張の低減，学業成績の向上，協調的態度の促進がもたらされることを見出している。この研究は，異なる文化的背景をもつ者同士が，学校教育という制度のなかで協調的に教え合い，学び合い，高まり合えること，そして相互信頼の気持ちを育んでいけることを示している。

　近年，ジグソー学習はさらに学習科学等の成果を取り入れ，より精緻で高度な協働的な学びの実現に成功し大きな成果を挙げるとともに，学習の開発や実践に関わる教師たちに，人間の学びの本質に関わる深く正確な理解をも提供している。詳しくは，本書第10章を参照されたい。

（3）子どもの問いかけから生まれる協働的な学び

　教師の意図性に基づく周到に計画された協働的な学びを見てきたが，その一方で，特に教師は意図していなかった協働的な学びへの契機を，子どもがもたらす場合も少なくない。典型は，ある子どもがやむにやまれず発する仲間への問いかけである。1つの事例で考えてみよう。

　小学校 2 年国語科「スーホの白い馬」[9]の授業。狼と戦った白馬にスーホが声をかける場面にさしかかったとき，1 人の女の子が立ち上がって問いかけた。

　　「『兄弟に言うように』なのに，どうしてスーホは白馬に優しいの」
　　「『兄弟に言うように』だから，優しいんでしょ」

＊9　大塚勇三（再話），赤羽末吉（画）『スーホの白い馬』福音館書店，1967年。光村図書の小学校第 2 学年国語科教科書に50年以上掲載されている。

「うちのお兄ちゃんは優しくなんかないよ。この間もプロレスの技とかか
　けられて，とっても痛かったんだから」

　女の子はこの場面を自分自身の具体的・特殊的・個別的な経験，いわゆるイ
ンフォーマルな知識に引きつけて読んでいたのである。
　ここで「あなたのところはちょっと変わっているから置いておくとして，普
通は兄弟というのは相手を思いやり，優しく支え合う関係なんだよ。ここはそ
ういうふうに読みましょう。いいですか」などとしてはいけない。それでは，
この子は学校の勉強は自分とは関係がないとの学習観を抱いてしまう。
　担任ははっとして，こう切り出した。

　「一口に兄弟といっても，いろんな兄弟があるみたいですね。少し，自分
　たちの経験や考えを出し合ってみましょう」

　これに呼応して，子どもたちが語り出す。

　「うちにもお兄ちゃんがいるけど，とっても優しいよ。昨日だってカステ
　ラの大きいほうを私にくれたもん」
　「うちのお兄ちゃんは普段はそうでもないけど，私が風邪を引いたときは
　とっても大事に面倒を見てくれたし，スーホが白馬にするみたいに優しく
　話してくれたよ。だから私はスーホだって，いつもいつもこの場面のよう
　に優しく話しかけるわけじゃないと思う」

　こんな教材解釈をする教師はいない。自分の経験と関連づけたからこそ出て
くる読みの可能性であり，これもまた子どもの多様性がもたらす学習深化への
契機である。したがって「厄介なことが起きた」などと考えてはいけない。
　では，どうすればよいのか。実はこういうときには案外と正攻法に，その教
科の定石どおりの指導でうまくいくことが多い。
　国語科指導の定石といえば「証拠の文を探してみよう」である。そう投げか

ければ，子どもはスーホが白馬にやさしくない場面を必死で探そうとする。もちろんそんな場面は見つからないが，子どもたちは納得せず「おかしいなあ」などと言っている。そして，ついには「先生，わかった。これは物語だから，お話の展開や登場人物に都合の悪いことは，本当のことでも書いてないんじゃないかなあ」と，文学表現の本質に迫る気づきに到達した。

　さらに，兄弟を巡る話し合いは続く。

　　「カステラの話だけど，うちのお姉ちゃんは先に大きいほうをとっちゃうよ。やっぱり兄弟は下のほうが損だと思う」
　　「そんなことない。喧嘩して叱られるのはいつも僕で，お母さんは『お兄ちゃんなんだから我慢しなさい』って言う」
　　「今の皆の話を聞いていてね。僕は一度でいいから兄弟喧嘩がしてみたいって，そう思ったよ」

　一人っ子の切ない思いに，誰しもがはっとする。そして，喧嘩ばかりしている兄弟だってかけがえのない存在なんだと，深く実感した様子である。
　こうして話し合いが一段落したとき，最初に問いかけた女の子が再び立つ。

　　「皆の話を聞いてね。兄弟もいろいろだなあって。それから，うちのお兄ちゃんもお兄ちゃんなりに私を大切にしようとしているのかもって，ちょっとだけ思ったのね。で，スーホなんだけど『兄弟に言うように』でしょ。『ように』なんだから，スーホと白馬は本当の兄弟じゃないんだなあって。なのに，こんなに仲がいい。それはどんな気持ちなのか，知りたいと思いました」

（4）社会的に構成される意味としての知識

　教科学習では，抽象・一般・普遍という特質を兼ね備えたフォーマルな知識の獲得を目指す。一方，子どもたちは膨大な量のインフォーマルな知識を所有しており，この女の子に典型的なように，それは時に大きく偏っている。

しかし，だからこそ一人ひとりのそれぞれに偏った知識や経験を共有の財産とし，その豊かな具体・特殊・個別の先に抽象・一般・普遍を構築しようと対話的・協働的に思考することに意味がある。実際，話し合いの末に子どもたちは「兄弟ってそれぞれだけど，でもだいたいはお互いに相手を思いやり，優しく支え合う関係と考えていいんじゃないか」と結論づけた。

　散々議論した割には普通のところに落ち着いたが，子どもたちが対話的・協働的に生み出した知識である点，したがってその内側に「カステラ」や「お兄ちゃんなんだから」など，さまざまな具体・特殊・個別を充満させた知識である点を見逃してはならない。豊かな文脈を伴う，カラフルで中身が詰まったフォーマルな知識になっているのである。

　抽象・一般・普遍な知識というと辞書的な説明を思い浮かべる人があるが，それをただ暗記しても，その知識が活用すべき場面で生きて働くことはおよそ期待できない。知識の獲得には，深い納得を伴う必要がある。納得とは，既有の知識や経験との関連づけにおける実感的意味の発生にほかならない。本来的に知識とは，一人ひとりが意味として構成するものである。[*10]

　協働的な学びは，この営みを複数の学習者による互恵的で協働的な対話として展開する。したがって，そこでは知識は社会的に構成されるものとなる。つまり，知識は本のなか，あるいは教師の手の内にあらかじめ超然的に存在するものではなく，子どもたちが協働的に学ぶその場において，その都度，社会的に構成される意味として立ち現れてくるものにほかならない。

　すでに第1章で検討したとおり，協働的な学びでは，異なる考えが組み合わさり，よりよい学びが生み出されるような授業にすることが大切である。そこでは，正解ではなく納得解や最適解をその都度求め続けていく学びが，子どもたちの手によって豊かに展開されることが期待されている。したがって，協働的な学びもまた「情報技術パラダイム」への移行を必須の要件とする。

　もし「現在のパラダイム」で協働的な学びを展開したならば，教師が後ろ手

＊10　奈須正裕『子どもと創る授業――学びを見とる目，深める技』ぎょうせい，2013年，124頁。

に隠している正解を皆で力を合わせて言い当てにいくような授業になるであろう。たしかに，皆で力を合わせて頑張っており，その意味では協働的なのかもしれないが，結果的にもたらされる学びの質において，今回の「答申」が目指す協働的な学びとは程遠いと言わざるを得ない。

　さらには，他人を制して我先に正解を言い当てにいくような授業もあるが，それではもはや協働ではなく競争である。仲間の発言に対し「言われちゃったあ」と子どもが残念がるような授業は，断じて協働的な学びではない。

　それ以前に，先の事例のように，そもそもどんな場面やタイミングであれ，私が気になったことは何でもすぐに仲間に問いかけられるような風土で授業が営まれていることが重要であろう。「現在のパラダイム」では，ともすれば子どもは教師の意図や学級全体の都合を過剰に気にしてしまう。

　「私だけが気になっていることで仲間をわずらわせたり，先生の計画の邪魔をしたりしてはいけないのではないか」といった懸念であり不安である。まさに同調圧力による学びの抑圧であり，しかもこれが子どもの側からの自発的な忖度によって生じている点に，事態の深刻さがある。

　「情報技術パラダイム」では，どんな経験や知識を今日の授業の学びの対象とするかにおいて，子どもたちと教師は対等な位置にいる。当然，いま現在の私がどうしようもなく気になっていることは，なんら遠慮することなく仲間や教師に問いかけてよい。先の女の子はまさにそうしているし，仲間も教師も女の子の問いかけに真摯に応じ，さらに自らの問いとしてこれを引き受け，その解決を目指して協働的に考え抜こうとしていた。

　協働的な学びでは，仲間が表明する自分とは異なる知識や思考，感情や立場などが互恵的に問いや気づきを生み出し，それを契機に展開される対話や協働を通して学習の成立や深化がもたらされるように授業を構成する。そこでは，教師は子どもの事実の丁寧な見とりに基づき，高度な意図性や指導性を発揮するが，それはつねに子どもたちの現在に開かれた，柔軟なものである必要がある。

　この点は，前述の周到に計画された協働的学びでもまったく同様である。学習内容の核心や教科の本質を踏まえ，全員が無理なく参加でき，活発で建設的

な対話や協働が生じるような学びの空間を，計画指名などの手立てにより現出しようとするわけだが，すべてが想定どおりに進まないことも多い。そんなときには，子どもの意識や求めに寄り添い，その地点から一緒に授業を創っていくことになる。やはり，教師はつねに「41人目の追究者」であるべきなのである。

6 ｜ 子どもたちと教師の協働による学校の創造

（1）子どもたちが進める授業

　子どもが自発的に生み出すゆるやかな協働的な学び，教師の意図性に基づく周到に計画された協働的な学び，子どもの問いかけを契機に生まれる協働的な学びを見てきた。いずれにおいても，子どもの多様性が学びの基盤であり，深化の源泉であることに変わりはない。また，そうなるためには，ブランソンが「未来のモデル」と呼ぶ状態へのパラダイムシフトが必須の要件となる。

　ならば，個別最適な学びが，一人ひとりにあった指導方法・教材・学習時間等の柔軟な提供（指導の個別化）にとどまることなく，子ども自身が自らの意思でそれらと関わり，多様な学習活動を経験するなかで，自分に最適な学びについて知り，さらに自己調整しながら自力で計画・実行できるようになることを目指す（学習の個性化）のと同様に，協働的な学びでも，そのイニシアチブを全面的に子どもたちにゆだねてはどうか。このようなアイデアに基づく取組みは日本でも大正期から試みられており，もちろん現在も実践されている。

　図2-9は，6年生算数科「分数のかけ算」の様子である。黒板の前に教師の姿はない。右側でタブレットを手に立っている女の子が今日の先生役で，左側では2人の子どもが仲間の意見を板書にまとめている。

　注目すべきは，通常の授業よりもよく手が挙がり，活発な議論がなされることであろう。教師の発問には意図があり，高学年ともなると，それを子どもはどうしても気にしてしまう。子ども同士だとそんな先生に対する忖度や遠慮がないので，本音でぶつかり合い白熱した話し合いになりやすい。

　社会科や学級活動では，白熱し過ぎてけんか腰になることもある。そんなときは友達が仲裁し，どこがどんなふうに言い過ぎであったかを丁寧に説明し，上手に和解を促す働きかけをする。興味深いのは，けんか腰になったのも，皆で少しでもよい授業にしたかったからなのだという理解を仲間たちが表明することであ

図2-9　子どもたちが進める授業
出所：山形県天童市立天童中部小学校（筆者撮影）。

ろう。これにより，つい言い過ぎた子もすぐに話し合いに復帰してくる。この解釈と寄り添い方には，私たち教師も学ぶところが多い。

　「なぜこんなことができるのか」「何か特別な訓練をしているのではないか」とよく聞かれるが，入学以来，子どもたちは膨大な時間，先生がする授業を経験し，先生がしていることを毎日よく見ている。それを上手に真似っこしているのであり，いわば「先生ごっこ」なのである。したがって，1年生の2学期には何の問題もなく進められることが，複数の学校で確認されている。

　もちろん「先生ごっこ」とはいえ子どもたちは真剣そのもので，とりわけ司会役の子は事前の準備に余念がない。仲間たちも精一杯協力してよい授業にしようとするから，活気のある濃密な時間になるのは当然のことなのである。

　興味深いのは，子どもが進める授業が，教師が普段行っている授業の鏡になっていることであろう。質の高い協働的な学びを普段から経験している子どもたちは，民主的で穏やかな雰囲気のなかで最適解や納得解を求め，どこまでも深く学びに没頭していく。一方，毎日「雀の学校」の授業をしている教師の教室では，明治期さながらの一斉指導が目の前に現出する。

　もちろん，子どもの姿に学んで教師が改善を図れば，多少のタイムラグはあるが次第に子どもが進める授業の様子も変わってくるから，努力のしがいは十分にある。文字どおり，子どもは大人の鏡なのである。

　担任は基本的に後ろで見守るが，時には授業後に子どもと一緒に振り返りを

するのも効果的である。自分たちが頑張って創り出した授業について先生はどんな感想をもち，助言してくれるのか，興味津々に違いない。

　また，そういったやり取りを通して，普段の授業も含め，子どもと教師でどんな学びを生み出していきたいか，率直に話し合うことが望まれる。先に情報開示の重要さを指摘したが，授業や学びについて，もっと子どもと腹を割って相談する機会をもちたい。子どもが進める授業は，その絶好の機会となる。

　本来，授業を含め学校生活はすべて，子どもと教師が協働的に創り出していくものであろう。学校行事や児童会については，これまでも子どもが主体となり創意工夫を発揮することが多かったが，こと授業となるとすべてを教師が仕切ってきた。子どもが進める授業はこの壁を打ち破り，授業もまた，子どもたちと教師で一緒に創っていくものとしたのである。

　近年，OECD がエージェンシー（Agency）という概念を提起している。わかりやすく言えば「当事者性」だが，OECD は「私たちが実現したい未来」を具現化するうえで不可欠なものであり「変化を起こすために，自分で目標を設定し，振り返り，責任をもって行動する能力」と説明している。[*11] 先生の支援を受けつつ，自分たちの意思と力で望む授業を仲間と協働しながら創り出していく経験が，子どもたちにエージェンシーを育み，自立した学習者として育つ足場を提供する。

（2）子どもたちだけでできること，難しいこと

　子どもが進める授業を実践してみると，子どもたちだけでできることと難しいことが明らかになってくる。当然のことながら，単元の最初は難しく，教師が指導するのが順当である。一方，単元が動き出し，学びの見通しがもてるようになったら，子どもたちだけでも十分に協働的に学び進められる。

　内容的に特に難しいのは，各教科等の見方・考え方を巧みに働かせ，以前の学びとも関連づけて発展的・統合的な理解を深める場面である。教師が指導し

＊11　OECD（2019）. *OECD Future of Education and Skills 2030, OECD Learning Compass 2030*, A Series of Concept Notes.

ても容易ではない部分だから当然だが，逆にいえば，領域固有知識の習得や個別の概念的意味理解であれば，子どもたちだけでかなりの線までやれる。

　また，前述のとおり，子どもが進める授業は教師が指導する授業の鏡であるから，普段から見方・考え方を大切にした授業，統合的な概念的把握を重視した授業を行っていれば，次第に子どもたちもそれを目指すようになる。教科の本質に迫る深い学びは子どもたちだけではたしかに難しいが，だからといってずっと教師が教えていたのでは，いつまでたっても子どもは同様の学びを自力で成し遂げられるようにならない。学んだことを自在に使いこなせるようになるには，自力で試す機会が必要であり，子どもが進める授業はその好機となる。

　この点は，第 1 章で議論した，個別最適な学びにおける「学習の個性化」と同様であろう。一人ひとりの子どもに適合した多様な指導方法や教材を準備するのは大切だが，それをいつも教師の判断で子どもにあてがっていたのでは，子どもは自らに最適な学びについて理解を深め，さらに自己調整しながら自力で計画・実行できるようにはならない。勇気をもって子どもたちに選択や判断をゆだね，失敗も含めたさまざまな経験を積ませることが大切である。

　個別最適な学びであれ協働的な学びであれ，最後は子どもを信頼できるかどうかにかかっている。より具体的には，すべての子どもは生まれながらにして有能な学び手であり，適切な環境と出合いさえすれば，自ら進んで学ぼうとするし，学ぶ力をもっているという認識に立てるどうかである。教師が教えなければ子どもは学ばないし，学ぶことができないという「雀の学校」的な思い込みからの完全な離脱が，いまこそ求められている。

第 3 章

一体的な充実を実現する
２つの在り方

奈須　正裕

1 異なるアプローチであるがゆえに可能となる豊かさ

　個別最適な学びも協働的な学びも，一斉指導が等閑視した子どもの多様性を一人ひとりのかけがえのなさと捉え，多様性をこそ子どもの学び育ちの基盤とし，源泉として大切に扱っていこうとする動きのなかから生まれた。

　一方，そのような教育への志向をいかに実現するかにおいて両者は大いに異なるアプローチを採るが，だからこそカリキュラムや子どもが得る経験の総体で見た場合には，相互に補完的で促進的な関係や豊かな構造を生み出すことが可能となる。両者の一体的な充実とは，まさにそのことを意図している。

　子どもが自立した学習者として育つよう個別最適な学びと協働的な学びの一体的な充実を図る動きは，過去にも数多く存在する。ICT など新たな要素もあり，きわめて有用だが，まずは豊かな実践資産に学ぶのが賢明だろう。するとそこには，両者を「学習過程上で経時的に組み合わせる」，「カリキュラム上で共時的にバランスよく配置する」という，２つの主要な在り方が見えてくる。

2 学習過程上で経時的に組み合わせる

（1）奈良の学習法

　個別最適な学びと協働的な学びの一体的な充実を図る第一のアプローチは，両者を学習過程上で経時的に組み合わせるものである。「答申」における「『個

別最適な学び』の成果を『協働的な学び』に生かし，更にその成果を『個別最適な学び』に還元する」との表現が，まさにそれに当たる。

　日本の実践資産を見渡したとき，この文言からまず思い浮かぶのは，大正期に奈良女子高等師範学校附属小学校（現在の奈良女子大学附属小学校：以下，奈良女附小）が確立した「学習法」であろう（本書第12章参照）。学習法という独特な表現は，どうやって子どもに教えるのかという教授法ではなく，子どもはどのように学び育つのか，また学校や教師はそれをどのように支えるのかを柱に，日々の教育実践や教育研究を推進しようとする同校の立場を象徴している。

　そんな学習法では，当然の帰結として一人ひとりが自立的に学び進める「独自学習」を重視するが，併せて仲間と共に協働的に学び合う「相互学習」も大切にしていて，学習過程としては，独自学習→相互学習→独自学習という流れを理想としてきた。今日でも同校では，まずは独自学習で各自がしっかりと学び深めるのが基本になっており，丸1時間，場合によっては数時間をかけて1人でじっくりと課題や教材と向かい合い，納得がいくまで考え抜いたり調べたりする学習になることも少なくない。

　戦後に同校の主事（今日でいう校長）になった重松鷹泰は「孤独の味」という言葉で独自学習の意義を表現している[*2]。1人静かに沈思黙考して課題と正対すること，また，その過程において必然的に生じる自己との対話は，その子の学び，そして成長にとって決定的に重要な経験といえよう。

　そのような深く真剣な独自学習により，自分としては一定の結論を得て，もうこれ以上は考えられないという地点にまでたどり着いたとき，子どもは同じく懸命に独自学習に取り組んでいる仲間の考えを聞きたくなる。この段階で相互学習を設定すれば，仲間の意見に真剣に耳を傾け，自身の学びとのすり合わせのなかで生じた感想や疑問を率直に語り合う，優れて互恵性の高い学びが生じるに違いない。それゆえ，同校では相互学習による授業を，通常の「話し合

＊1　中央教育審議会「『令和の日本型学校教育』の構築を目指して ── 全ての子供たちの可能性を引き出す，個別最適な学びと，協働的な学びの実現（答申）」2021年，19頁。
＊2　重松鷹泰『教育方法論Ⅱ　教育科学』明治図書出版，1975年，57-59頁。

＊1

い」ではなく「聞き合い」の授業と呼び習わしてきた。

　仲間の考えを聞き，自分の意見も聞いてもらい，相互におたずねや応答，そこで見えてきた問いをめぐっての議論なども活発になされるなかで，もちろん，子どもたち全員が納得し，決着のつく事柄も数多くあるだろう。しかし，本当に大切なのは，先の独自学習では気づけていなかった点，あらためて調べたり考え直したりすべき事柄が各自にとって明らかになってくることである。一般的な授業の終盤で見られるような「今日の授業ではこのことがわかりました」といった平板で画一的なまとめで一件落着になる他人ごとの浅い学びとは正反対の地点に，奈良の学習法は碇をおろしてきた。

　だからこそ，相互学習が一段落すると，子どもたちは再度の独自学習へと向かっていく。仲間との「聞き合い」でわかったこと，考えたこと，疑問に思ったことなどを整理し，もう一度「孤独の味」の世界に没入して，なにより自分に対し誠実に，さらなる学びを深めていくのである。

　個別的な独自学習と協働的な相互学習は，相補的で相互促進的な関係にある。相互学習が深まるには独自学習の充実が不可欠であり，また相互学習をとおすことで，独自学習はいっそうその子らしい確かなものになっていく。

（2）日本の授業の伝統としての個別最適な学び

　奈良の学習法を例に，個別最適な学びと協働的な学びを学習過程上で経時的に組み合わせることにより，両者の間に相補的で相互促進的な関係が生まれることを見てきた。ところが，奈良女附小に限らず，多くの学校が研究会の際に公開する授業は，話し合いを中心とした協働的な学びが中心である。子どもたちが「孤独の味」を味わいながら個別で学び深めている独自学習の場面などは，奈良女附小のような学校であっても，普段の日に頼み込んで見せてもらわない限り，部外者の目に触れる機会はそう多くはない。

　すると，公開研究会の参観者は，授業がはじまるやいなや子どもたちの手が勢いよく挙がり，次々と深い考えや丁寧な調査結果が報告され，さらに鋭い視点からのおたずねや自分ならこう考えるという意見が分厚く重ねられ，目を見張るような高みにまで学びの質が駆け上がっていくのを目撃することになる。

　教師ならば，自分もこんな授業がしたいと願うのは自然な感情であろう。教材や発問をそのまま持ち帰り，担任する学級で試みるが，もちろんうまくはいかない。理由ははっきりしていて，奈良女附小の子どもは研究会に先立ち独自学習を行い，満を持して公開授業に臨んでいる。そのことを踏まえず，いきなり子どもたちに問いかけたところで，思いつきや当てずっぽうの意見しか出ないのは火を見るよりも明らかであろう。それにもかかわらず「うちの子どもは力がない」とか「真剣に考えようとしない」などと子どもに責任転嫁し，ついには「やはり，私がしっかり教えないとこの子たちはダメなんだ」などと言い出すから，なんとも始末が悪い。

　実は奈良女附小のように，特に学習法とか独自学習といったことを明確に打ち出してはいない学校でも，協働的な学びに先立ち，一人ひとりが個別的な学びを存分に深められる機会を設けてきた学校や教師は少なくない。それどころか，かつての社会科では，授業と授業の間に子どもが自主的に家庭で考えをまとめてきたり，地域の人から聞きとり調査をしたりすることを暗黙の前提として授業を構想・実施していた。子どもたちが教室外で自主的に進めてくる個別的な学びを「場外乱闘」などと呼ぶ人もいて，次の社会科の時間にどの子がどんな学びを持ち込んでくるか，大いに楽しみにしたものだ。

　朝，担任が教室にやってくるやいなや，1 人の子どもが「先生，果たし状」と叫んで手紙を手渡したというエピソードがある。手紙には「社会科の学習問題について，決定的な証拠を見つけてきました。だから，今日は一番に僕をあててください」と書かれていたという。

　担任はその子の求めに応じたが，ただでは引き下がらない。持ち込まれた証拠に「でも，こんな可能性もある」などと難癖をつけては「皆さんの頑張りもむなしく，今日も問題は何一つ解決しませんでした」と授業を終わらせた。子どもたちは「くそー。次は負けないぞ。今度こそ決定的な証拠を見つけてきてやる」と，いっそう奮起するのである。

　このように，日本の優れた授業の多くは，教室内での学びだけで完結してなどいなかった。このダイナミックさ，とりわけ一人ひとりが自らの意思で独自に進める「場外乱闘」的な学びが，その質を大いに支えてきたのである。

「答申」が提起する個別最適な学びと協働的な学びの往還を原理とした授業づくりは，決して新しいものでも珍しいものでもない。もちろん，大正期にそのことを看破していた奈良女附小はさすがだと思うが，私たちが感心しぜひともやってみたいと願うような授業は，必ずといってよいほど個別最適な学びをその構成要素として含み込んでいたのである。

（3）家庭学習と授業の一体的な充実

　「場外乱闘」は特に制度化された学びではなく，一種の文化として成立していたものだった。したがって，子どもがなにかと忙しくなり，放課後の時間を自由に使えなくなるにつれ，この古きよき文化も衰退の一途を辿っていく。

　よい文化であれば，今日的な道具立てや枠組みを駆使して復活させてはどうか。東京都三鷹市立東台小学校では，GIGA スクール構想で整備された１人１台端末により，家庭での個別最適な学びと学校での協働的な学びの往還を図るべく，図３-１のような４つの視点を掲げて実践研究に取り組んだ。

　視点その３の「反転学習」は，家庭での予習により学校での協働的な学びの効率化とさらなる充実を目指す取組みである。また，視点その４の「補習・定着」では，ITS[3]や動画視聴など，パソコンならではの強みを生かして基礎学力の着実な定着をねらう。もっとも，これらは以前から広く実践されてきたものであり，さらに興味深いのは視点その１とその２であろう。

　東台小では，研究教科にしていた算数科の授業の終わりに振り返りの時間を設けない。残り数分で慌ただしく振り返るよりも，自宅で１人心静かに振り返ったほうがよいのではないか。このように考え，まとめと振り返りを宿題にした。これが視点その１である。

　全員が共通に押さえるべきまとめもあるが，さらに今日の学びの自分にとっての意味を熟考し自分なりの言葉で表現することで，学びはいっそう自分ごとになっていく。このような考え方は，奈良女附小とも軌を一にする。

＊3　ITS：コンピュータに実装された知的学習支援システム（Intelligent Tutoring Systems）。近年 AI ドリルと称されることも多い。

図3‐1　オンライン活用の4つの視点
出所:「令和2年三鷹市立東台小学校ハイブリッド型学習研究紙面発表リーフレット」より。

　振り返りはすぐにアップロードされ，担任はその日のうちに今日の授業に対する子どもたちの省察や意味づけを知ることができる。授業中に「わかりましたか」と問われ「はい」と答えた子のなかにも，本当は「はい」ではなかった子もいるかもしれない。また，授業中は確かに理解できたと思っていても，自宅で1人になりあらためてノートを眺めてみて，よくわかっていない部分に気づくこともあるだろう。そのことを自覚し先生に知らせることは，学びへの誠実さと丹念さにおいて，子どもにも教師にも望ましい。自身の学びの現状を正確に把握するメタ認知の向上と習慣化にも，大いに貢献するだろう。

　教師は子どもたちの理解状態を踏まえ，翌日の授業をよりよいものにすることができる。これは，指導と評価の一体化の新たな在り方ともいえよう。

　振り返りのなかで，今日の授業で疑問に思ったことやさらに深め広げたいことに気づき，自主的に調べたり考えをまとめたりする子どもも出てくる。視点その2の「探究」は，このような動きを想定し期待したものであり，適切に位置づけることで，子ども主体で展開する協働的な学びの礎とすることができる。

視点その２は，子どもが教室外で自主的に進めてくる個別最適な学びであり，先に「場外乱闘」と呼んだものに当たる。東台小の取組みが優れているのは，それが宿題である授業の振り返りから自然と誘発される可能性が高いこと，また，気になったことはすぐにパソコンで調べたりまとめたりできること，さらに，必要に応じてその様子や成果を即座に先生や友達に知らせられることである。いまどきの忙しい子どもにしてみれば，比較的短い時間でも効率的に「探究」に取り組めるのは，案外と重要なことであろう。

（４）授業支援クラウドの活用

　東台小ではこの取組みを算数科で進めたが，先に例示した社会科のほか，国語科の物語読解の授業などで実施してもおもしろい。たとえば，３年生国語科『モチモチの木』[*4]の学習では「豆太はおくびょうなのか」を単元を通しての問いとして授業を進めることがある。

　子どもたちは仲間との協働的な学びのなかでこの問いに対する自分なりの考えを深め，その根拠を確かなものとしていくのだが，もちろん一筋縄ではいかない。仲間の発言を受けて，昨日までの考えが大きく揺らぐこともあるだろう。そのあるがままを，家に帰ってパソコンを開き「孤独の味」を味わいながら丁寧に内省し，誠実に綴る。そして，自らの考えをしっかりと携えた子どもたちが，翌日教室で再び相まみえる。

　日々の振り返りは Google Classroom やロイロノートのような授業支援クラウドにすべてアップされるので，教師だけでなく子ども同士でも自由に閲覧したりコメントを書き込んだりできるようにしておく。すると，仲間の振り返りを読んでさらに自らの考えを深めたり，何人かの子どもたちがコメントやチャットの機能を駆使して自発的に協働的な「場外乱闘」を展開したりもするだろう。教師の預かり知らぬところで，子どもたちが自由闊達に協働的な学びを展開する。まさに，自立した学習者としての学び育ちである。

＊4　斎藤隆介（作），滝平二郎（絵）『モチモチの木』岩崎書店，1981年。令和２年度版の小学校３年生国語科教科書のすべてに掲載されている。

　また，昨日の授業を踏まえての「豆太はおくびょうなのか」に対する全員の考えが授業支援クラウドにアップされ，自由に閲覧できるということは，授業中にあらためていまの考えを子どもたちに発言させ，それを教師が板書に整理する時間と手間のいくらかを省くことにつながる。思えば従来の授業では，子どもたちがノートに書いていることを板書上に集約するだけの作業に膨大な時間を割いていた。それを「話し合い」と呼んでいたのだが，本当に「話し合い」になっていたのか。そんな問いさえ立ち上がってくる。

　もちろん，かつてもこのことに気づいている教師はいて，授業の終わりに各自のいまの考えを小ぶりなカードに書いてもらい，それを座席表に貼って縮小コピーし，Ａ3判の紙に印刷して次時に配布するといった工夫をしてきた。かなりの手間にはなるが，子どもたちは仲間の考えを総覧でき，すぐに協働的な学びに入れるし，教師にとっても授業づくりの確かな足場となる。まさに一石二鳥だが，同じことがデジタルならいとも簡単に，というかほぼ自動的に，またタイムラグなしで可能となる。実に画期的なことであると思う。

　さらに，子どもたちが残した振り返りは，そのままでポートフォリオ評価の貴重な資料になる。単元終了時には，子ども自身にも自己評価させたい。

　すでに 1 人 1 台端末と高速大容量のネットワーク環境は学校教育の不可欠な構成要素となっているが，個別最適な学びと協働的な学びの一体的な充実においても心強い味方であり，引き続き存分に活用していきたいものである。

（5）単元で構想する

　奈良の学習法も含め，多くの場合，個別最適な学びと協働的な学びの往還は45分 1 単位時間の枠内ではなく，最低でも数時間にわたる学びの流れのなかで，基本的には単元を基盤に構想され展開されてきた。また，そうであってこそ十分な効果を生み出す。

　個別最適な学びと協働的な学びの一体的な充実という考え方が打ち出された当初「たとえば算数の授業で，まずは自力解決 7 分間，これが個別最適な学び。その後，みんなで話し合う。これが協働的な学び。つまり，すでに十分にやっているわけで，それをさらにしっかり，毎時間着実にやっていこうということ

ですね」などと，すずしい顔で話す校長や指導主事が結構いて，大いに驚いた。いまのままでよいのなら，わざわざ中教審で議論しないはずだというイマジネーションがなぜわかないのか，不思議でしかたがない。

　もちろん，すでにほとんどの授業において，1単位時間のなかに個別的に学ぶ場面と集団で話し合いながら学ぶ場面は存在しているだろう。しかし，第1章で詳細に検討したように「5分でやってみましょう」と指示し，5分後には「まだ終わっていない人も鉛筆を置いて」と言って学びを打ち切るやり方は，およそ誰にとっても最適な学びではない。あえていえば，教師の都合にとってのみ最適化されている。

　また，すべての子どもが当面する学びに対し自分なりの決着をつけていない状態，いわば参加資格をもたない状態で強行される話し合いなど，協働的な学びの名に値しない。そこでは，教師の不手際により自力での学びを成立させられなかった子たちの面倒を，速い子やできる子が見させられている。

　「すべての子どもが自分なりの決着をつけられるようにしようとしたら，いくら時間があっても足りない」と言いたい人がいるだろう。しかし，それは45分1単位時間のなかで，しかも一斉画一的な教師の指示のもと，護送船団方式で授業を構想するからである。もっと長いスパンで柔軟に構想すれば，いくらでもやりようはあるし，そこで基本となってくるのが単元なのである。

（6）あらためて単元とは何か

　ところが困ったことに，どういうわけか個別最適な学びと協働的な学びの一体的な充実をめぐって，1単位時間のなかで実現しなければならない，そういうものだと思い込んでいる人が少なくないようなのである。いや，ことはこの件に限らない。主体的・対話的で深い学びなども含め，およそ授業をめぐるすべての事柄について，1単位時間でしか考えない人が結構いる。

　その背景には，1単位時間の学びの充実を求める近年の動きが関わっているように思われる。1単位時間における，めあて−振り返りの徹底なども含め，それ自体は一理ある。しかし，このことが教師をして，授業の構想と展開をつねに1単位時間のなかで完結させる思考へと誘導し，結果的に子どもの学びを

1 単位時間のなかに閉ざし，さらに 1 単位時間ごとに孤立・分断させる動きさえ生み出しているとするならば，由々しき事態といえよう。

　授業は基本的に単元で構想し，展開するものである。個別最適な学びと協働的な学びの一体的な充実も，主体的・対話的で深い学びも，まずは単元で考えるべきであり，そうしてこそうまくいく。では，あらためて単元とは何か。

　単元とは，単位や「まとまり」を意味する unit の翻訳である。欧米でも 19 世紀に至るまで，カリキュラムは形式的な内容の区分や教える大人側の都合でその単位が決められ，また指導の順序や教材の配列等が決定されていた。

　これに対し，学ぶ子どもの側に立って，その認識過程や学習活動に照らして有機的な関連をもつ教材なり経験の「まとまり」をもってカリキュラムの基本単位とする考え方が現れる。これが単元であり，2016 年 12 月 21 日の中央教育審議会答申では「各教科等において，一定の目標や主題を中心として組織された学習内容の有機的な一まとまり[*5]」と説明されている。

　単元という言葉には，教える教師から学ぶ子どもへという明らかな視点の移動が含み込まれている。子どもの創意を出発点としてもよいし，たとえ，きっかけは教師が与えたとしても，それを子どもたちがどのように受け止め，活動を展開していくか，子どもの意識を予測し，数時間から時には数十時間にも及ぶ学習過程を構想していく。活動の展開途上で，解決すべき問題に出合うだろうし，また出合うように単元は構成すべきである。なぜなら，子どもにとって切実性のある問いの解決を通してこそ，豊かな学びが生じるからである。

　このように単元を構想していけば，おのずと「ここは個別的に探究する必要がある」「ここでは，子どもたちから協働的に深めたいとの声が上がるのではないか」といったことも見えてくる。かくして，個別最適な学びと協働的な学びの往還が自然な形で実現されていく。大正期以来，奈良の学習法が提起してきたのは，まさにそのようなことであった。

　歴史的には，単元は 1947 年版，1951 年版の学習指導要領（試案）では中核を

＊5　中央教育審議会「幼稚園，小学校，中学校，高等学校及び特別支援学校の学習指導要領等の改善及び必要な方策等について（答申）」2016 年，26 頁（脚注55）。

なすキーワードだったが，1958年版以降は長年にわたり影を潜めてきた。ところが，2017年版学習指導要領では一転して，総則をはじめ随所に「単元や題材など内容や時間のまとまりを見通し」という文言が登場する。

　もちろん，各授業時間に実施される学習活動の充実を図ることは大切である。しかし，毎時間の学びを単独で，また個々ばらばらのものとして扱うのではなく，それらが相互に子どもにとっての意味的な連関をもち，連続した有機的なまとまりをなしていること，その有機的なまとまりのなかでこそ，個々の学習活動の意味合いや位置づけもまた，いっそう明確になり効果性の高いものとなってくること，これらを意識し，その視点から学びを構想し展開することがさらに重要である。これが，単元という概念の実践的な意義にほかならない。

　単元は，教育内容と教育方法の結節点に位置する。年間指導計画に単元名が並ぶことからもわかるように，各学校において教育課程を編成するとは，学習指導要領に示された教育内容を各学校が実践化・方法化・教材化する作業であり，そこでは子どもの学びの筋道を見通して単元を構成し，年間の流れのなかに適切に配置していくことが主な課題となる。このように，各学校が創意工夫を発揮して教育課程を編み，さらに授業を展開するうえで「単元や題材など内容や時間のまとまり」を見通すことはきわめて重要であり，単元は「カリキュラム・マネジメント」の根幹をなす概念と言っても過言ではない。

　今回，学習指導要領に単元の考え方が復活したことは，教育課程政策史上，画期的な出来事である。この改訂の趣旨を踏まえ，個別最適な学びと協働的な学びの一体的な充実にせよ，主体的・対話的で深い学びの実現にせよ，およそ教育課程や教育方法に関する事柄については単元を基盤に考えていきたい。

3 ｜ カリキュラム上で共時的にバランスよく配置する

（1）カラフルなカリキュラム

　個別最適な学びと協働的な学びの一体的な充実を図る第二のアプローチは，両者をカリキュラム上で共時的にバランスよく配置するものである。典型は，

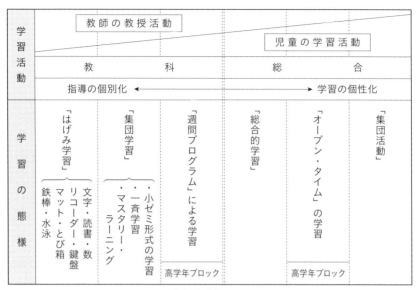

図 3 - 2　緒川小学校のカリキュラム

出所：愛知県東浦町立緒川小学校『個性化教育へのアプローチ』明治図書出版，1983年，33頁。

本書第 6 章の執筆者である加藤幸次氏の指導の下，1980年代から一貫して個別化・個性化教育を実践してきた愛知県東浦町立緒川小学校であろう。

　1983年の段階で，緒川小では通常の教科指導にあたる「集団学習」，特別活動に相当する「集団活動」，先行的に取り組まれていた「総合的学習」のほか，①「はげみ学習」，②「週間プログラム」による学習，③「オープン・タイム」の学習という 3 つの個別最適な学びを位置づけていた（図 3 - 2 ）。

① 「はげみ学習」

　はげみ学習は，すでに学級単位の授業等で教わった内容について，その定着度を個別に確認し，不十分な箇所に補充的な再学習を施すことにより，すべての子どもに着実な知識の定着や技能の習熟を図る個別最適な学びである。文字，読書，数と計算，楽器演奏，器械体操等について，毎週 1 回85分間， 2 年生以上の全校体制による無学年制で実施されていた。

　子どもたちは各自のペースで学習カード（図 3 - 3 参照）に取り組み，全問正

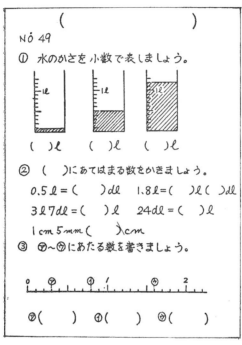

図3-3 「数のはげみ」の学習カード

出所：愛知県東浦町立緒川小学校『個性化教育へのアプローチ』明治図書出版，1983年，55頁。

解できれば次の段階に進み，不正解であれば教師による個別指導や各種メディアを活用した自学などによる補充学習を行う。当然のことながら，子どもによっては前学年の内容を学び直すこともある。一方，定着に問題がなく学習カードをどんどん終えていく子どももいるが，学年を超えて先へ先へと進むのではなく，発展学習に取り組んだり友達の学習を支援したりすることで，理解のさらなる深化を図るという対応が採られていた。

② 「週間プログラム」による学習

　一般に「単元内自由進度学習」（本書第7章参照）と呼ばれる教育方法で，緒川小が開発したものがオリジナルである。概念形成や高次な思考をも含む，より一般的な教科内容について個別最適な学びを実現するために考案された。

　学ぶ内容は決められているが，単元の枠でいつ，どのように学ぶかは各自にゆだねられており，そこで得たさまざまな経験を通して自らの「学び方の得意」を見出し，さらに自己調整しながら自力で学び進められるようになることを目指す。子どもたちは「学習のてびき」（本書第1章：15-17頁参照）を参考に単元の

図3-4　子どもの様子を見とる教師
出所：愛知県東浦町立緒川小学校（佐野亮子撮影）。

学習計画を立て，自由に学び進める。理科の実験や観察なども，準備から片づけまですべて個別で実施する。

　学習の進行は各自の計画・判断次第なので，特定の1時間を見ると，同じ学級の子どもが異なるカードや活動に取り組んでいたりするが，単元全体で見た場合に辻褄が合い，単元終了時に全員が単元のねらいを実現すればよい。その一方で，着実に学習が成立するよう途中にチェックポイントを設けてあり，そこでは教師が学習状況の確認と必要な指導を行う。個別最適な学びにおける教師の最大の仕事は一人ひとりの子どもをしっかりと見とることであり，それが自然な形で充実して行えるのも，この学習の強みである（図3-4）。

　学習のペースを各自にゆだねるというと，最後までたどり着かない子が出るのではないかと心配する人がいるが，実際には一番遅い子でも時間内にはほぼすべての課題を終えられるし，むしろ時間に余裕の出ることのほうが多い。それこそ速い子は，指定された半分の時間ですべての課題を終えてしまう。理由は明確で，国立教育研究所の実地調査によると，週間プログラムによる学習での子どもの実学習時間は，総学習時間の91.9％にも達していた[6]。裏返せば，非学習時間が9％にも満たないというのは，通常の一斉指導ではまず考えられない。かなりよい授業ができたというときでも，子ども一人ひとりの実学習時

＊6　愛知県東浦町立緒川小学校『個性化教育のすすめ方――写真でみる緒川小学校の実践』明治図書出版，1987年，77頁。

間はせいぜい7割程度であろう。そう考えるとまさに驚異的な数字で，この学習における学習効率なり生産性の圧倒的な高さを示している。

③「オープン・タイム」の学習

オープン・タイムは，興味・関心に基づき自由に学習内容を設定して探究する学習であり，「学び方の得意」に加えて「学ぶ領域の得意」の発見や深化が期待されるプログラム

図3‑5　本物の道具でお茶のお点前を体験的に学ぶ
出所：愛知県東浦町立緒川小学校（佐野亮子撮影）。

である。1983年当時は斬新な取組みとして注目されたが，今日では個々人で探究課題を自由に設定する総合的な学習の時間，いわゆる「個人総合」として，どこの学校でも実践可能である。近年活況を呈している高等学校の探究学習の多くも，このカテゴリーに含まれると解釈できよう。緒川小では，3年生以上の子どもに対して，全校ティーム・ティーチングにより，毎週1回85分実施されていた。

興味・関心に応じて何をどう学んでもよいが，だからこそ課題設定では皮相的な興味に流されぬよう，自身にとってそれを学ぶ意味を明らかにすることが求められる。また，探究が場当たり的で散漫なものとならないよう，学習計画の立案と自己評価の機会を設け，必要に応じて教師が指導や支援を行う。興味深いのは，相当数の子どもが教科の発展学習に取り組むことであろう。図3‑5は，室町時代の学習をきっかけに，お茶のお点前を体験的に学んでいる様子である。子どもにとって，教科はつまらないものではない。ただ，どこにおもしろさを感じ，何をさらに学びたいかは一人ひとり異なる。オープン・タイムはその多様性に応えることで，結果的により多くの子どもが教科の本質へと肉薄するのを支えてきた。

＊7　愛知県東浦町立緒川小学校『個性化教育へのアプローチ』明治図書出版，1983年，90頁。

　なお，オープン・タイムにおける実学習時間の割合は94.4％で，週間プログラムの場合よりもさらに高い数値となっている[*8]。一人ひとりが思いのままに学べる時間であるから当然ともいえるが，週間プログラムの結果と併せて，いつ，何を，どのように学ぶのかの判断を子どもにゆだね，自己調整的に学ぶ機会を設けることの重要性と有効性を強く印象づけるデータといえよう。

（2）自由と民主主義を大切にする教育

　緒川小が開発・実践してきた3種類の個別最適な学びを見てきたが，時数的にはこれらすべてを合わせても最大で全体の4割程度で，残る6割以上は通常の学級集団を基盤とした学習となっていた。個別最適な学びをめぐって「せっかく学校に集っているのに，それを解体，分断して個別で学ぶのはもったいない」といった声をよく聞くが，心配しなくても，学校生活全体で見れば，協働的な学びや集団での暮らしがすっかり希薄になることはない。

　むしろ逆で，個別最適な学びが学校生活のなかに一定の位置を占めることにより，かえって協働や集団の特質なり良さを子どもたちが深く実感し，その機会を大切にするというのが，緒川小をはじめとする実践校で私たちが繰り返し目撃してきたことである。

　それどころか，緒川小は協働的な学びにも大いに力をいれてきた。1980年代から先行実施していた総合的学習では「生きる」「いのち」といった主題の下，1年間にわたりさまざまな体験や調査，交流活動を行っていたし，長野県の信州大学附属長野小学校や伊那市立伊那小学校さながらに，大型動物の飼育に取り組んだ学年もある。

　また，文化祭にあたるフェスティバルにおける学級の発表や委員会による展示は，高校の文化祭に劣らない充実ぶりを誇った。さらに，児童会や委員会の活動では，計画から予算まですべて子どもたちが立て，限られた予算でいかに学校生活をよりよいものにするか，侃々諤々（かんかんがくがく）の熱心な議論が展開される。

　いかにすぐれた方法や形態であっても，一本槍で突き通そうとすると，どう

＊8　前掲書（＊6），77頁。

しても子どもの学びや暮らしがモノクロームになりがちで，いま現在自分たちが経験していることの意義や価値がかえって見えにくくなる。その点，緒川小のカリキュラムは非常にカラフルであり，相互に明確なコントラストが浮かび上がってくるよう工夫されていた。

　同様のアプローチは，歴史的に見ればかなりの先行事例がある。サマーヒル・スクール[*9]やサドベリー・バレー・スクール[*10]，フレネ学校（本書第13章参照）などでも，教科的な学習は各自の興味や判断に大きくゆだねる一方，共同体としての学校の維持・発展に関わる自治的な部分については，子どもたちにしっかりとした権利と責任を平等に与え，十全な参画を強く求めてきた。昼間の授業に出席しないことを子どもが選択する自由を認める学校もあったが，夕刻に開催される学校運営のミーティングには必ず参加するといった具合である。

　この特質は，これらの学校が自由と民主主義を理念として大切にし，その教育を学校で行うことを重視してきたからであるが，そういった多くの学校に期せずして共通した形を認めることができること，緒川小のカリキュラムもまたそうであることは大いに注目してよいだろう。

　個別最適な学びと協働的な学びの一体的な充実，さらにそれを基盤にすべての子どもが自立した学習者として育つうえで，このことは決定的に重要である。学習に関わる一人ひとりの多様な要求に応じる努力を欠いては，学校は子どもたちの学習権・発達権を十全に保障できない。また，共同体としての学校の維持・発展に関わる自治への参画を求めないならば，学校は「顧客満足」を原理とした単なる教育情報サービスの提供機関になってしまう。

　もっとも，今後この点をめぐって議論が巻き起こる可能性は十分にある。「『顧客満足』の何が悪い。学校は保護者の個別的要求に応えるサービス機関に徹するべきだ。すでに私たちは学校にそれ以上のものなど期待していない」と

＊9　サマーヒル・スクール：民主主義と平等を原則にニイル（Neill, A. S.）が1921年にドイツに創設した学校。翌年，イギリスに移転し今日に至っている。「世界で一番自由な学校」と呼ばれ，多くのフリー・スクールのモデルとなっている。
＊10　サドベリー・バレー・スクール：教育における自由と民主的統治を原則として，1968年にマサチューセッツ州に創設された学校。

いった極論に対し，私たちはどう応えていくべきか。いま一度，公教育とは何か，学校とはどのような場であるべきか，しっかりと考え議論していく必要がある。

（3）　2 割を変えると子どもが変わる

　個別最適な学びと協働的な学びをカリキュラム上で共時的にバランスよく配置することにより両者の一体的な充実を図る取組みの事例として，もう 1 校，山形県天童市立天童中部小学校の実践を挙げておきたい。同校は図 3 - 6 の研究構想図にあるとおり，通常の授業に相当する「仲間と教師で創る授業」に加え，「自学・自習」「マイプラン学習」「フリースタイルプロジェクト」という，子どもたちが自立的に学び進める 3 種類の学習に取り組んできた[11]。

　このうち「マイプラン学習」は，すでに何度も登場した「単元内自由進度学習」である。また「フリースタイルプロジェクト」は「個人総合」の取組みであり，緒川小の「オープン・タイム」に相当する。さらに「自学・自習」は本書第 2 章の最後で紹介した「子どもが進める授業」であり，同校では川崎市立川崎小学校の研究に学んで実践を開始した[12]。

　形態的に見れば「マイプラン学習」と「フリースタイルプロジェクト」が個別最適な学びになり「仲間と教師で創る授業」と「自学・自習」が協働的な学びになる。一方，学びのイニシアチブという視点から見れば「仲間と教師で創る授業」のみが教師によって始発される学びであり，残る 3 つは子どもたちが始発し，自立的に展開する学びという整理になる。

　時数的には「自学・自習」の実施状況は学年やクラスによりまちまちだが，平均すると年間100時間前後である。「マイプラン学習」は各学期に 1 回から 2 回実施されており，1 つの単元が 8 〜10時間程度の 2 教科同時進行が基本なので，年間で50〜80時間程度になるが，1 年生は 2 学期からのスタートのため40時間前後となる。「フリースタイルプロジェクト」は 4 年生以上を対象に，夏

＊11　奈須正裕『個別最適な学びと協働的な学び』東洋館出版社，2021年。

＊12　川崎市立川崎小学校「共通した学び方が生み出す学校文化」奈須正裕（編著）『ポスト・コロナショックの授業づくり』東洋館出版社，2020年，212-219頁。

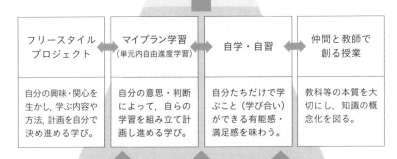

今も未来も幸せに暮らすことができる子どもを育む

研究主題

学び続ける子どもの育成

● 授業のイメージで言い換えれば「子どもがする（学習者主体の）授業」
● 最終的には，教師がいないところで学び合うことを支援する

フリースタイル プロジェクト	マイプラン学習 （単元内自由進度学習）	自学・自習	仲間と教師で 創る授業
自分の興味・関心を生かし，学ぶ内容や方法，計画を自分で決め進める学び。	自分の意思・判断によって，自らの学習を組み立て計画し進める学び。	自分たちだけで学ぶこと（学び合い）ができる有能感・満足感を味わう。	教科等の本質を大切にし，知識の概念化を図る。

『理解』と『覚悟』

・子どもたちの主体的な学習活動を保障する子ども理解・内容理解
・子どもたちの学びの文脈に沿って学習活動を展開する覚悟

カリキュラムマネジメント（学習ビジョン表・単元計画表・教科の系統表）
おたずね（朝の会の充実）　　日記指導　　ICTの活用　　家庭学習
日々の子どもたちとの関わり

図3-6　天童中部小学校の研究構想図

出所：奈須正裕『個別最適な学びと協働的な学び』東洋館出版社，2021年，26頁。

休みと冬休みを挟んで20時間ずつを2回の計40時間である。

　これらをトータルすると，1年生で140時間程度，2年生と3年生で150～180時間程度，4年生以上で190～220時間程度が，子どもたちが自立的に学び進める学習になっているという計算になる。これは，各学年の総授業時数の15～22％に当たり，教師が前に立たない授業が2割程度の比率で安定的に実施されていることを意味する。

　もちろん，それでも残る 8 割は天童中部小が「仲間と教師で創る授業」と呼ぶ，教師が指導する通常の授業であることに変わりはない。しかし，2 割というと 1 日の授業のうち，平均して 1 時間は子どもが自分たちの意思と力で進める学びの時間ということになる。そして，学校における学びの 2 割が変化することの意味は，予想以上に大きい。

図 3 - 7　子どもたちが運営するオンライン
　　　　 終業式

出所：山形県天童市立天童中部小学校ホームページ
　　　「いちょうだより」2021 年 7 月 29 日より。

　たとえば，ゲストを招いてお話を伺う際などにも，質問が次から次へと飛び出し，さらに時間切れになってからも，子どもたちがゲストを囲んで長く熱心な話し合いが続くといったことが，ごく普通の景色になってきているという。子どもたちにとって，学びは誰かに与えられるものではなく，自分たちから求めるものになっているのだろう。

　さらに，自らの意思と力で自立的に学び進める経験は，子どもたちの学びの質や学びへの構えだけでなく，学校生活に関する意識をも徐々に変えていく。コロナショックにより，校内でのオンライン配信となった2021 年 1 学期の終業式の前日のことである。子どもたちが校長室にやってきて「明日の終業式のお手伝いをしましょうか」と申し出た。しかも，小脇にパソコンを抱えてきた子がいて，校長との相談の様子を手際よく記録にとっていたという。かくして，終業式の準備や運営はすべて子どもたちの手で進められ（図 3 - 7），片づけもあっという間に完了した。

　子どもの学び育ちとは，まさにこのような姿として思いがけず立ち現れてくるものなのであろう。文字どおり，身についた力なのに違いない。

　子どもたちは，先生に教わるのが嫌いなわけではない。むしろ，好きだといってよい。実際，多くの教師はそれだけの質の授業を実践している。

　しかし，それでもなお毎日毎時間，すべての授業のイニシアチブを教師が握っていたのでは，子どもたちはどうしても受け身になってしまう。全体の 2 割

を目処に，子どもたちが個性や創意や協働性を存分に発揮して展開できる多様な学びの場を，カリキュラムのなかに位置づけてほしい。それによって，子どもたちの学びや暮らしへの構えはすっかり変貌する。

（4）子どもと教師が共に学び育つ学校

さらには，子どもたちが自らの意思と力で自立的に進める3つの個別的・協働的な学びを実施したことにより，天童中部小が「仲間と教師で創る授業」と呼ぶ学び，つまり通常の学級単位の授業に対する意識も変化したことが，同校の調査から明らかになっている[13]。

まず，3種類の自立的な学びを経験したことにより，普段の授業への取組みが変わったかどうかを子どもたちに尋ねたところ，「変わった」が26％，「どちらかといえば変わった」が46％，「どちらかといえば変わらない」が17％，「変わらない」が11％という結果となった。

さらに「どちらかといえば」も含めて「変わった」と答えた子どもたちには，「どのように変わったと思うか」も聞いてみた。その結果「計画的になった」という回答が最も多く，6割を超えている。次いで「授業への取組みが意欲的になった」「ノートのとり方を工夫するようになった」「深く考えるようになった」という回答が多かった。自由記述の回答としては「自分の力で成し遂げることができるようになった」「自分の考えを必ずもつようになった」「すぐに他の人に聞かずに，教科書やタブレットなどで調べるようになった」などがあり，自立した学習者としての育ちをうかがい知ることができる。また「先生に悩みを相談しやすくなった」という記述などもあり，興味深い。

調査は教師を対象としても行われており，普段の授業への取組みについては「変わった」が53％，「どちらかといえば変わった」が47％で，全員がなんらかの変化を実感していた。

教師調査では，子どもたちと教師自身に分けて，どのように変わったかを自

＊13 大谷敦司「個別最適な学びがもたらすもの」『授業UD研究』第13巻，2022年，18-22頁。

由記述するよう求めた。その結果，まず，子どもたちの変化としては「見通しをもって計画的に学ぶようになった」「粘り強くなった」「自分のペースで学ぶようになった」などの記述が多く認められた。また「教えてもらわないで学ぶことが当たり前のようになり，隣の人と違う学習をしていても違和感なく進めるようになった」「学習が楽しいと言う子が増えた」などの記述もあった。

一方，教師自身の変化としては「子どもの話をよく聞くようになった」「子どもたちが自分のペースで学ぶことを受け止められるようになった」「板書を工夫するようになった」などが共通して見られた。さらに「授業は教師が一方的にするものではなく，子どもと一緒に創るものという捉えになった」「子どもの自然な学びの姿を見て，通常の授業でも，その自然な姿を温かく長い目で見るという意識が強くなった」などの記述もあった。

興味深いのは「教材研究の大切さ」を挙げている教師が多かったことであろう。その理由として「子どもが自分で学びを進める力がついている分，『この程度の授業だったら先生がいなくてもできるよ』と思う可能性は十分にある。だからこそ，A タイプの授業（「仲間と教師で創る授業」：筆者注）では，子どもたちだけではたどり着くことができないところまで導くことを目指して，一つひとつの授業を丁寧に考えるようになった」と記述していた。

子どもが自立した学習者として育つことにより，教師は何のためにいるのか，つまり教師の役割や専門性が問われるのである。そして，この状況を謙虚に引き受け，懸命に尽力していっそう質の高い授業を実現すれば，子どもたちもまた，その経験を自らの学びに生かそうとする。教師が指導する普段の授業の質が高まれば，子どもたちが協働で進める「自学・自習」はもとより，個別的に学び進める学習活動の質も高まっていく。それはまさに，自立した学習者としての子どもと教師が共に学び育つ学校にほかならない。

4 │ 各学校ならではの最適解・納得解を求め続ける

以上見てきたように，個別最適な学びと協働的な学びの一体的な充実をめぐ

っては，両者を学習過程上で経時的に組み合わせる，カリキュラム上で共時的にバランスよく配置するという，2つのアプローチが原理的に考えられる。

　まずもって，毎日の授業を個別最適な学びと協働的な学びが豊かに往還するものにしていきたい。その際，すべての子どもが協働的な学びへの実質的な参加資格が得られるよう，さらにその子ならではの個性的な輝きが感じられ，また互恵的な学び深めが期待できるよう，個別最適な学びの機会を十分に保障することが肝要である。そうすることにより，協働的な学びに臨む子どもたちの意識が「話し合い」から「聞き合い」へと変化し，交わされる意見やおたずねもいっそう切実性のある，また深く考え抜かれたものになるであろう。

　その際，このような授業の構想は1単位時間ではなく，単元を基盤に進めることが大切である。数時間から時には数十時間にわたる子どもたちの意識の流れや活動の展開を予想し，学びの時間軸のなかで個別最適な学びと協働的な学びをどのように組み合わせるべきか，精緻に構想して授業に臨みたい。

　さらに，個別最適な学びと協働的な学びの一体的な充実に際しては，両者を経時的に組み合わせるという単元水準でのアプローチに加え，共時的にバランスよく配置するという，カリキュラム水準でのアプローチにも挑戦したい。学校のなかに多様な学びの機会がバランスよくカラフルに準備されることにより，子どもたちはそれぞれの意義や価値をより深く実感し，結果的にすべての学習活動にいっそう真剣に，また自分らしく取り組むようになる。ついには，子どもたちはもちろん教師の意識も大きく変わり，学校は自立した学習者としての子どもと教師が共に学び育つ場となっていく。

　個別最適な学びと協働的な学びの一体的な充実をめぐる2つのアプローチについて見てきたが，これらはあくまでも原理であって，そこから生み出される具体的な姿は無数に考えられるし，唯一絶対の正解があるわけでも，もちろんない。各学校においては，地域や学校の実情，子どもたちの事実を踏まえて，最適解，納得解をどこまでも求め続けてほしい。なぜなら，そのような在り方こそが，正解主義と同調圧力の克服を掲げる「令和の日本型学校教育」の基本理念そのものだからである。

第 4 章

互恵的に深化・発展する
個別最適な学びと協働的な学び

伏木 久始

　欧米諸国の多くの学校では"個"の確立が教育のなかで重視されてきたのに対して，日本では明治期の近代学校教育制度の成立期以降，学校教育は一般的に"集団"での教育が重視されてきたといえる。こうした考え方の違いの背景には，「学習における興味・関心や能力には個人差があるから学習者には個別に学ぶ機会を保障しよう」とする教育観と，「集団での学習指導によって学ぶ内容をそろえつつ，学びとる内容に生じる個人差に応じて，丁寧な補充指導を努力しよう」とする教育観の違いがある。ただし，両者は二極対立するものではなく，むしろ連携することでそれぞれの指導スタイルによりもたらされる教育効果を高めることができると考えたいし，本来そうであるべきだと思う。

　本章では，集団での教育が行われている学校において個の学びが求められる意味についての基本的な考え方を整理したうえで，学習の主導権に着目した際の「自律的な学習」と「他律的な学習」，学習形態に着目した際の「一人学び」と「学び合い」，そして学習集団の在り方に着目した際の「ダイバーシティ」と「インクルージョン」という3つの切り口から，個別最適な学びと協働的な学びの関係性について検討してみたい。そして，両者による学びを深めていく一人ひとりの子どもが身につけ，発揮していく力について言及してみたい。

1 │ 個の学びが求められる意味

（1）「個別最適」という用語の受け止め

「個別最適」という用語が文部科学省サイドから発信されて以来，教育関係者の間では，その受け止め方に賛否両論が飛び交っている。子ども主体の授業観が学校現場に浸透しやすくなるという歓迎意見が聞かれる一方で，子どもたちの学びを個別化するというイメージや「一人学び」という学習形態を想定すること自体にアレルギー反応を示す意見も根強くある。「個別最適」という用語をどのように受け止めたらよいかという基本的な問いに，私なりの捉え方を述べてみたい。

これまで日本の教育政策は，近代学校教育制度の成立期からまさに国家の求める"有為な人材"を学校で育成するという前提で検討されてきた。「教学聖旨」（1879）や「教育勅語」（1890），「期待される人間像」（1966）[*1]などがその典型であって，学校教育はそれぞれの時代の国家政策や産業界の戦略に組み込まれる宿命にあるといえよう。過去の議論では，「個別最適」と用語的には親和性のある「教育の自由化」[*2]も，経済界からの要請を強く反映したものであった。

今回の「個別最適」という言葉も，「21世紀型スキル」[*3]，Society 5.0[*4]，Ed-Tech[*5]などの新時代を意識させる用語の延長線上にイメージさせる要素が強いため，これからの国家戦略を担うリーダーないしエージェントを育成すること

---

* 1　**期待される人間像**：中央教育審議会「後期中等教育の拡充整備について（答申）」（1966年）において「別記」として取りまとめられた文書。
* 2　**教育の自由化**：中曽根首相の私的諮問機関として発足した臨時教育審議会（1984-1987）のなかで提言されたキーワード。
* 3　**21世紀型スキル**：ATC21s（Assessment and Teaching of 21st Century Skills＝21世紀型スキル効果測定プロジェクト）という国際団体によって提唱されたもので，批判的思考力，問題解決能力，コミュニケーション力など21世紀以降のグローバル社会を生き抜くために必要な能力。
* 4　**Society 5.0**：サイバー空間（仮想空間）とフィジカル空間（現実空間）を高度に融合させたシステムにより，経済発展と社会的課題の解決を両立する，人間中心の社会（Society）のこと。狩猟社会（Society 1.0），農耕社会（Society 2.0），工業社会（Society 3.0），情報社会（Society 4.0）に続く，新たな社会を指すもので，「第5期科学技術基本計画」（2016年）においてわが国が目指すべき未来社会の姿としてはじめて提唱された。

に力点が置かれているように理解され，教育現場や子どものニーズを重視した発想には受け止めにくいという印象があるのだろう。「個別最適」という響きのよい用語を使って，学校の教室での学び合いを分断し，学校教育を能力主義で個別化していく危険があると公然と批判する教育関係者も少なくない。

さらに，「個別最適」というスローガンは，受験をターゲットとした能力別学級編制を推奨したり，家庭の経済的背景に連動した教育格差を容認したりする論理にすり替えられやすいため，新自由主義的な教育の延長と理解される場合もあろう。

国から新たに降りてくる用語に対してその本質を問い，裏側に潜む（かもしれない）政治的な意図を読み解き，教育現場が歪まないように世の中に注意喚起のメッセージを発信していくことは大切だと思う。特にわが国では，国家繁栄のための「人材育成」を学校教育の使命と考える政治家たちや，グローバル競争を生き抜くための“強い個人”を求める企業人の発想が，しばしば教育政策に入り込んでくるため，純粋な教育論からの問い直しが必要不可欠であることは確かである。

しかし，昔から教師たちの間で合い言葉のように使われていた「個に応じた指導」を，学ぶ子どもの論理で「個別最適な学び」と言い換えたこの用語に対しては，マクロな視点からの分析だけではなく，個々の子どもにとっての学習権の問題として，実践に即した丁寧な見方が必要だと思われる。教師たちが昔から心がけてきた「個に応じた教育」は，いわゆる「スチューデント・ファースト（子ども最優先)」という理念を実践する際の基本的な方向性として共有されるものである。子どもを管理して社会集団に適応させる教育訓練よりも，一

＊5　EdTech：Education（教育）と Technology（テクノロジー）を組み合わせた造語で，教育分野にイノベーションを起こすサービス・技術の総称。これを活用することで，一人ひとりの習熟度や理解度に合わせた学習メニューを提供することができ，練習問題を効率よく進めることができるとされる。

＊6　アダム・スミスらによる古典的自由主義は，絶対王政による過剰統治を批判して，「神の見えざる手」によって運営される市場原理を優先したが，新自由主義は規制緩和，福祉削減，緊縮財政，自己責任などをキーワードとしつつ，保守的道徳観や強い国家の再編成を促す性格を帯びている。

人ひとりの人権を尊重し，個性的な学びを保障することを重視してきたタイプの教師の教室からは，自己肯定感を高めて社会貢献を志向する卒業生が育っていることを，多くの心ある教師が実例を通して教えてくれている。現場の教育力を決して軽んじてはならない。

　実際の教育現場で何が起きているのかという評価は，社会構造をマクロに捉えただけでは到底理解できず，地域や学校ごとに丁寧にフィールドワークを重ねながら，子どもや教師たちの姿を通して理解する努力が求められる。教室のなかの多様な子どもを束ねず，平均値だけで論ずる乱暴な評価をせず，現場のなかで日々生成されている固有の物語を読み解こうとする姿勢が求められよう。子ども一人ひとりの人権を尊重し，それぞれの個性や"違い"を認め合う集団づくりに汗をかき続ける教師の試行錯誤の姿に寄り添うことで，子ども一人ひとりの生き生きとした学びの姿の理由がわかってくる。政権がどう替わり，学習指導要領がどう変わろうとも，学校現場では政治的・経済的な"外圧"に壊されない独自の文化的実践があることに，私たちは無頓着であってはならないと思う。フーコー（Foucault, M.; 1926-1984）は学校を"監獄"に例えたけれども，その外側の社会全体が巧妙に特定の政治的権力に操作されていたとしても，学校という"特殊空間"において，子どもと教師は人間的な出会いを純粋に活かした時間を過ごしているという面もあるのだ。

　「個別最適」というスローガンに対して賛否が分かれるのは，教師が自律的にその意味を受け止め，子ども一人ひとりの学習指導を問い直すか，自律性を失って無批判に新たな課題として受け入れるのかの態度の違いにも関係してくる。教育を評論する専門家が教師一人ひとりをどのように捉えているのかという評価のメガネによっても見方が違ってくる。いずれにせよ，教える側の論理で「個に応じた指導」と説明していた用語を，学ぶ子どもの論理で「個別最適な学び」と言い換えたことに対し，子どもと教師のナマの日常を見ずして，教師たちを無自覚な実践者と批判するような言動は慎みたいものである。

　学校の教師たちに対して，同じ仕事に就いたことのない人が「井の中の蛙大海を知らず」というニュアンスの軽口をいう場面にしばしば遭遇するが，新聞を読む時間もとれず，地域社会における交際にも疎くなるほど学校内で忙殺さ

れる教師たちは，子どもの育ちに対しては保護者に勝るとも劣らない細やかで温かなケアをしながら学習指導をしている。こうした日常からでしか培われない教職の専門性もあることは忘れてはならない。"井の中の蛙"には続きがあるという。

　「井の中の蛙大海を知らず，されど空の青さを知る」

　多様な子どもたちが集まって生活する集団生活のなかで，いったいどんな学びが展開されているのか，その青さ（真実の深さ）を理解する文脈で「個別最適」を理解しようとする謙虚さが私たちには必要である。

（2）「個別最適な学び」が求められる背景

　わが国の学校教育は，これまで集団による教育効果をうまく利用してきたといってよい。協調性や役割分担の意識も学校生活のさまざまな場面で経験的に学びとるような仕掛けが組まれている。こうした日常を指導する教師たちからすれば，「個に応じた指導」は無理のない範囲で対応することはあっても，多忙な毎日のなかで多様な一人ひとりの子どもに対して「個別最適」に支援していくなんてイメージはもちにくいと思われる。しかし，近年の学校をめぐる実情から，私は「個別最適な学び」を「協働的な学び」との関連において強調すべき理由を 3 点指摘したい。

① 新たな画一化の波からの救済

　その 1 つは，教育現場に蔓延しはじめている新たな画一化の波から学校現場を救い出そうという目論見である。近年，学級経営や授業実践がマニュアル化され，学校ごとに「○○（学校名）スタンダード」なる手引きが作成され，すべての教師が同じように対応することがミッションになっているという学校が増えている。基本的な指導方針のようなものは学年ごと，学校ごとにある程度共通理解する必要があるが，ここでいうスタンダードとは，「板書は白色と黄色以外は使わない」とか「説明をしながら黒板に文字を書くことはしない」とか，「毎時間の学習課題の確認と振り返りカードの記入を行う」など，具体的な行動基準にして必ず遂行するノルマのようなものになっている場合が多い。中教審の答申でも，令和の日本型学校教育の負の側面として「同調圧力」の問

題点を指摘しているが，教師間の同調圧力を高める学校経営が同時に進行しているのである。

　こうした動向は，団塊の世代の教員大量退職で「現場の実践知」が継承されにくくなり，経験の浅い教員が大半を占めるようになった特に都市部の学校で，必要に迫られて広がっている。それに加えて，非正規雇用教員が多い学校や人事異動が頻繁な学校でも，管理職側からすれば学校運営上の必要性から，その力量に不安のある教員をターゲットにした指導マニュアルをつくりたくなる思いも理解できる。しかし，こうした教員スタンダードの発想は教員の自律性を損ない，多様な教員がいるメリットを埋没させるため，教員が働きやすい学校にもならない。横並びの教育を助長させないためにも，個別最適な学びという理念を推奨したいのである。

② 子どもたちの多様性へのまなざしの回復

　個別最適な学びを進めたい2つ目の理由は，子どもたちの多様性へのまなざしを回復するためと表現したい。個性ある人格として子どもを捉える前に全体指導で足並みをそろえようとする学習指導や生活指導は，自律的な学習者を育てることには貢献しないし，子どもの自己肯定感を高めることはできまい。全体指導優先の教育方針が採用される場合，求めたい理想的もしくは標準的な子どもの姿（スタンダード）を共通に目標設定して，多様な子どもたちをその目標と照合して評価し，不足部分を補おうとする心理が優先する指導に陥っていく。教師たちは，必ずしも子どもを鋳型にはめて社会適応させようとしている意識はないが，この発想で子どもたちを指導する立場に置かれると，目の前の個性的な子どもに対応することは難しくなる。子どもが学習の主導権をもつことはなく，子どもの発想や個性的な問いは，教師側が設定した授業に絡める範囲で採用されるだけの副次的な要素にとどまることになる。子どもの学習進度の"違い"は能力差や努力差と見なされ，与えられた学習課題や，指定された追究方法や，与えられた時間がそれぞれの子どもに適したものであったかどうかは問題にされない。こうした状況のなかで，教師が指定した学び方が適していない子が教室に居づらくなったり，学習意欲を失ったりするなど，個に対応できない事態が広がっていくのである。子どもの多様性を尊重する教育を目指

す立場では，個別最適な学びという基本理念に即した指導が優先される必要がある。

③ 義務教育の役割についての根本的な問い直し

　個別最適な学びを強調する3つ目の根拠は，義務教育の役割についての根本的な問い直しが求められる事態になったことと関連している。これまでの義務教育は，基礎基本とされる教科書的な知識技能を教師が主導する授業で教え込み，どれだけ正確にインプットできたかをペーパーテスト上に再現できる訓練をしてきた部分が強かった。それを教師が効率よく指導するには，子どもたちを同じ条件に統制して一斉指導することが得策だったし，"そろえて"指導することで公平で協働的な学習指導ができると考えられていたといえよう。しかし，その指導には限界もあり，教師の努力とは裏腹に，いわゆる"落ちこぼし"や"浮きこぼし*7"があったことは否定できない事実である。しかし，ICT環境の劇的な進化と人工知能（AI）を搭載したさまざまなアプリケーションの普及に加え，AR（Augmented Reality：「拡張現実」）やVR（Virtual Reality：「仮想現実」）という技術の飛躍的な発展に伴って，個人の知識獲得の方法に別の選択肢が生まれてきている。個に合った学びの在り方が，これまでの常識を塗り替えて現実味を帯びてきたといえよう。進化したテクノロジーをどう教育に応用するかという視野を超えて，授業そのものの設計が転換され，学校教育の枠組み自体が変質していく可能性を十分に予測できる状況になってきた。

　教育の究極の目的は，どの子にも自分で考え自らの必要に応じて自分の力で問題解決していける力をつけることであるとすることに異論はないと思う。そうであるならば，従来の日本の多くの学校で取り組まれてきた知識伝達方式は，一人ひとりの個の多様性に応じて柔軟に選択肢を広げる方法へと移行する必要があるのではないだろうか。そうなったときに学校の教室で重視される学習指

───────────────

＊7　浮きこぼし：教育現場で使われるようになってきた用語で，周囲の子どもとは異なる学習意欲や高い知的能力をもつ児童・生徒が，通常の授業に物足りなさや疎外感を感じてしまい，教師がそれに対応できずに放置されてしまうケースを指している。特異な優秀性をもつ児童・生徒がはみ出してしまうことを，煮立った湯などが吹き上がってこぼれる様子にたとえて「吹きこぼれ」と呼んだり，そうさせてしまうことを「浮きこぼし」と呼んだりすることがある。

導は，一斉画一的に知識を受けとり結果をそろえるモデルではなく，それぞれ個性的な学び方で身につけた知識を提出し合い重ね合う協働的なモデルに焦点化することになると考えられるように思う。

　これまでも日本型の授業とは，伝統的に集団の場を活用して学び合う姿を理想とし，どの子も平等に共通の教育体験をさせることを優先させてきたといえるが，一人ひとりの個性的な追究が前提とされていたとは言い難い。多くの場合，教師が最善だと考える手立てに基づき，子どもたちはプログラム化された"軌道"を進むプロセスのなかで集団思考がセットされてきた。教師はどの子にも同様の経験をさせたいと願い，みんなで同じように学習課題をクリアしていくことに教師としての喜びを感じるようになりがちだった。同じ内容を同じ方法で同じ時間をかけて，足並みをそろえて教師が用意したゴールに向かっていくことを「協働的な学び」という言葉のイメージに重ねてしまう傾向がなかっただろうか。ここで問題にすべきことは，子どもたち一人ひとりが真に質の高い「深い」学びに到達していたのかどうかという点である。従来は教師１人ではとても実現できなかったことや，構想することさえもなかった「個別最適」な学習の可能性が，技術革新の飛躍的な進歩によって現実味を帯びてきたのである。

　以下，個別最適な学びと協働的な学びを複眼的に考察してみよう。

2 ｜ 自律的な学習と他律的な学習

（1）自律的な学び

　「個別最適な学び」と「協働的な学び」を考えていく際，その学びが自律的なのか他律的なのかという学習の主導権の在り方の違いに着目してみる必要がある。"自律的な学び"とは，自ら目的や目標と方法を考え，見通し（仮説）をもって自分なりの規律に従い，自分のペースで問題解決に取り組み続けることを意味し，学習者（子ども）に学びの主導権をゆだねる方針をとる授業では，自律的な学習者（autonomous learners／self-organized learners），自己調整的な学

び（self-regulated learning）という用語を多用して学習活動を説明している。すなわち，自律的な学びを支援しようとすれば，それぞれの子どもの選択・判断や試行錯誤が認められ，個性的な学びが保障されていく必要がある。

「子どもに学習の主導権をゆだねてしまったら，何をどう学ぶのかがわからず学習を停滞させてしまうから，まずは教師が基礎基本を教えて，学び方を教える必要がある」と主張する先生方もおられるが，目の前の子どもの実態はそれまでの自分たちの指導の結果が表れていると捉えたらどうだろうか。

自律的に学ぶうえでは，何をどう学ぶのかを自分で決めていくことが必須の力となるが，その力が身についていない子どもに対して，標準的なプログラムを用意して何をどう学ぶのかを，レールを敷いてその上を指示どおりに歩むことを繰り返し懇切丁寧に指導していたら，その子なりにトライ＆エラーを繰り返す機会を奪ってしまうという見方もできる。自律的に学ぶ力を身につけるためには，その力をつけるチャンスを子ども一人ひとりに適切に与えられなければならないはずである。

そこで問題になるのは個人差であるが，ある程度遺伝的な素質に依拠する知能と，環境や経験的要因に依拠する学力に加えて，学習方略に着目する必要がある。学習方略とは，古くはブルーナー（Bruner, J. S.; 1915-2016）が問題解決に際して，どのようにステップを進めるか，その選択に関するルール・プラン[8]と説明しているが，1970年代以降は認知心理学で盛んに研究されるようになり，「学習の効果を高めることをめざして意図的に行う心的操作あるいは活動[9]」という定義が一般化している。学習方略についての明確な定義はないが，反復や要約，図表整理などの「認知的学習方略」と，報酬や自己肯定感の向上などの「モチベーション方略」，そして，計画や自己評価などの「メタ認知的学習方略」，さらに，資料活用や時間管理などの「外的リソース方略（社会的学習方略）」の４タイプに大別することができる（表4-1）。それぞれの方略は複合的に連携し合うことで有効性が高まると考えられる。これらは年齢（発達段階）

＊8　ブルーナー，岡本夏木ほか（訳）『認識能力の成長（上）』明治図書出版，1968年，139頁。

＊9　辰野千壽『学習方略の心理学──賢い学習者の育て方』図書文化社，1997年。

表 4 - 1　学習方略の説明

学習方略のタイプ	具体的な心的操作または活動		
認知的学習方略	反復，要約，分類，類推，組織化，図表整理など		
モチベーション方略	目標設定	報酬，自己肯定感の向上など	対話，交流，自己調整，他者からのフィードバック
メタ認知的学習方略		計画，自己評価など	
外的リソース方略（社会的学習方略）	資料活用，時間管理，環境の整理，他者の支援，ICT活用など		

出所：筆者作成。

や経験の差とも相関があるので，教師が一人ひとりの子どもの学び方を日頃から観察しておく必要があるし，どのようにその子の学び方が変化しているのかを継続的に把握することも期待される。こうした個人差に着目することが自律的に学ぶ学習者を指導・支援する教師に求められるといえよう。

　自律的に学ぶ力は，先天的なものではなく教育によって獲得される後天的な能力である。大人から見たら稚拙だと思っても要領が悪いと思っても，その子なりに見通しをもって自分で選択・判断し，自分のペースで自分の学びをつくっていく学習経験の積み重ねによって，自己肯定感を伴いながら自律的に学ぶ力が養われていくのである。

（2）他律的な学び

　自律的な学びとは対極にある“他律的な学び”は，自分ではない他者が選択・判断した学習目標とそれに合致した内容・方法が“他者”から与えられ，それを遂行するための適切な指示に従って取り組む学びを意味する。その“他者”とは，多くの場合教師が担うが，教師は目の前の子どもたちの実態に即して学習材を吟味し，学習内容を理解させるための効果的な方法と学習環境を最適化させるべく，よりよい授業づくりを工夫している。また，日本の学校では授業において検定教科書を使用する頻度が高く，その教科書は国が決めた学習指導要領に基づいて構成・編集されていることもあって，全国どの学校でも同じような授業が展開されていると思われている。しかし，実は教科書会社ごとの特色や編集方針にもかなり違いがあることは一般的には理解されていない。

それ以上に授業実践は，学校や地域の実態ないし教師の力量に影響を受ける部分が大きいため，仮に同じ教科書の指導書を頼りに同じペースで授業を組んだとしても，それに参加する子どもたちが獲得する知識や能力等が教室を越えて均一になることはないという経験的事実を教師たちは共有している。

　子どもにとっての他律的な学びとは，学ぶ主体である子ども自身に学びの主導権がないという点では共通性はあるものの，個々の学習指導においてはそれぞれの教師の教育観や指導力量等に依存するため，授業の実際は多様性に富んでおり，教師たちが自覚している以上に授業の中身には違いがある。

　最近では，「教師スタンダード」「授業スタンダード」「○○学校スタンダード」なる共通指導ガイドラインを設定して，教師による“差”を解消しようとする学校も目につくようになったが，そうした発想では教師の個性をも封印してしまう懸念がある。子どもたちにとっては他律的な学びであっても，教師個人には自律的に授業づくりに取り組める裁量が与えられていることが望ましい。教師の自由裁量や個人の教材観・授業観に基づく授業づくりよりも，一律に指定された形式に合わせる授業づくりが優先されるようになってしまったら，それは教育内容にまで影響が及び，授業者により違いを生じさせないマニュアル型授業になっていくだろう。そうすることで，全国どこでも授業が同じ水準に保たれると考える立場の人もおられるが，それは教師の主体性・専門性を軽視することにもなり，現場の授業が劣化していくと捉えるほうが妥当である。子どもたちに学習指導する立場の教師自身が他律的に自分の仕事を受け止めるようになってしまったら，教師よりも AI 搭載型タブレットが子どもの学習をコントロールし，教師は単なる機械のオペレーターとしての役割を担うことになる。

（3）自律的な学びと他律的な学びの関係性

　学ぶ側の発達段階や学ぶ内容によっては，自律的に学ぶことが望ましい場合もあれば，他律的に学ぶことがふさわしいものもある。個人にはそれぞれ独自の特性や能力が存在するという前提から，その可能性を開花させることを強調する立場では，自律的な学びが重視される。一方，個人はそれぞれ社会的存在

でありその社会的枠組みのなかで求められる個性や能力を発揮することであると考える立場では，他律的な学びも必要となる。両者は相反する考え方のように思えても，実際の学習指導においては適宜組み合わされて混在することが普通である。

　たとえば，教師から与えられた学習課題と作業手順に従って学ぶプロセスで，子どもが自分なりにこだわりたい"問い"が生まれたような場合は，その子の独自追究を優先させるケースがあるだろう。与えられた内容・方法を変更してでも自分の選択・判断で学び進めることを認められたという経験が豊富な子どもほど，他律的な学びを進めていくなかでも自律的な学びを生み出すことがある。

　一方，個々の子どもの"問い"が尊重され個性的な追究を深めていた子どもたちが，異なる視点で追究している他の子どものユニークな学びと交わることがないまま，その単元の学習を終えてしまいそうな場合，教師が子どもたちの学びを意図的に融合して学び合う場づくりを仕組むことにより，一人ひとりの子どもの学びを深くすることも教師たちは経験的に理解している。また，学び方を個々の子どもにゆだねて自由選択を認めていた授業のなかで，特定個人のトライ＆エラーの自律的な学習活動が他者の学習に迷惑をかけてしまうようなケースや，そのことに本人が気づけないまま事態が改善されないケースでは，教師が適切にその子を指導して，その場にふさわしい学習規律を考え合ったり，社会的なマナーなどを教えたりするなど，他律的な指導が子どもの学習生活にとって必要になる場合もあるだろう。

（4）自律的・他律的な指導と子ども観・人間観

　学校教育によって目指される理想の子どもの姿は同様だとしても，指導者側の教師が学習者側の子どもをどのような存在だと考えるのかによって，実際の指導場面において，子どもには自律的な指導が優先されるべきなのか，他律的な指導が必要なのかの判断が分かれる。

　米国の心理学者であり経営学者でもあるマグレガー（McGregor, D.; 1906-1964）が提唱した「X理論・Y理論」を援用してみよう。[*10] この理論は学術的に

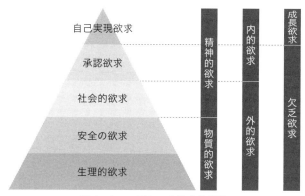

図 4 - 1　マズローの欲求段階説

は一部批判も受けていたものの，企業等の経営理念の構築に一定の貢献を果た
しており，学校教育においても，子ども観や人間観といった学習主体について
の教師側の捉え方を共有していくうえで有益な理論である。

　マグレガーは，米国のマズロー（Maslow, A. H.; 1908-1970）の「欲求段階
説」（図 4 - 1 参照）に基づき，1960年代の経営手法は命令統制的な経営から自
己統制的な経営へと移行すべきだと主張した。マグレガーによれば，「人間は
生来怠け者であり，強制されたり命令されたりしなければ仕事をしない」とす
る X 理論で従業員を管理指導していくと，その企業の従業員はそういう存在
になっていくという。それに対して，「人間は本来意欲的に働こうとする存在
であり，条件次第で責任を受け入れる」とする Y 理論で従業員に接していく
と，その企業の従業員はそういう存在になっていくというものである。X 理論
では，マズローの欲求段階説における生理的欲求や安全の欲求などの低次欲求
段階にある人間の行動モデルが想定され，命令や強制で管理し，目標が達成で

＊10　ダグラス・マグレガー，髙橋達男（訳）『新版　企業の人間的側面：統合と自己統制
　　　による経営』産業能率大学出版部，1970年。
＊11　**マズローの欲求段階説**：心理学者のアブラハム・マズローが人間の欲求を 5 段階に理
　　　論化したものであり，「人間は自己実現に向かって絶えず成長する生きものである」と
　　　いう仮定を前提に， 1 つ下の欲求が満たされると次の欲求を満たそうとする基本的な心
　　　理的行動を表すと説明した段階説である。

きなければ罰を与えるといった「アメとムチ」による統制が行われることになる。

　日本でも「教育の荒廃」が叫ばれた1970年代の学校では，Ｘ理論に寄った指導が横行していたのではないだろうか。一方のＹ理論では，マズローの欲求段階説において社会的欲求や自我・自己実現欲求という高次欲求をもつ人間の行動モデルを前提としており，魅力ある目標と責任を与え続けることによって，人を動かし機会を与えるという経営手法となる。主体的・対話的で深い学びが求められる現代にあっては，マグレガーのいうＹ理論を優先した指導が学校教育に期待される。他律的な学びの部分を次第に自律的な学びへと変えていくためには，こうした人間観と動機づけの考え方を再考していくことが不可欠なのである。

　子どもの内なるものを見つめて総合学習を基盤にした授業づくりを大切にしている長野県の伊那小学校では，次のような言葉を教職員が共有している。

　　ああでなければならない
　　こうでなければならないと
　　いろいろに思いをめぐらしながら子どもを見るとき
　　子どもは実に不完全なものであり
　　鍛えて一人前にしなければならないもののようである。

　　いろいろなとらわれを棄て
　　柔らかな心で子どもをよく見るとき
　　そのしぐさのひとつひとつが実におもしろく
　　はじける生命のあかしとして目に映ってくる。
　　「生きたい，生きたい」と言い
　　「伸びたい，伸びたい」と全身で言いながら
　　子どもは今そこに未完の姿で完結している。

「未完の姿で完結している」[12]

＊12　大槻武治『伊那の勘太郎——ある信州教育の回想』信州教育出版社，2014年，221頁。

（5）個別最適な学びと協働的な学びの前提としての自律的な学び

　学習者が個別に学習する場合も，複数で協働して学ぶ場合も，それが学習主体である子どもの自律的な学びとしてあるのか，他律的な学びとして位置づくのかによって，個別最適な学びを目指す教育の在り方も，協働的な学びの実質も変わってくる。

　他律的に学習が組まれている場合，個別最適な学びは教師が妥当だと思う内容と方法が仕組まれた軌道の上を子どもが自分のペースで歩むということになるだろう。最適な学びを決めるのは教師か AI であって子ども自身ではない。協働的な学びについても，教師が適切だと思うタイミングでペアやグループに学習形態を変化させるということになる。その教師の判断はおおむね適切であるが，子どもたちがもっと自分なりの考えを整理してから，またはじっくり深めてから他者との意見交換をしたいと思うタイミングであっても，協働的な学習形態に強制的に参加させられるということが起こりうる。

　一方，自律的な学びが保障されている学習場面では，子ども一人ひとりが最適な学びの在り方を選択してチャレンジすることになる。おそらくほとんどの子どもは選択・判断のミスを経験し，自分の要領の悪さを実感し，失敗から学ぶことが増えるだろう。しかし，そうした学習経験こそが自律的に学ぶ力を育む原動力となるのであり，子どもは自分にとっての最適な学習方法を試行錯誤しながら経験的に学びとっていくのである。そうした個の追究が保障され，自分なりの学びを深めて自信をつけた子どもは，その学びのプロセスを通して得た気づきや成果を学習集団の仲間や教師に発表したくなる。それと同時に，自分と同じように努力して追究を深めてきた仲間の学びの成果にも興味をもつようになり，自分以外の個性的な学びのエピソードを聴きたい気持ちが高まってくる。そのため，子どもの必然的な欲求として，お互いの語りを聴き合い，学び合う協働的な学びが成立するのである。

　各教科内の単元の特性や学習内容によって，他律的な学習が適切なこともあるだろうし，教師がひたすら要点を教え込むことが適切な場面もあるだろう。しかし，目標・内容・方法・時間配分・学習形態・活動場所・参照すべき資料などの学習をめぐる構成要素のうち，他律的な学びの要素を減らして自律的な

学びの要素を増やしていくほど，個別最適な学びはその子にとっての潜在的な能力や個性を顕在化させ，同時に自己肯定感や学習に対する粘り強さなど非認知能力[13]を高めることにも貢献すると考えられる。

3 「一人学び」と「学び合い」

（1）一斉画一的な学習指導の限界

　多くの学校では，同じ年齢期の子どもたちが「学年」・「学級」という学習集団に編制され，登校時から下校時まで同じメンバーで学校生活を過ごすということが"当たり前"のこととなっている。国は義務教育水準の維持向上を目的として「公立義務教育諸学校の学級編制及び教職員定数の標準に関する法律」を定めており，この法律により学級規模と教職員の配置基準が決められている。その第3条で「公立の義務教育諸学校の学級は，同学年の児童又は生徒で編制するものとする」と規定していることが学級集団の編制根拠になっている。

　この「学級」という単位は，学校経営上も子どもたちの学校生活における居場所づくりにおいても必要なものであるが，学校生活においては，学級や学年という枠組みを越えて，異学年混合の学習形態をとることが教育効果を高めるという場合が少なくない。また，学級集団という単位での一斉学習を前提としない個人単位で学習する「自由進度学習」[14]のような授業形態を取り入れる場合もある。ただし，日本の学校においては，登校してから下校するまで1日中同じ「学級」という単位で生活させることが一般的になっていて，授業はその学級単位での一斉授業が主流である。それどころか，生徒指導上の理由により

....

＊13　**非認知能力**：認知能力が基礎的知識，記憶力，判断力などの一般的な知能検査（テスト）で測定できる能力のことであるのに対して，非認知能力は意欲，興味，自信，協調など感情や心の動きに関する能力を意味し，ペーパーテスト等では測ることが困難であるものの生きるうえで重要な力とされる。積極性や粘り強さ，リーダーシップやモチベーションなどの非認知能力の高さと認知能力とが互いに絡み合うように発展することが理想と考えられる。

＊14　自由進度学習については，本書第7章参照。

「自分が所属する学級以外の教室に出入りしてはいけない」というルールをつくって，子どもたちに守らせている学校もある。さらに，特定の学力テストの成績結果をもとに学習集団を複数のレベル別に分類して，能力別もしくは到達度別の学習集団を単位とした学習指導を行っていたり，その単位で学級を編制したりする学校もある。

こうした「学級」で子どもたちはどのように過ごしているのだろうか。各学級に与えられた教室では，子どもたちは決められた席に座り，学校側ですでに決めている時程表に従って，通常1人の教師の指示に従って生活する。学習指導に限定してみると，授業を担当する教師は教科書等の構成に沿った単元計画に従って学級全員に共通の学習課題を設定し，その課題にふさわしいと教師が考えた学習材（教材）を用いて，教師が適切だと考える教育方法によって，全員一律に同じ時間配分のなかで同じことを要求することが一般的な授業になっている。集団を対象として一斉指導をする教師は，学習成績を点数化した場合の上中下の真ん中くらいの子どもを想定して授業の構成を考え，「平均的な子ども」を相手に一斉指導を工夫している。たとえば，教師は一人ひとりの子どもの“つぶやき”や願いを授業中に拾い上げ，それを学級の仲間と考え合うことを重視したり，一斉指導だけでは子どもたちの学びが受け身になってしまう傾向を改善するために，ペアや小グループに分かれての小集団での話し合いなどを適宜導入したりしてきた。

しかし，教師一人ひとりの授業観にも違いがあって指導スタイルに特徴があるように，教室内の子ども一人ひとりにもその子なりの学習スタイルがある。それぞれの学習材に対する一人ひとりの子どもの興味・関心も異なるため，当然ながら教師側が一斉指導で共通に学習させたと思っても，子どもの側の受け止め方，理解のしかたや理解度，取り組む意欲にはばらつきがある。一斉指導をする教師の眼には「学級のみんなで考え合えた」と映ったとしても，実際のところは授業に参加している態度をとってはいるものの，その時間に他のことに意識が向いていて集団での学びに参加していない子どももいる。そのなかには，自分の興味・関心に合わず集団で一律に学ぶ学習方法や学ぶペースに馴染めずにストレスが高まり，自分の席を離れて逃亡したくなっている子どももい

るかもしれない。

　そもそも「平均的な子ども」は存在しないのであり，一斉指導ではそもそも"個に応じた指導"には限界がある。子どもたちは「皆で一緒に」取り組むことが要求される教室で，ひたすら「教師の授業」につきあうことになっていると冷静に捉える見方も必要である。

（2）"個に応じた教育"の実践

　海外の教育実践に目を向けてみよう。[15]たとえば，ニュージーランドの学校教育では「学習主体は子どもである」と明確にされており，学習内容や方法は子どもが選択する要素が強く，教師は知識を教える人ではなく，子どもの学びをアセスメントして支援する専門家とされている。フィンランドの学校でも「教師が教え込んだら子どもは学べない」と語る教師たちが多く，子ども一人ひとりの学びを個別に褒めながら学習を支援する姿が一般的な授業風景になっている。また，各国で展開されているイエナプラン教育[16]やモンテッソーリ教育[17]では，あえて異学年混合学級を編制し，一斉画一を廃してそれぞれの教育内容に応じた学習集団を柔軟にアレンジしている。「学級」は学校生活の基本単位ではあっても，あらゆる学習指導の固定的なユニットではない。子ども一人ひとりに応じた学習指導を実践する場合に一斉指導の形態をとることはめったにない。

＊15　ここで取り上げる，ニュージーランドの教育に関する記述は，筆者が2012年から毎年フィールド調査に出かけて得た情報であり，フィンランドに関する記述は，筆者が2022年4月〜2023年3月までフィンランド国立教育研究所に所属して取り組んだ調査に基づくものである。

＊16　**イエナプラン教育**：ドイツの教育学者ペーターセン（Petersen, P.；1884-1952）が，1923年にイエナ大学に赴任してから，附属実験校を舞台に，彼の教育思想と保護者の要望を合わせて構想して実践した教育である。第二次世界大戦後はペーターセンの教育理論に共感したオランダのフロイデンタール（Freudenthal S. J. C.；1908-1986）がイエナプランの普及に尽力した。現在オランダには発祥地であるドイツよりも多い200校以上のイエナプラン校がある。

＊17　**モンテッソーリ教育**：モンテッソーリ（Montessori, M.；1870-1952）が考案した感覚教育法のことであり，知的障害児を対象とした感覚を重視した教育の効果が確認されたことをもとに，1907年にローマに誕生させた「子どもの家（貧困層の健常児を対象とした保育施設）」における実践からモンテッソーリ教育を完成させた。

　"個に応じた教育"といっても，必ずしも個別化された個々ばらばらな授業ということではなく，一人ひとりの個性的な"個"がプロジェクト・ワークで協働することによって豊かな学びを構成している例が多い。米国サンディエゴにある High tech High という公立高校の取組みが国際的に話題を呼んだが，プロジェクト・ベースド・ラーニング（PBL）によって教科横断的な課題解決に取り組む実践を通して，一人ひとりの生徒が着実に探究的な学びを深めている。

　日本国内でも，"個に応じた教育"を徹底している伝統校がいくつもある。たとえば，大正自由教育の伝統を受け継ぐ先進的な学校では，一人ひとりの子どもの追究を大事にする豊かな実践が展開されている。その代表的な学校として，「奈良の学習法」を子どもの姿に重ねて研究を深めている奈良女子大学附属小学校や，集団思考のために徹底した"個の追究"を大事にした富山市立堀川小学校の実践などを挙げることができる。両校とも戦後に重松鷹泰（1908-1995）の指導を受け，子ども中心主義の教育理念を授業において先駆的に実現させてきた。

　また，1980年代にオープンスクールの牽引役となった愛知県東浦町立緒川小学校の自学自習的なシステムは，加藤幸次の指導により個性化教育として全国に展開されたが，近年注目を集めている「自由進度学習」は，当時の緒川小学校の週間プログラム学習を前身としている。

　さらに，教育学者の堀真一郎がニイル（Neill, A. S.; 1883-1973）とデューイ（Dewey, J.; 1859-1952）とエッケンヘッド（Aitkenhead, J. M.; 1910-1998）の教

＊18　High tech High：米国カリフォルニア州サンディエゴに2000年に設立された公立のチャータースクールである。現在では系列の小中学校に加えて大学院も設立されている。授業料は無償で，抽選で入学者が選ばれるため，生徒の人種や家庭環境は多種多様であり，在学生の約半数は低所得層の子どもたちだとされている。教科書や定期テストがなく，教員が設定したプロジェクトのテーマに子どもたちが協働で取り組む学習スタイルをとっている。統一学力テストでは州や国の平均を上回り，4年制大学進学率は9割を超えるため，生徒や教師の応募が殺到している。

＊19　奈良女子大学附属小学校については，本書第12章参照。

＊20　個性化教育については，本書第6章参照。

育思想に影響を受けて創設した「きのくに子どもの村学園」（和歌山県）は，「自己決定」「個性化」「体験学習」の３つの原則をプロジェクトに盛り込み，個別学習と合わせた教育課程を実現させている。[*21] 同学園は，きのくに子どもの村小学校（1992年）にはじまり，同中学校（1994年），同国際高等専修学校（1998年）の設立に至った。それと並行して，かつやま（福井県），北九州（福岡県），南アルプス（山梨県），ながさき東そのぎ（長崎県）にも関連の学園づくりが拡がっていった。

　これらの学校は，一斉画一型の授業の限界を乗り越える授業を構想する際の教育理念と具体的な手立てを例示してくれる先行実践を積み上げているが，いまなお形式化することなく，日々の授業実践を通して“個に応じた教育”を追究している。

（3）「個に応じる」ということ

　教師の仕事を学校教育以外の他業種の専門職の仕事と比較してみよう。たとえば，医療分野では患者の個別ニーズに対応するのが基本である。まずは目の前の患者を診断し，その病状に適した治療方法を選択する。その方法は臨床での経験をもとにマニュアル化されている部分もあるが，患者の体質や病状の進行具合やその日の体調によっては臨機応変に別の治療方法にも調整される。臨床心理士の仕事も同様で，クライアントの主訴を見きわめ，診断された知見を基礎にして治療方法が選択される。また，一度の面談では相手のパーソナリティや問題の本質を理解できないこともあるという前提に立って，クライアントの家庭環境や生育歴までを把握しながら，長期的な診断とカウンセリングを最初から予定している。なお，医療分野における患者への治療や心理臨床分野におけるクライアントへのケアは，その措置が適切であったかどうかを複数のスタッフによる話し合いや第三者からのスーパーバイズを参考に，その後の対応方針を変更することも求められる。

　もちろん，これらの専門職の仕事と学校での教師による学習指導を同列に論

*21　きのくに子どもの村学園の実践については，本書第14章参照。

じることはできないが，個に応じた教育というアプローチを考えていく際の貴重な示唆を与えてくれる。1人の教師が多様な子どもたちを相手に学習指導をする際に，教師が準備した処方箋に基づく唯一の指導方針だけで他の選択肢がなかったり，学習課題が一律共通で難易度も課題のタイプも単一のものであったりする場合，特定の子にとっては学びにくく，モチベーションが下がることは避けられない。それでは，個に応じるために教師ができる工夫にはどのようなものがあるだろうか。

　まず，教師が授業設計をする際に，対象とする授業内容に関して事前に子ども一人ひとりのレディネス[*22]を把握する努力をすることである。これまでの多くの授業は，子どもたちにとってはじめて出会うことになるかもしれない学習内容を，教師が全員に共通の学習課題を設定して一斉指導により進めていくスタイルが"ふつう"だった。そして，指導後にテスト等で理解度を評価するが，その結果は子どもの努力や能力の結果と見なされ，結果が悪いとその子のレディネスやその子なりの興味・関心等に評価問題が適していなかったとは診断されず，「間違った問題はきちんと復習しなさい」と指導されてしまうことが珍しくない。その子どもに適した内容や方法が与えられたかどうかを授業評価する教師は少ないし，テスト結果を分析して個々の子どものつまずきに応じた個別対応に時間をかける教師も少数派である。そもそも近年の学校現場では，教師にそういう時間的・精神的なゆとりがないのが現実である。

　個に応じた指導の重要性は説明するまでもないが，教師による一斉指導も決して否定されるべきものではない。ただし，その一斉指導が必要な場面とはどのような学習指導のタイミングなのかを問い直すことも必要である。一斉指導の限界を子どもの目線に立って理解したとき，子ども一人ひとりにより多くの選択権を与えた個性化・個別化の学習指導のニーズが生まれてくる。その教育的意義は先進的な実践事例が明確に示している。

＊22　レディネス：学習が効果的に行われるためには，学習者の側に，身体的にも心理的にも学習の準備ができている必要があるが，こうした知識，技能，体力，興味，知能などの学習に必要な準備状態をレディネスと呼ぶ。

（4）個別学習と集団思考

　一斉画一指導の限界を理解したうえで，一人ひとりの子どもに応じた学習指導を考えていく際に，個別学習＝「一人学び」の目的を明確にしておく必要がある。個別学習は，自分の力でどこまで取り組めるのかに挑戦する学びであり，トライしていた学習が先に進めなくなったときに自分なりに打開策を考え，別のやり方を試行してみて，それでも問題解決に至らない場合は適切に他者に助言を求めて，場合によっては教師に質問するという一連の学習を自分の力で進めていく力をつけるために取り組むものである。誰かに安易に頼る前に，まずは自分の力でやれるだけの努力をする経験を重ねることに意味がある。

　こうした個別学習の経験から次第に自律的に学ぶ力が育まれると考えられるが，個別に自分の考えを高めていくことが目指されるのみならず，それぞれの子どもが自分なりの考えをしっかりと構築することによって，子ども同士が協働して学び合う集団思考の場で，個々の見方が補正されたり豊かになったりすると考えられる。その反対に，一人ひとりが自分の考えをもつことなしに集合して話し合いをはじめても，そうした集団での学び合いの質が高まることは期待できまい。授業に参加した"ふり"ができて，議論に加わった"つもり"になれても，実質的には自分なりに納得して理解する学びにはなりにくいということは明らかである。

　たとえば，理科実験での小グループでの活動によく見られる事例として，実験が大好きで意欲的に取り組む子が1人でどんどん実験を進めてしまい，真面目で賢い子が記録係を担当して，期待されるレポートを提出して終わるというパターンがある。グループごとに「協力して」「話し合って」「共同して考察する」ことになっていても，メンバーそれぞれが"問い"を明確にしているわけではなく，何のためにその実験をするのかもあやふやなまま取り組んでいるといった様子がうかがえる。問いや仮説を明確にもたずに実験をはじめてしまうと，他者依存的な"おつきあい"に終始する傍観者になってしまいがちである。こうした意識で小グループでの共同実験に臨んでも，誰かに"まかせる"ことができてしまうため，必ずしもその学習内容を納得して理解したことにならないし，結果的に科学的な探究のおもしろさには近づけない。

　それに対して，個別学習は自分の力で実験装置を組み立てるところから主体的に取り組むことになり，結果的に何をどうすることで結果を考察できるのかを自分なりに自分のペースで理解できるチャンスを与えられることになる。もっとも，理科の実験のような学習活動においては，小規模校の少人数学級でなければ物理的に一人実験を導入できないかもしれないが，どの子も単独で実験に挑むような心の準備をさせることはできよう。自力で問題解決を経験した子どもたちは，自己肯定感を高めながら，最後まで妥協を許さず粘り強く自分の課題に取り組むことを好むようになる。

　集団での教育が優先されている日本の学校では，協調性や社会性が尊重され，授業場面においても「学び合い」や集団思考が美徳とされる傾向が強い。しかし，学び合いが形式に流れたり，対話的な学習形態を取り入れることが目的化して中身が深まらなかったりする授業も散見される。それは「個の追究」が不十分なまま集団思考を位置づけるからであり，協働的な学習の方法論をいくら工夫しても根本的な解決にはならない。自分なりの問題解決に専心した子どもは，自分の追究内容を仲間に知ってもらいたいし，仲間の追究の様子も聴きたくなるから対話に必然性が生じる。個別学習を通して，自分なりの追究を経験し，自分の考えを話す準備ができている子ども同士が学び合うことで，対話の質が深くなると考えられる。また，一人ひとりの個性的な学びが「学び合い」によって交流し合い，それぞれの気づきや考え方を客観視できる場におかれることで，個の学びに還っていく際の新たな視点を獲得する機会ともなる。学び合いはそれぞれの“個の学び”を深めるために必要な学習過程ともいえる。この点に関して，広岡亮蔵（1908-1995）は次のように説明している[*23]。

　　集団場面における誘発作用，促進作用，補正作用，合成作用は練りの効いた個別思考が成立するための不可欠な条件である。集団内でのフィードバック効果による高め合いなくしては，まことの個別思考となることが困難である。

＊23　広岡亮蔵『学習過程の最適化』明治図書出版，1972年，224頁。

4 | 「ダイバーシティ」と「インクルージョン」

（1）多様性＝ダイバーシティ

　日本の国土は，大陸とは海によって隔てられている地理的条件も影響して，私たち日本人の意識のなかには，陸続きに国境を接する欧米等の人々とは異なるものが伝統的に醸成されていたのかもしれない。ダイバーシティ（diversity）とは「多様性」を意味する用語であるが，多民族国家である米国で，国内のマイノリティや女性の人権問題や雇用機会の均等を訴え，社会での公正な処遇を実現するための運動からこの用語が広がったとされている。集団において年齢や性別，人種や宗教，価値観やライフスタイル，障害の有無などさまざまな属性の人が集まった状態がダイバーシティである。

　本来どの子も個性的であるはずなのに，多くの日本の学校では，個性を強く発揮する子が「個性的」という表現で異端児扱いされてきたことは否めない。海外帰国子女が学校内でいじめを受けたり仲間外れにされたりすることも珍しくはなかった。「個に応じた教育」を目標に掲げる学校が多いのに，個性的な子どもが集団から疎外され，自分らしさを出せずに息苦しさを抱えるケースも少なくなかった。こうした空気のなかでは，自分が周囲から目立たないようにふるまうことが安全だと感じるようになり，まわりの仲間と"違う"ことを恐れて自分の個性を出さないようにふるまう子どもたちになっていく。

　「令和の日本型学校教育」を標榜した中教審答申（2021年1月26日）においても，「学校では『みんなで同じことを，同じように』を過度に要求する面が見られ，学校生活においても『同調圧力』を感じる子どもが増えていった」と指摘している。こうした日本型教育の負の側面を解消するためにも，子ども主体の「個別最適な学び」を積極的に導入することが有効だと考えられる。

＊24　中央教育審議会「『令和の日本型学校教育』の構築を目指して──全ての子供たちの可能性を引き出す，個別最適な学びと，協働的な学びの実現（答申）」2021年。

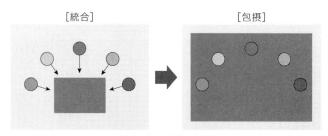

図 4 - 2　統合と包摂

（2）包摂＝インクルージョン

「ダイバーシティ」（多様性）という考え方を進めるなかで「インクルージョン」（inclusion）という考え方が生まれてきた。インクルージョンとは「包摂」「包含」と訳されるが，これを教育に用いたときのインクルーシブ教育とは，多様な人々が自身の多様性を活かしつつ，最大限に能力を発揮できると感じられるような関係性を構築することを意味し，そのための枠組みや環境づくりが問い直されることになる。図 4 - 2 に示したように，自分の属する集団にとって"異質なもの"を受容する形で"統合する（integration）"という発想からさらに進化し，自分が属する環境自体を見直し，枠をつくり直していくイメージを「インクルージョン」（包摂）と捉えることが適切であろう。

（3）多様性と包摂を意識した個別最適な学びと協働的な学び

　学校教育において「多様性」をどのように理解し，どのような配慮によって「包摂」という概念が教育実践において実現できるのだろうか。ひと昔前は「父兄会」などという用語が一般的に使われていたが，男女同権の意識が共有されるに伴って「親の会」となり，多様な家庭環境への配慮から「保護者会」という表記に改められたように，既存の用語・慣習が見直されるようになってきた。出席簿が男女別ではなく，性別に関係なく五十音順に変更され，学校の制服着用のルールも，男女問わずズボンかスカートを選べるようになった学校が増えている。また，入学試験の募集定員も男女別という枠が撤廃され，性別を問わないケースが増えてきている。学校教育においても，少しずつ

配慮が何もない状態…　　　平等 ではあるけど左の子は まだ見えない…　　　公正 さが担保されて全員が 景色を見られる！

図4‐3　平等と公正

LGBTQ[*25]への理解が広まりつつある。こうした社会背景を踏まえて，学習指導においても「多様性」や「包摂」という考え方を個別最適な学びに位置づけ，重視する実践が求められている。

　これまで日本の学校では一般的に集団のなかで調和的にふるまい，協調性を重視する生活共同体づくりを指導してきたといえるかもしれない。図4‐3に象徴されるように，従来は「平等」が優先されてきたが，ダイバーシティの観点に立てば，「公正」という考え方が求められる。すなわち，背の低い子にはそのぶんだけ高い踏み台を提供し，見える視野を公平にしようとする考え方である。さらに，社会全体の多様性を構想していくならば，図4‐4のように壁自体をフェンスに替えていくという発想が求められよう。

　すなわち，生活上の生きづらさや学習上の困難さは，その個人の特性や能力に起因すると考えるのではなく，一人ひとりの個と環境との相互作用の不一致により生ずると考える発想が重要なのである。

　学習指導において，一人ひとりの多様性に応じた指導を行うという意味は，

＊25　LGBTQ：一般的に LGBTQ とは，L（レズビアン）＝性自認が女性の同性愛者，G（ゲイ）＝性自認が男性の同性愛者，B（バイセクシュアル）＝男性・女性の両方を愛することができる人，T（トランスジェンダー）＝主に身体的な性別と性自認が一致しない人，Q（クエスチョニング）＝自身の性自認や性的指向が定まっていない，もしくは意図的に定めていない人を示す。

数値化された学習成績に即してレベルごとに分け
た小集団ごとに指導するということではない。そ
もそも，子どもたちの学習状況を教師が正しく把
握すること自体が大変困難な仕事であって，一人
ひとりの学力を適切に評価するためには相応の分
析能力と尋常ではない労力が必要である。

　一斉授業を基本に学習指導を繰り返す場合，無
数の授業方法のうち，その教師が最も適切だと思

図4-4　環境の改善

うやり方で授業が行われる。その1つの方法を採用した授業で学んだ子どもた
ちのそれぞれの反応を，教師は肌感覚で手応えを感じるとともに，振り返りカ
ード等に記載された子どもたちのメッセージなどを手がかりに，どのように学
べているのかを理解しようと努力してきた。そして，その知識・理解の定着度
を測定する装置として，単元末テストや定期考査を設定し，一人ひとりの子ど
もの学びの実態を把握し，形成的評価と合わせて総合的に子どもの学びを評価[*26]
してきた。しかし，個別最適な学びを導入しようとするならば，この評価の在
り方も，それに対応した目的と方法を問い直すことになる。

　なぜなら，一斉授業の積み重ねに基づく学力測定は，教師が選択した特定の
授業方略に対する個々の子どもの理解度が診断できると捉えるべきであり，必
ずしも子ども一人ひとりの学力を正当に測定できるとは言い切れないからであ
る。たとえば，授業で実践されたその授業方略は，AくんやBさんには学び
やすかったけれど，Cくんには興味がわかず，Dさんには難しくてついていけ
ないというものだった可能性があり，教師が選択した授業の進め方によって一
人ひとりのパフォーマンスが変わってしまう可能性もあるという事実を無視す

＊26　形成的評価と総括的評価：「形成的評価（formative evaluation）」とは，学習過程にお
　　ける学習者の理解状況などを評価することで，たとえば，毎授業の最後に行う確認テス
　　トや振り返りなど，学習者自身も自分の理解状況を把握することを必要に応じて助ける
　　ような行為もこれに含める。また，プロジェクトを進めていく過程で段階的にチェック
　　し，その情報をフィードバックして改善に活かしていく形も形成的評価という。一方，
　　「総括的評価（summative evaluation）」とは，学習単元などひとまとまりの学習が終わ
　　った後に，全体を通して理解度などを診断するための評価である。

ることはできない。教師は，学級集団に所属する子どもたち全員を視野に入れ
つつ，集団（平均値）の理解度やスコアが最大値になるような教育内容・方法
を工夫して一斉授業を行うが，個に応じた指導という面から捉えたら当然なが
ら限界がある。

　学習指導における多様性への着眼は，前述したように知能や学力や学習方略
という認知的活動における個人差に向けられるのが基本であるが，その単元の
学習をその子がどんな気分のときに，どれくらいの時間をかけて，どのような
点にこだわって，どのようなゴールを目指して追究してみたいのかという情意
的な側面の個人差にも焦点を当てることが望ましい。

　こうした個人差に対応することは，大勢を相手にする一斉授業では実現が難
しく，1人の教師がすべての子どもの学習状況を把握することも不可能に近い。
実現できることは何か。たとえば，単元内自由進度学習のような，子どもに学
習の主導権をゆだねていくような授業を適度な割合で導入し，多様な学習環境
を整備することが考えられる。こうした方針で子どもの取捨選択を優先し，試
行錯誤を尊重する学びの時間と空間をどれだけ提供できるかという問題が，多
様性を包摂する教師側の課題として浮かび上がってくる。

5 ｜ 一人ひとりの子どもが身につけ，発揮していく力

　ここまでは，「自律的な学習」と「他律的な学習」，「一人学び」と「学び合
い」，「ダイバーシティ」と「インクルージョン」という3つの切り口から，個
別最適な学びと協働的な学びの関係性について論じてきた。学習指導をめぐっ
て教師側がどのように環境を整え，どのような発想で一人ひとりの学びを支援
したらよいのかという問題に対して，筆者なりの捉え方を示してきた。

　一方で，学習者側は個別最適な学びと協働的な学びという学習活動に参加し
ながら，どのような力を身につけ，発揮していくのだろうか。ここでは「自己
調整学習」の先行研究を踏まえて言及してみたい。

　「自己調整学習」とは，アメリカの教育心理学者，ジマーマン（Zimmerman,

B. J.; 1942- ）らが中心となり，1990年代から研究が進化している理論体系であり，「学習者たちが自分たちの目標を達成するために，体系的に方向付けられた認知，感情，行動を自分で始め続ける諸過程のことである[*27]」と定義され，続けて以下のように説明が加えられている。

　　学習者たちは自らの目標を設定して，自己指向的フィードバック・ループをつくり出す。そのループによって，学習者たちは自分の有能さをモニターし自分の働きを調整するのである。自己調整のできる人は，目標設定に積極的に取り組み自己調整サイクルを使うので，支えとなる動機づけ信念もまたしっかりともつ。一般的見方と反対に，自己調整は個人的な学習のかたちとして定義されていない。というのは，仲間，コーチ，教師に対する援助要請のような社会的学習のかたちを含むからである。

　つまり，子ども一人ひとりが自己調整的に学ぶというイメージは，単に個別学習としての個人内認知活動に着目するだけではなく，社会的認知モデルとして捉えられている点に特徴がある。それは，自己の学習をメタ認知する能力が絶えず要求されるからでもあり，自分の状態を周囲の環境や仲間との比較等により客観視するプロセスを含むからである。個別最適な学びも，子ども自身が協働的な学びとの往還を通して自分なりの「最適」を見きわめていく試行錯誤の機会を必要とすると捉えることができるだろう。

　また，自己調整学習理論のもとでは，先天的な知能の高さや環境要因に影響を受けた学力以上に，学習者自身が自分のもっている能力を発揮するために自発的に行うプロセスがパフォーマンスに大きな影響を及ぼすと考えられている。自己調整過程が子どもの学力差を生じさせる重要な原因になっているということを示す研究成果や[*28]，習熟度に格差のある子どもの学力を改善するうえで自己調整学習は効果的な方法であることを示した研究成果を踏まえると[*29]，能力差や

＊27　B. J. ジマーマン・D. H. シャンク（編），塚野州一・伊藤崇達（監訳）『自己調整学習ハンドブック』北大路書房，2014年，1頁。

学力差のある学級集団の学習指導に当たる際には，自己調整的に学ぶという学習経験を提供していくことが必要になると考えられる。

　ジマーマンとシャンクが編集した『自己調整学習ハンドブック』によれば，自己調整学習の第一段階は「予見と計画の段階」であり，自分の一連の行動を計画し，さまざまな動機づけ信念や価値，目標が活性化されることが意図されている。第二段階は「学習状況における遂行モニタリングの段階」とされ，自分の遂行と動機づけをモニタリングし，それらをコントロールしようとすることだとされる。そして第三段階は「遂行に対する内省の段階」とされ，なぜそのような結果が生じたのかを理解しようとし，達成の結果に伴って生じる感情をうまく処理しようと試みるという振り返りが想定されている。[30]

　本章ではこれらの具体例にまでは言及しないが，明らかにメタ認知的な自己評価の力が要求されるものであり，つねに自分の学習目標と照らし合わせて自己評価を繰り返しながら自分の状態を「もう一人の自分」が診断する学習プロセスが重視されている。こうした自己調整学習に取り組む際に，子ども一人ひとりに求められる3つの必要条件があるとされる。[31]

　① 学習者が課題の特性と課題に適用できる知識を正確に認知すること
　② 学習者が課題に取り組む際に効果的な選択肢があること
　③ 学習者がメタ認知的モニタリングを行うための妥当な診断があること

　自己調整学習というアプローチからの研究成果を踏まえ，個が学ぶプロセス

＊28　Zimmerman, B. J. & Martinez-Pons, M. (1988). Construct validation of a strategy model of student self-regulated learning. *Journal of Educational Psychology*, 80(3), 284-290.

＊29　Schunk, D. H. (1984). Enhancing self-efficacy and achievement through rewards and goals: Motivational and informational effects. *Journal of Educational Research*, 78, 29-34.

＊30　B. J. ジマーマン・D. H. シャンク（編），塚野州一・伊藤崇達（監訳）『自己調整学習ハンドブック』北大路書房，2014年，26頁。

＊31　Winne, P. H. (1996). A metacognitive view of individual differences in self-regulated learning. *Learning and Individual Differences*, 8(4), 327-353.

に必要とされる力を考察してきた。課題の理解や方法の選択，自分の学習プロセスや学習結果などを，他者との関係を含めた学習環境のなかで自己評価するメタ認知的な能力が求められることが明らかになった。そして，自己調整学習に必要な力は，知能や学力とは別の学習方略として指導可能なものであり，主体的な学習経験によって高められていくことも示唆されている。であるならば，教育という行為のなかで，子どもたち一人ひとりの自己調整的な学びを支援することに，私たちはもっと目を向けていくべきなのではなかろうか。

　個別最適な学びを実現していくためには，学ぶ主体である子ども自身が学びの主導権をもつことが肝要である。学習内容が決められていたとしても，それに必要な学習材や学習時間，学習環境・学習機器等の選択権を子どもがもち，決して妥当で最短距離の追究ルートではなくても，試行錯誤しながら自分にとって適しているやり方を考え続ける経験が保障されるべきである。このように自分なりの"最適"を探し続ける営みに伴って自らの学びを自分なりに進めていく力（自己学習能力）が育まれる。そうした学びを経験した子どもたちが集う協働的な学びによって認識が相対化され，視野が広がり，相互に得られた気づきや深められた知識・技能が，再び個の学びに還元されることで，それぞれの子どもにとっての深い学びに結実するのである。

　日本型学校教育の本来の良さが，協働的に学ぶなかで異質な考えと出会い，自分の考えを更新していくような深い学びへと誘導していくものだとすれば，一人ひとりの子どもが徹底的に自分なりの追究を深めていることが必要条件になるはずである。そのためには，「個別最適な学び」によって自己調整的な学習経験を積み上げ，子ども同士が協働的な学びを通してさらに自分の学びを発展させていくような学びのイメージを実現させていきたいものである。

第 **5** 章

幼児教育から見た
個別最適な学びと協働的な学び

大豆生田 啓友

　「令和の日本型学校教育」の構築を目指して，「個別最適な学び，協働的な学び」の方向性が示された。筆者は乳幼児期の教育・保育の質に関する実践的な研究，特に遊びを基盤とした子どもの主体性を尊重する保育の研究や社会的な発信等の活動を行ってきた。幼児教育を専門とする者として，本書に「幼児教育」が含まれていることはうれしいことである。ともすると，幼児教育は学校教育の議論から外されることも多かった。それは，幼児教育が義務教育ではないために小学校教育の準備教育として捉えられることや，幼児教育は遊びや子どもの心情を重視するといった独自性によるものかもしれない。

　しかしながら，「個別最適な学び」，言い換えると，「幼児一人一人の特性に応じ，発達の課題に即した指導」は，幼児教育がこれまでずっと重視してきたものである。また，「協働的な学び」，言い換えると，「友達と関わる中で，互いの思いや考えなどを共有し，共通の目的の実現に向けて，考えたり，工夫したり，協力したり，充実感をもってやり遂げる」という「協同性」や，家庭や地域との連携のなかで協働する取組みもまた，幼児教育が重視してきたものといえる。幼児教育では，子どもの主体性や遊びを重視する教育を通して，自然な形態で「個別最適な学び」や「協働的な学び」を一体的に展開してきた。その取組みについて述べることを通して，今後の方向性を探っていきたい。

1 わが国の幼児教育・保育の特色

　幼児教育が遊びを通した教育において，どのように「個別最適な学び」と「協働的な学び」を一体的に展開しているかを考察するうえで，まずはわが国の幼児教育の特色について整理しておきたい。

（1）日本の幼児教育の特色：環境による教育

　まずは，日本の幼児教育の特色について，文部科学省「幼稚園教育要領」[*1]をもとに検討する。「幼稚園教育要領」の第 1 章「総則」の冒頭に「第 1　幼稚園教育の基本」が示されている。そこには，以下の 4 つのポイントが示されている。

① 環境を通して行う教育

　「第 1　幼稚園教育の基本」の冒頭に，「幼児期の教育は，生涯にわたる人格形成の基礎を培う重要なものであり，幼稚園教育は，学校教育法に規定する目的及び目標を達成するため，幼児期の特性を踏まえ，環境を通して行うものであることを基本とする」とある。ここから，幼児教育は「環境を通して行う教育」といわれる。

　人間の生活は周囲を取り巻く環境との相互作用を通して営まれるものであり，幼児は身近な周囲の環境に自ら積極的に関わって活動を行うなかで育つと考えられている。そのため，保育者（ここでは幼稚園教諭や保育士を総称して「保育者」と用いる）は子どもが積極的に周囲の環境に関わり，試行錯誤しながら豊かな学びが起こるような保育環境の構成（再構成）をデザイン（計画）することが求められている。ここでいう環境とは，人，物，自然，場，空間など周囲のあらゆる環境を指す。年間計画・月や週の計画などはあるものの，子どもの興味・関心などに応じて，計画的に環境を構成・再構成していくことにその特徴がある。

＊ 1　文部科学省「幼稚園教育要領」2017年。

② 主体的な活動・ふさわしい生活の展開

　幼児教育の基本として，環境による教育を行ううえで3つの事項が示されているが，その第一に記されているのが，主体的な活動・ふさわしい生活の展開である。そこには，「幼児は安定した情緒の下で自己を十分に発揮することにより発達に必要な体験を得ていくものであることを考慮して，幼児の主体的な活動を促し，幼児期にふさわしい生活が展開されるようにすること」とある。

　幼児教育は1989（平成元）年の「幼稚園教育要領」改訂以来，ずっと幼児の主体的な活動を重視してきた。その主体性とは，「安定した情緒」を形成することを基盤にして発揮される自己である。そして，「ふさわしい生活」とは，保育者との信頼関係や友達との関わりのなかで行われる生活であり，「自分の生活を離れて知識や技能を一方向的に教えられて身に付けていく時期ではなく，生活の中で自分の興味や欲求に基づいた直接的・具体的な体験を通して[2]」なされるものである。

③ 遊びを通しての総合的な指導

　次に，「遊びを通しての総合的な指導」である。これについて，「幼稚園教育要領」には「幼児の自発的な活動としての遊びは，心身の調和のとれた発達の基礎を培う重要な学習であることを考慮して，遊びを通しての指導を中心として第2章に示すねらいが総合的に達成されるようにすること」とある。

　小学校以上の教育で一般的に行われるような教科ごとの授業によってなされるのではなく，遊びを通して学びが総合的になされるところに幼児教育の大きな特性がある。ただし，ただ好きに遊んでいればよいというわけではなく，5領域[3]や「幼児期の終わりまでに育ってほしい姿」（10の姿）（図5-1[4]）を踏まえ，遊びのなかで子どもが環境に主体的に関わることを通して，それらの側面の学

....

＊2　文部科学省「幼稚園教育要領解説」2018年，25頁。

＊3　5領域：保育の内容は「ねらい」及び「内容」で構成され，それを具体的に把握する視点として「5領域」が設けられている。5領域は，子どもの発達の側面から，①心身の健康に関する領域「健康」，②人との関わりに関する領域「人間関係」，③身近な環境との関わりに関する領域「環境」，④言葉の獲得に関する領域「言葉」，⑤感性と表現に関する領域「表現」としてまとめられている。

＊2

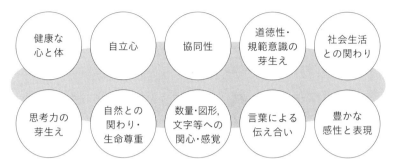

図 5‐1　幼児期の終わりまでに育ってほしい姿（10の姿）
出所：文部科学省「幼児教育部会における審議の取りまとめ」2016年。

びや育ちを総合的に確保するようにする。そのため，保育者は子どもの興味・関心を捉え，遊びが深まったり，広がったりしていくよう計画的で意図的な環境構成を行っていく。そして，子どもの主体的な活動に対して，保育者も主体者として協働的に子どもの探究活動に関わっていくなかで，豊かな学びをデザインしていくのである。

④ 一人一人に応じた指導

　最後が「一人一人に応じた指導」である。「幼稚園教育要領」には「幼児の発達は，心身の諸側面が相互に関連し合い，多様な経過をたどって成し遂げられていくものであること，また，幼児の生活経験がそれぞれ異なることなどを考慮して，幼児一人一人の特性に応じ，発達の課題に即した指導を行うようにすること」とある。これは，「個別最適な学び」と合致する箇所でもある。幼児教育では一人ひとりの姿や思い，興味・関心などに即すことが重要な原理となっている。発達の特性とは，その子らしい見方，考え方，感じ方，関わり方のことである。なお，「発達の課題」とあるが，一般的な発達と比較してでき

＊4　10の姿：子どもが育ってほしい方向性を示したものであり「こういうことができるようになる」といった，育つべき「能力」や「到達点」のように達成が求められる課題ではない。なお，各小学校においては，各幼稚園，保育所，認定こども園と情報を共有し，幼児期終わりの姿を理解したうえで，幼小接続の具体の取組みを進めていくことが求められている。

ない課題ということではなく，その子が自ら育とうとしている課題である。つまり，折り紙が苦手な子が自分なりにやってみようとするその子の課題である。それは，その子の内面を受容的に理解することともいえよう。

　以上のように，日本の幼児教育の基本は，「環境を通して行う教育」を柱にしながら，「主体的な活動・ふさわしい生活」，「遊びを通しての総合的な指導」，「一人一人に応じた指導」という特色がある。さらに，「幼児教育において育みたい資質・能力」及び「幼児期の終わりまでに育ってほしい姿」（10の姿）が示されており，それらを踏まえて教育課程が編成されることになっている。このような特色をもつ幼児教育が小学校以上の教育につながっていくと考えられている（図5-2）。主体的・対話的で深い学びは，幼児教育の環境を通して行う教育からはじまっているのである。

（2）幼児教育の歴史的系譜と協働的な学び
① 3つの歴史的系譜
　日本の幼児教育の特徴について，別の視点から見てみよう。わが国の幼児教育を行う機関としては幼稚園，保育所，幼保連携型認定こども園があり，その管轄も文部科学省，厚生労働省，内閣府と分かれている。今後，こども家庭庁の創設によって変化する可能性はあるが，現状としては三元化されている。現状として，それぞれの園で行われる保育内容等も「幼稚園教育要領」「保育所保育指針」「幼保連携型認定こども園教育・保育要領」と3つあるが，2017年（平成29）年の改訂（改定）により，3歳以上に関しては，3施設ともその内容はほぼ共通したものとなり，同様の幼児教育機能があると考えられている。そのため，ここで述べる幼児教育とは，これら3施設を特に分けて考えていないこととする。

　幼児教育の源流として，佐藤学は3つの歴史的系譜があると述べている。[＊5]第

* 5　佐藤学「終章　子どもが幸福に育つ社会を求めて ── 幼児教育の現在と未来」小田
　　豊・榎沢良彦（編）『新しい時代の幼児教育』有斐閣，2002年，221-243頁。

小学校以上

| 知識・技能 | 思考力・判断力・
表現力等 | 学びに向かう力・
人間性等 |

幼児教育　〈環境を通して行う教育〉

※下に示す資質・能力は例示であり，
　遊びを通しての総合的な指導を通じて育成される。

知識・技能の基礎

遊びや生活の中で，豊かな体験を通じて，何
を感じたり，何に気付いたり，何が分かったり，
何ができるようになるのか

思考力・判断力・表現力等の基礎

遊びや生活の中で，気付いたこと，できるよう
になったことなども使いながら，どう考えたり，
試したり，工夫したり，表現したりするか

- ・基本的な生活習慣や生活に
　必要な技能の獲得
- ・身体感覚の育成
- ・規則性，法則性，関連性等の発見
- ・様々な気付き，発見の喜び
- ・日常生活に必要な言葉の理解
- ・多様な動きや芸術表現のための
　基礎的な技能の獲得　等

- ・試行錯誤，工夫
- ・予想，予測，比較，分類，確認
- ・他の幼児の考えなどに触れ，
　新しい考えを生み出す喜びや楽しさ
- ・言葉による表現，伝え合い
- ・振り返り，次への見通し
- ・自分なりの表現
- ・表現する喜び　等

**遊びを通しての
総合的な指導**

- ・思いやり　・安定した情緒
- ・自信　・相手の気持ちの受容
- ・好奇心，探究心
- ・葛藤，自分への向き合い，折り合い
- ・話合い，目的の共有，協力
- ・色・形・音等の美しさや面白さに
　対する感覚
- ・自然現象や社会現象への関心　等

学びに向かう力・人間性等

心情，意欲，態度が育つ中で，
いかによりよい生活を営むか

- ・3つの円の中で例示される資質・能力は，5つの領域の「ねらい及び内容」及び「幼児期の終わりまでに
　育ってほしい姿」から，主なものを取り出し，便宜的に分けたものである。

図 5‑2　幼児教育において育みたい資質・能力

出所：文部科学省「幼児教育部会における審議の取りまとめ」2016年より一部改変。

一は，フレーベル（Fröbel, F. W. A.; 1782-1852）が1840年に提唱した「幼稚園＝子どもの庭」の構想。自然を基礎とする遊びによる発達をカリキュラムの内容としてきた系譜。第二は，福祉施設としての保育所である。これは，「子育てと衛生と福祉」を目的とし，「生活と遊び」をカリキュラムの内容としてきた系譜。第三には，就学前教育としての幼児学校である。その歴史的起源は新教育にあり，子ども中心主義の学校としての教育機能を果たし，「創造的経験」と「知的経験」をカリキュラムの内容とし，イタリアのレッジョ・エミリアの*6幼児教育もその系譜にあると述べる。

そして，佐藤は21世紀の幼児教育改革はこの3つの系譜の統合として遂行されるだろうと述べている。まさに，現代の日本の幼児教育はそうした3つの系譜の統合の真っただ中にあるといえる。日本の幼児教育は3つの施設の3歳以上の教育内容の共通化に向けた途上にあり，すべての園で一人ひとりの子どもの主体性を尊重した，遊びや生活を通して行う教育・保育の質の確保・向上に向けた取組みが進められている。それは，個別最適な学び，協働的な学びの方向性とも合致すると考えられる。

② 倉橋惣三の幼児教育論

わが国の幼児教育の特色を考えるうえで，歴史的系譜のなかで押さえておく必要のある人物がいる。それが倉橋惣三（1882-1955）である。倉橋は日本の幼児教育の父と呼ばれるなど，日本の幼児教育界において，子どもとの関わりを踏まえながら，実践を基盤にした子ども中心の幼児教育論を展開した人物である。代表作には『幼稚園雑草』『育ての心』『幼稚園真諦』などがある。1989（平成元）年の「幼稚園教育要領」改訂は「倉橋の原点に返る」改訂とも呼ば

＊6　レッジョ・エミリア：1991年にアメリカ版『ニューズウィーク』誌に「世界で最も革新的な幼児教育施設」として取りあげられたのち世界的な注目を集めた。その後，2004年にOECDが世界の先進的な実践について調査しており，そのなかで「世界5大カリキュラム」の1つとして報告されている。教育理念の象徴として100人子どもがいれば，100通りの考え，表現方法があるという「100のことば」を掲げており，アート活動やドキュメンテーション（＊16参照）などを取り入れ，子ども自らが展開したい事柄や物事を中心に，プロジェクト型の教育を行うことも大きな特徴である。現在21世紀の教育の在り方として注目され，世界各国に広まってきており，日本にも大きな影響を与えている。

れ，このときに重要視された「子ども主体の保育」「環境による保育」「遊びによる保育」の流れは，現在の幼児教育の在り方にもつながっている。

　倉橋の幼児教育論はさまざまな特徴があるが，その根幹にある第一の特徴が「子ども観・発達観」である。『育ての心』の冒頭には次のように書かれている。[7]

　　　自ら育つものを育てようとする心，それが育ての心である。

　倉橋は「子どもは自ら育つ力をもった存在」として捉えていた。また，『幼稚園雑草』においては「一人の尊厳」という文章のなかで「幼きが故に，一人の尊厳に一毛のかわりもない」[8]と子ども一人ひとりに対する尊厳をもって関わることを述べている。だから，倉橋は一人ひとりの子どもの「こころもち」を理解することを重視したのである。

　第二の特徴は，その保育論である「誘導保育論」にある。倉橋は『幼稚園真諦』[9]において，その保育論について次のように整理している。

　　　幼児のさながらの生活―（自由 設備）―自己充実―充実指導―誘導―教導

　その保育論は，まず「さながらの生活」からはじまる。それは，子どもはまず園に来て自分の好きな遊びを選ぶことからはじまる。それは，子どもは遊び（さながらの生活）を通して，「自己充実」つまり，自分自身で充実し，育ち，学ぶ力があると考えたからである。しかし，自己充実するためには，子どもが「自由」であること，遊ぶための「設備」（現在でいう「環境」）が保障される必要があると考えた。しかし，なかには自ら遊びに熱中できない子どももいることから，その子たちには「充実指導」が必要である。この先が「誘導」となる。

＊7　倉橋惣三，津守真・森上史朗（編）『育ての心（上）（倉橋惣三文庫3）』フレーベル館，2008年，3頁。
＊8　倉橋惣三，津守真・森上史朗（編）『幼稚園雑草（上）（倉橋惣三文庫5）』フレーベル館，2008年，33頁。
＊9　倉橋惣三，津守真・森上史朗（編）『幼稚園真諦（倉橋惣三文庫1）』フレーベル館，2008年。

「誘導」では，充実指導までよりも大人の働きが大きくなるといい，自分の生活興味に系統性が生まれることによって「真の生活興味」がもっと味わえるように主題が与えられるよう誘導すると述べている。つまり，子どもの主体的な遊びの延長線上にプロジェクト活動が位置づけられているのである。なお，最後の「教導」は「学校教育のなかではここからが主な仕事」であるが，保育では「最後にあって，むしろちょっとするだけのこと」と述べている。

　以上のように，倉橋は個々の子どもの主体性を尊重し，遊びから協働的な学びが生まれる幼児教育の在り方を構想したのである。つまり，わが国における個別性と協働性の幼児教育の源流がここにあると考えられる。

③ わが国における「協同的な学び」の実践へ

　倉橋は当時，「さながらの生活」（遊び）の延長線上に「誘導」（プロジェクト活動）を位置づけようとした。これはフレーベル的な遊びによる教育にデューイ（Dewey, J.）らの新教育運動におけるプロジェクト的な活動を統合しようとした先駆的な試みだと考えられる。しかし，子ども主体の遊びの延長線上にプロジェクトを位置づける誘導保育論はさまざまな課題が指摘されている。特に湯川嘉津美が言うように，「幼児の自発」に「保育者の教育意図」を融合させようとする誘導保育論は，重点の置き方によって「自発保育」にも「目的保育」にもなりうるという大きな課題があった[*10]。そのため，倉橋の幼児教育論はいわゆる子どもの自発性を尊重する側面だけが強調されて継承されていってしまった側面がある。そして，「自由保育」か「一斉保育」か，あるいは「個」か「集団」（社会）かという二項対立の議論にすり替わっていってしまったともいえる。「倉橋に返れ」と言われた1989（平成元）年の「幼稚園教育要領」改訂においても，「子どもの自発性」が強調され，「子どもの遊びを指導してはいけない」という誤った理解により，「自由放任」による問題が指摘されることとなった。

　その後，わが国の幼児教育の転機となったことの1つが，2011年のワタリウ

＊10　湯川嘉津美「倉橋惣三の保育実践研究と『生活』」日本保育学会（編）『戦後の子どもの生活と保育』相川書房，2009年，197-204頁。

ム美術館での展覧会や佐藤学や秋田喜代美らによるレッジョ・エミリアの幼児教育の実践の紹介である。それは，子ども主体の協働的なプロジェクト活動を中心とした実践であり，そこから生まれるアート的実践であった。その後，それらに触発された取組みなども国内で見られた。そうした流れのなかで筆者は，子ども主体の遊びの延長線上に協同的な活動を位置づけたわが国の先駆的な取り組みの実践をまとめた実践事例集を出版した。[*11] その序章のなかで筆者は，倉橋の誘導保育論は現代の子ども主体の遊びの延長上にプロジェクト活動を位置づけた構想であり，わが国における「協同的な学び」の保育の源流として位置づけた。また，汐見稔幸は「生活」の延長線上に「誘導」を位置づけた誘導保育論を高く評価し，子どもが自発的にやりだしたことをプロジェクトなどにより上手に応援していく保育の在り方に21世紀型の幼児教育の可能性があると述べている。[*12]

　そして近年では，「幼稚園教育要領」等の改訂（改定），文部科学省や厚生労働省における幼児教育や保育の質の検討会や，[*13]「幼児教育と小学校教育の架け橋特別委員会」[*14] における「幼児教育スタートプラン」[*15] の検討など，子ども主体の幼児教育・保育の質の向上が大きなテーマとなっている。わが国の倉橋の保育論は戦後，現場に必ずしも広がったわけではない。また，1989（平成元）年の改訂も画期的ではあったがその混乱も大きかった。その流れはその後の改訂においても継承され，現在に至っている。その間，レッジョ・エミリアをはじめとする海外からの影響や国際的な保育の質の重要性の論議とも重なり，子ど

＊11　大豆生田啓友（編著）『「子ども主体の協同的な学び」が生まれる保育』学研教育みらい，2014年。

＊12　汐見稔幸『汐見稔幸　こども・保育・人間——子どもにかかわるすべての人に』学研教育みらい，2018年，6-37頁。

＊13　文部科学省「幼児教育の実践の質向上に関する検討会」
　　　厚生労働省「保育所等における保育の質の確保・向上に関する検討会」

＊14　文部科学省「幼児教育と小学校教育の架け橋特別委員会」

＊15　幼児教育スタートプラン：学びや生活の基盤を支える幼児期からの教育の充実を図り，施設類型や地域，家庭の環境を問わず，すべての子どもに対して格差なく質の高い学びを保障することを目的に，2021年5月に策定された。

＊13‐1　＊13‐2　＊14

も主体の遊びの延長線上に協働的な学びを位置づける実践が広がりはじめているのが現状だといえよう。

2 ｜ 個別性と協働性が一体化する幼児教育の実践

さて，ここからは具体的な実践事例をもとにしながら，個別性と協働性が一体化した幼児教育の実践について考察を行いたい。

（1）個別性重視が「育ち合い」の基盤

> **事例1　ピタゴラスイッチづくり**（4歳児：鳩の森愛の詩瀬谷保育園）
>
> 　4歳児の発達支援を受けていたA児との関わりから生まれた事例。当時1年目の担任は，毎日1人で積木を並べては倒す遊びを繰り返していたA児への関わりの難しさに手をこまねいていた。そのことを先輩の保育者に相談したところ，「A児は積木遊びの何をおもしろがっているのか？」との問いかけから，いままではまったくそのような視点が自分にはなかったことに気づかされた。そして，A児の思いを探るような関わり方に転換した。翌日から，A児の傍らで，A児が積木をどのように並べているのか，その見ている先を共に見ようとした関りを行った。すると，積木を並べるA児の並べ方のこだわりが少しずつ見えてきた。そしてある日，「ピタゴラスイッチ」とつぶやいたA児の言葉から，その積木遊びがピタゴラスイッチのイメージであることが理解できた。
>
> 　そこで担任は翌日，ビー玉が転がってドミノ倒しをつくれる工作の本を用意した。すると，A児は廃材コーナーでビー玉が転がるピタゴラスイッチコースをつくりはじめた。その姿を担任保育者がクラスの集まりで紹介すると，他の子も興味をもちはじめ，ピタゴラスイッチのコースをつくるA児と他の子の関わりが生まれはじめた。
>
> 　数か月後。秋のお店屋さんごっこの行事で，どのようなお店を出したいかをクラスの集まりで話し合った。すると，「A児はピタゴラ屋さんをやったらいい」という他児からの意見があり，A児はピタゴラ屋さんをやることになる。

　他の子と一緒につくったピタゴラ屋さんにはとても立派なピタゴラコースができて、Ａ児もとても満足気だった。そしてさらに、そのピタゴラコースづくりはクラス中のブームとなり、他の子たちにもビー玉が転がるコースづくりの探究が広がっていった。

積木を並べる遊びをするＡ児　　ビー玉が転がるピタゴラスイッチ制作

① 個に応じた保育：心の安全基地・信頼関係の形成

　この事例は、担任保育者の個（Ａ児）に応じた保育が基盤となっている。Ａ児の世界の広がりを促したのは、担任保育者がＡ児が見ている世界をＡ児の視点に立って共に見ようとすることから生まれた。Ａ児にとっては自分の見ている世界が保育者から共感的に理解されることで、心の安全基地が形成され、保育者との信頼関係が生まれ、保育者の環境の提案（工作の本）により、自ら新たな世界へと一歩踏み出していったのである。保育ではこのような個に応じた保育が基盤となる。

② 個から生まれる育ち合い

　個に応じた保育は、単に個にとどまらない。保育者はクラスの集まりでＡ児の作品を他の子に紹介することで、個のよさを集団で共有している。Ａ児のよさが他児に理解され主人公性をもち、自尊心につながっている。さまざまな子どものよさが集団のなかで共有されることによって、自分が認められると同時に他者を認め合う良好な関係性（思いやり）や育ち合う風土が生み出されるのである。だから、「Ａ児はピタゴラ屋さん」という声が生まれることや、他の子のやっている魅力的な遊びを模倣してやってみたいという「育ち合い」が

生まれるのである。

③ 個からクラスの協働的な学びへ

　その後，ピタゴラスイッチのコースづくりがクラスのブームになり，友達と一緒にどうしたらうまくビー玉が転がるかの探究的で協働的な学びが生まれた。これは，保育者がA児のよさをクラスで共有することで，その魅力があこがれのモデルとなり，他の子たちの協働的な活動へとつながっていったのである。遊びのなかでの個に応じた保育がクラスのなかで広がり，協働的な学びにつながることがわかる取組みといえよう。

（2）遊びによる探究的な学び

事例2　ロケットづくりプロジェクト（5歳児：つばさ保育園）

　5歳児の事例。ある日，1人の子（B児）が自由遊びのなかでロケットの設計図を描いて保育者に見せてくれた。その設計図をクラスの集まりの場で紹介すると，その後の遊びのなかでロケットづくりが生まれた。空き箱でつくる子たち，大きなダンボールでつくる子たち，ペットボトルでつくる子たちなど，いくつかのグループでの活動が起こった。そのようなロケットづくりの姿を写真記録（ドキュメンテーション[16]）で保護者にも可視化すると，家でも親子でロケットをつくってくる子なども出てきた。家庭で本物のロケットの動画をインターネットで見る子もいたので，クラスでもロケットの動画を見て，イメージの共有を行った。クラスの集まりでその感想を話し合うなかで，空気入れを使ったペットボトルロケットをつくるとよいのではないかとの意見も寄せられた。地域の科学館に見学に行ったこともイメージを膨らませ，ロケットの写真図鑑をつくる子も出てきた。その後，ペットボトルロケットを皆で行うこととなった。保育者もアイデアを出しながらも，なかなかうまくいかない経験を繰り返した。

＊16　ドキュメンテーション：イタリアのレッジョ・エミリア市の取組みから広がった写真等を用いた記録である。子どもの主体的な活動における学びのプロセスを記述するものであり，対話を生み出すツールであるところに特色がある。保育者自身の振り返りによる対話，同僚との対話，子どもとの対話，保護者や地域の人との対話のツールとなることで，学び合う共同体を形成する。わが国の保育現場においても，わが国ならではの置かれた状況のなかで工夫をしながら，広がっている。

　その後，どれくらいの空気とどのくらいの水を入れると，どれくらい飛ぶかといったことをグループごとに試行錯誤を行った。その試行錯誤を重ねるなかで，子どもたちはロケットが飛ぶという手ごたえを得ることができた。

ロケットの設計図

ロケットの動画視聴を通した話し合い

ロケット動画を見た子どもたちの声を書き込んだドキュメンテーション

ペットボトルロケット実験

① 情報の共有と対話

　ある 1 人の子（B児）が描いたロケットの設計図をクラスの集まりで共有したことからクラスの他の子たちにもロケットづくりが広がった。はじまりは昨年度の年長児がやっていた活動が設計図作成のモデルとなっている。誰かのアイデアが共有され，対話が行われることが模倣などの活動の広がりにつながる。

このように，保育の場における活動は，保育者が提供することが必ずしも中心とは限らず，遊びのなかでの個々の子どものやりはじめたことやアイデアから他の子に広がり，それが集団の活動になるなど，個別と集団が相互的に往還的な関係性のなかで成り立つという側面がある。

② 家庭・地域との協働

ロケットづくりのブームが写真記録（ドキュメンテーション）として家庭にも発信されることにより，家庭でも親子でロケットをつくったり，動画を見たりするなどの姿につながっている。その情報や作品が家庭から園にも持ち込まれることにより，ロケットをテーマとしたプロジェクト活動が，実践共同体[17]としての学び合いの場を生み出している。さらに，科学館のような地域の資源を活用することにより，それはさらに広がりを見せている。子どもの活動は園だけで成立するのではなく，家庭や地域との協働的で往還的な営みのなかで実践共同体としての学びが成立していることがわかる。

③ ICT の活用

ある 1 人の子のロケットへの興味・関心から，自分たちでつくってみたいというクラス全体の活動が生まれはじめた。そして，ICT を活用した動画をクラス全員で共有することにより，ホンモノみたいにつくってみたいという子どもたちの関心はより広がり，深まっている。動画を見た後の語りの記録が共有され，それがその後の対話や，ある子のペットボトルロケットのアイデアへとつながっている。

この事例から，ICT 機器が子どもの興味・関心から学びが生まれる「環境」として，あるいは「道具」としての可能性になりうることがわかる。これが，まさに「環境による保育」といえる。

---

*17　このような「実践共同体」の捉え方は，「正統的周辺参加論」の考え方が基盤となっている。正統的周辺参加論とは，「人が実践の共同体に参加することによって，その共同体の成員としてのアイデンティティを形成すること」とする「学習」の在り方である。学習とは，個人の営みではなく，「学び合い」であり，「実践」への参加だとする考え方である。
　　　ジーン・レイヴ／エティエンヌ・ウェンガー，佐伯胖（訳）『状況に埋め込まれた学習——正統的周辺参加』産業図書，1993年。

④「ものづくり」文化と科学的な探究

　1人の子が設計図をアイデアとして描き，そこから具体的な制作活動が生まれた。その背景には，子どもたちが遊びのなかで自由に描いたり，空き箱や廃材を取り出してつくったりすることができるような環境が用意されていることがある。そして，必要に応じて保育者がダンボールを出すなど，環境構成のみならず，子どもと保育者で協働的に環境の再構成が行われていることもわかる。子どもが想像したことを自由に試行錯誤し，創造することができるような環境による教育が位置づいている。そして，このような「ものづくり」は単なる工作ではなく，新たなものを想像し，対話し，探究し，試行錯誤を通して創造するアートであり，サイエンスでもある。このような探究的なものづくりは，いわゆる STEAM 教育[*18]の原点ともいえるであろう。

（3）「対話」による市民性の教育

事例3　遠足の話し合いプロジェクト（5歳児：順正寺こども園）

　この園では例年5歳児の秋に，駅に行って電車を見学する遠足を行ってきた。しかし，5歳児のこの時期に決まった遠足を形式的に行うことに保育者間で疑問が生じ，今年は遠足の行き先の希望を子どもたちに聴いてみようということになった。クラスの集まりにおいて担任が「どこに行きたいか」を問いかけると，たくさんの意見が挙がった。ただ，決めるにあたって，必要な観点があるだろうと考え，園長から3つのポイントを出してもらった。①行ける場所は1つだけ，②1日で行って帰れる場所，③年長組全員が楽しめる場所，という条件である。この点からクラスでしぼり込みを行った。

　そのなかで，C児はケーキ屋さん推しだった。それは，自分の父親がケーキ屋を営んでいて，素敵なケーキづくりを皆にも見てほしかったからだ。しかし，クラス全体で意見がなかなかまとまらない。次第にC児の思いも揺れだした。ケーキ屋にクラス全員は入れないのではないか，楽しめない子もいるのではな

---

*18　STEAM 教育：科学（Science），技術（Technology），工学（Engineering），アート（Art），数学（Mathematics）の5つの頭文字を組み合わせた造語で，理系や文系の枠を横断して学び，問題を見つける力や解決する力を育むことを目指した教育理念。

いかという不安であった。他の子からは「順番に入れば大丈夫」などの意見も
あったが、本人としては納得できない。そして、C児は「やっぱりケーキ屋に
は行かない」という結論に至り、皆にもそれを伝えた。自分の思いだけではな
く、皆にとっても楽しめるかどうかを考えての結論だった。

　その後、行き先は5つにしぼられ、多数決ですぐに決めるのではなく、でき
るだけ皆で対話をし、なぜそこがよいのかを出し合った。その結果、皆が納得
する形で水族館に決まった。子どもたちは水族館について自分たちで調べ、そ
の見どころを写真などで掲示し、自分たちで決めた水族館の遠足を存分に楽し
んだ。

サークルタイムで話し合い

子どもたちから出た遠足に行きたい場所

水族館を調べて掲示しよう

① 子どもの声を聴き、対話することによる自律性

　いま、子ども一人ひとりの声を聴くことを大切にする取組みが広がっている。
赤ちゃんのときから尊厳をもって「あなたはどうしたい？」と一人ひとりの声
を聴くことである。それは、子どもを未熟な何もできない存在と見るのではな
く、1人の尊厳をもった「人間として見る」ことに通じる。[*19] 子どもを Agency
（行為主体）と捉えることでもある。この事例のように、保育者が一方的に決

めて「させる」のではなく，子どもの声を聴き，対話することで，自律的に自分たちで自分たちのことを決めようとするのである。それは，子どもの権利条約でいうところの意見表明権でもある。もちろん，それは子どもだけではなく，大人も共に対話するのである。子どもも，保育者も主体者，つまり「共主体」（Co-agency）である。

② 主体的で対話的な学びとしての行事

　この事例のように，これまでの例年決まっている一斉画一的な行事を見直す園が増えている。特にコロナ禍にあって，これまでのように保護者も含め大人数で行うことが困難になったことが引き金にもなった。その多くは，単に行事内容を縮小するだけではなく，子どもの興味・関心から内容を見直すなど，子どもの視点に立ったものであった。日常的な子どもの主体性を尊重する遊びと行事が連動しはじめたのである。まさに，主体的で，対話的な学びとしての行事への転換である。

③ 市民性の教育：「私の幸せ」と「皆の幸せ」

　C 児は自分の意見として「ケーキ屋さんに行きたい」という意見を表明した。しかし，そこには「クラスの皆が楽しめないかもしれない」という葛藤が生じた。「順番に入れば大丈夫」との声もあったが，C 児は自分の思いだけではなく，クラスの皆のことを考え，この意見を取り下げる決定をした。そして結果的には，C 児自身も水族館の決定を喜んでいた。これはまさに，「私の幸せ」と「皆の幸せ」を考える行為である。クラスの集まりにおいて自分の意見を表明し，皆の対話を通して，自分の思いと皆の思いを折り合わせるなかで皆にとってよいことを考えていくことは，シチズンシップ教育（市民性の教育）の原点であろう。だからこそ，対話の場が大切であり，みんなが納得して物事を決める合意に至るプロセスが大切であると考える。

＊19　「子どもを人間として見る」ということについては，佐伯胖氏と筆者の対談も収められている以下の文献も参照いただきたい。
　　　子どもと保育総合研究所（編）『子どもを「人間としてみる」ということ──子どもとともにある保育の原点』ミネルヴァ書房，2013年。

3 ｜ 小学校との連携の新たな時代へ

　3つの事例を取りあげながら，幼児教育・保育では子どもの主体性や遊びを重視する環境による教育を通して，自然な形で「個別最適な学び」や「協働的な学び」を一体的に展開していることについて論じてきた。もちろん，ここで取りあげた事例は先進的なものであることは言うまでもない。しかし，それは「幼稚園教育要領」や「保育所保育指針」，「幼保連携型認定こども園教育・保育要領」が示している方向性そのものでもある。また，それはレッジョ・エミリア市など海外の影響もあるが，大正・昭和初期から通じる倉橋惣三の保育論の系譜にもあり，それは幼稚園教育要領等の改訂を重ねるなかで深まってきたものでもある。

　これまで，幼児教育・保育の問題は小学校の準備，あるいはどのように接続させるかといった対象として捉えられることも少なくなかった。しかし，ここまで論じてきてわかるように，「主体的で対話的で深い学び」の教育，あるいは「個別最適な学び」と「協働的な学び」の実践に通じる取組みは，わが国の先駆的な幼児教育の取組みのなかですでに行われてきているものである。そうであるとするならば，これまでの「小学校に入るための準備」のための連携ではなく，小学校以上の教育と同じテーマで共に対話し，共に21世紀型の教育の創造を目指して高め合っていくような関係性を構築していくことが求められるであろう。現在「幼保小のかけ橋プログラム」として，5歳児の幼児教育から小学校1年生は「かけ橋期」と呼ばれ，具現化されはじめている。そして，こうした幼児教育・保育の原理に基づいた実践が，すべての園の，すべての子どもに保障されるとともに，それが，小学校以上の実践にもつながっていくことを切に願うものである。

第 **6** 章

個別化・個性化教育の推進

「個に応じた指導」のよりいっそうの充実を求めて

加藤 幸次

1 「一斉授業」体制から「個に応じた指導」体制へ

　1872（明治5）年に「学制」[*1]が敷かれ，日本でも，近代学校制度がスタートした。その折の学級編成は，よく知られるように，「等級制」で学力（到達度）によってなされていた。しかし，就学率の増加に伴って，学級は同じ年に生まれた子どもたちによって構成される「学年制」に変えられていった。このことは，先進諸国の学校が第二次産業革命を伴いながら帝国主義の時代を迎えた19世紀末には，学年制を採用するようになったことと軌を一にしている。「等級制」が「学年制」に改革されていくに伴って，そこでの「教授・指導」体制は，教師主導の「一斉授業」に確立されていった。

　「一斉授業」という在り方は，国民全員に近代社会が必要とする知識・技能を伝達するのに最も効率的，かつ，安上がりな教授・指導体制である。どこの国をとっても，ほぼ4間×5間（約7m×9m：1間＝約1.82m）という教室という空間に1人の教師を配置し，教師は，多くの場合「国定」の教科書を用いて，50人近い同一年齢の子どもたちを一斉に指導していくのである。特に，日本の教師たちはこの一斉授業を研究し，より効率的かつ精緻なものに仕上げていった。その要は教師の資質であり，授業における「発問・指示」と「板書」

＊1　**学制**：明治政府が定めた学校制度に関する基本的な規定。国民皆学を目指し，立身出世の財本としての学問の普及を理念とする。全国を大・中・小の3段階の学区に編成，大学区に大学，中学区に中学，小学区に小学校を1校ずつ設置し，文部省の中央集権的管理を目指した。1879年教育令に移行したが，以後の学校制度の基本構想となった。

という技術であった。

　1872（明治5）年から数えて，150年が過ぎ，この150年は1945（昭和20）年の終戦で，二分される。戦前の75年は，大きくいって，「富国強兵」策のもとにあって，学校は西洋の科学・知識に「追いつけ，追い越せ」をモットーに，一斉授業をより効率的かつ精緻なものに仕上げていった時代である。戦後の75年は，やはり大きくいって，「富国強兵」策の代わりに豊かさを求めて「富国強商」策をとり続けてきている時代である。時代は国家主義から民主主義に大きく変化したはずであるが，一斉授業という「教授・指導」体制は維持され，今日に至っているといえる。

　注目しておきたいことであるが，「一斉授業」という呼び方が，近年，「一斉学習」という呼び方に変化してきている。しっかり意識されているとは言い難いが，それでも，すべて，教師主導ではなく，多少は子どもたちの"言い分"も取り入れるほうがよい，といった時代の雰囲気を反映したのかもしれない。現状は，「一斉授業」という呼び方と「一斉学習」という呼び方が適当に混同されて用いられているのである。一斉学習といったほうが，何やら"進歩的に"聞こえるというのであろうか。本章のねらいは，「一斉授業」から「一斉学習」を越えて，子ども「一人ひとり」の学習活動に中心をおいた指導体制，すなわち，新しい時代に対応する「個に応じた指導」体制をつくり出すことにある。

　折しも，子どもの数が減少しつつあるにもかかわらず，不登校児童生徒数が30万人に迫っていることが報告されている。^{*2}その原因についていろいろ言われているが，誰が考えても，日々の授業が"おもしろくない"こと，また，日々の授業についていけないという子どもたちの"不安と自信のなさ"に最大の原因がある。

＊2　文部科学省「令和4年度 児童生徒の問題行動・不登校等生徒指導上の諸　　課題に関する調査結果について」2023年。

2　「個に応じた指導」体制づくりのための方略（1）
－ 誰がイニシアチブを握っているか

　イニシアチブは主導権と言い換えてもよいのであるが，伝統的な一斉授業では，教師が指導する内容に関しても，指導する方法に関してもすべて握っている。すなわち，教師は学習指導要領に準拠して作成された教科書が示す単元内容の指導を目指し，学習課題をつくり，課題解決のプロセスを計画する。もちろん，自分の学級の子どもたちの実態に配慮して，時間配分，使用する教材，授業形態を工夫する。授業は教師が計画し，準備したプロセスに従って展開される。こうした授業の在り方のなかには，まったくといってよいほど，子どもたちがイニシアチブをとる機会がない。授業研究の結果が示しているように[3]，せいぜい，教師の発問に短く応答をすることくらいである。

　その対極に描かれる授業の在り方を考えてみると，子どもたちが学習する内容に関しても，学習する方法に関してもイニシアチブを握っている状態である。現実的にはとても考えにくいことであるが，子どもたちがやりたいと考えることをやりたいと考えるやり方で学習していくことと考えられる。戦後の試案といわれた時代の学習指導要領には「自由研究[4]」の時間があった。また，「学校裁量時間」と呼ばれる時期もあったし，2008年の学習指導要領の改訂で「総合的な学習の時間」が加えられた。これらの時間を活用して，一部の教師たちは子どもたちのイニシアチブによる学習活動を組織してきている。

　教育内容と教育方法に関して，教師と子どものどちらがイニシアチブをとるかという観点から整理してみると，図 6 - 1 のような「マトリックス」を描くことができる。A の領域は，教師が教育内容も教育方法もイニシアチブを握っている領域で，伝統的な一斉授業はここに位置づく。先に述べたように，子ど

＊3　A. A. ベラックほか，木原健太郎・加藤幸次（訳）『授業コミュニケーションの分析』
　　黎明書房，1972年：加藤幸次『授業のパターン分析』明治図書出版，1977年など。
＊4　1947（昭和22）年，1951（昭和26）年の学習指導要領で，各教科と共に，教育課程として「自由研究」（週 2 ～ 4 時間）が設けられた。その後の改訂で「特別活動」に再編された。なお，今日の夏休みの自由研究とは異なる。

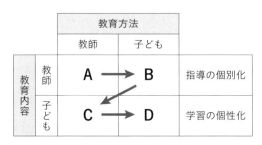

図6‑1　教育内容と教育方法のマトリックス
出所：加藤幸次・安藤慧『個別化・個性化教育の理論』黎明
　　　書房，1985年，48頁。

もたちがイニシアチブをとることのない領域である。しかし，近年，Bの領域
も現れてきているといえる。子どもたちがイニシアチブをとるというほど積極
的なものではないが，かなり以前から，教師たちは子どもたちに一定の配慮を
示してきている。たとえば，学習指導案に「予想される子どもの反応」とそれ
への手立てを書き込んできている場合である。一斉指導という在り方を維持し
つつ，その場その場で，「個に応じた指導」を行っていこうとする動きである。
おそらく，このような動きを反映して，「一斉授業」という呼び方が，意識的
とはいえないが，「一斉学習」という呼び方に変化していったのではないかと
思われる。
　CとDの領域は，「総合的な学習の時間」や「特別活動」などといった教科
外の教育活動で，子どもたちのイニシアチブを積極的に取り入れることが期待
される領域である。Cの領域は，教育内容をめぐって，子どもたちが自分に興
味・関心がある事柄をもち込んでくる領域である。「自分はこんなことに興味
があり，関心があるので，こんな課題について学習したい」と言って，子ども
たちが学習課題を決める領域である。ただし，学習課題をどのように探究して
いったらよいのか，すなわち，教育方法について，教師に示唆を受けながら学
習していく領域である。それに対して，Dの領域は，教育内容ばかりではなく，
探究のしかたについても，自分たちで試行錯誤していこうとする領域である。
CとDの領域では，子どもたちは自力解決を目指して独力で探究していく場
合もあるが，一般的には，友達と話し合いながら，協働しながら探究していく。

3 「個に応じた指導」体制づくりのための方略（2）

－個をどの方向に向かって育もうとするのか

　繰り返すが，伝統的な一斉授業では，指導する内容に関しても，指導する方法に関しても教師がイニシアチブを握っている。すなわち，教師は学習指導要領に準拠して作成された教科書が示す単元目標の実現を目指して指導し，子どもたちの理解を収斂させていく。その結果，学習課題に対して，学級全員が共通の結論に至るのである。

　一方，図6‐1のCとDは，子どもたちが学習する内容も，学習する方法も自分たちのイニシアチブを発揮して取り組むことが期待される。したがって，課題探究のプロセスも，学習の結果も拡散する。ユニークな，あるいは，思いつき的な発想も受け入れられ，教師が予想もしなかった結論に達することにもなる。

　前述のとおり，1872（明治5）年に発足した近代学校は，西洋の科学技術に「追いつけ，追い越せ」をモットーに，国民に知識と技術を伝授する国民形成の場であり続けてきた。このことは，戦後になっても基本的に変わらず，今日に至っているといってよい。一斉授業は最も効率的で，かつ，安上がりな指導の在り方であり，教師たちは常に一斉指導を磨きあげてきた。このように捉えられる明治時代以来の近代学校は「収斂型指導観」に導かれてきたといえる（図6‐2参照）。

　他方，「一斉授業」という表現が「一斉学習」と変化しつつあり，学習者である子どもを主体とするという意識が反映されているのかもしれない。周知のとおり，1981年にはじまった臨時教育審議会は，子どもたちの「いじめ，校内暴力，学級崩壊」の増加に触発され，学校教育の再建を目指して開かれた。1987年の最終答申は今後の教育の基本方針として「①個性重視の原則，②生涯学習体系への移行，③変化への対応」という3つを打ち出した。「一斉授業」という表現に代わって，「一斉学習」という表現が用いられはじめるのはこの頃である。

　「個性重視の原則」という方針は「個性を伸ばし，創造的で豊かな心を育て

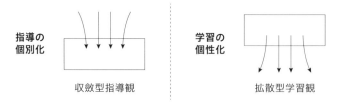

図 6‐2　指導・学習観の型

出所：加藤幸次『個別化教育入門』教育開発研究所，1982年，20頁をもとに作成。

る」ことと共に，この方針は「収斂型指導観」から「拡散型学習観」への転換の必要性を認めたものといってよい（図 6‐2 参照）。

4 「個に応じた指導」体制づくりのための方略（3）
－「指導の個別化」と「学習の個性化」

　「指導の個別化」という概念は，文字どおり，教師の指導が一人ひとりの子どもに行きわたるように個別化すること（Individualization）である。戦後の中等教育の大衆化（Secondary Education for All）に伴って，子どもたちのもつ学力（能力）に顕著な差があることが問題になり，学力（能力）差に対応する指導の在り方が考えられてきた。中学校が義務教育となり，やがて，高校への進学率が高まるにしたがって，特に，読み・書き（国語），計算（数学）における学力差が顕著になり，伝統的な一斉授業が見直されるようになった。その典型的な在り方は学力（能力）別学級に編成し，学力（能力）に合わせて指導するというものである。他方，戦後の米ソが対立した冷戦構造を背景に展開された，教育競争のなかで創り出された在り方で，子ども一人ひとりに焦点を当てた「個別学習」プロジェクトがある。アメリカでは連邦教育局が3つの「個別学習」プロジェクトに莫大な支援を提供している。そこでは，子どもは一人ひとり個別化された学習課題に挑戦し，個別に指導を受けるという在り方である。それは今日の"個別最適な学び"の原型といってよい。

　それに対して，「学習の個性化」という概念は，戦後のイギリスの教師たちによって成し遂げられてきた「インフォーマル教育」の実践のなかから生まれてきたものである。インフォーマルとは形式的ではない，伝統に沿わないという意味で，インフォーマル教育は子どもたちの興味・関心に焦点を当てた「学習」活動をつくりだした。そこには，その子らしい「個性」の伸長が見られ，インフォーマル教育は児童中心主義教育とも呼ばれる。選択できることと，選択したことに集中できることのなかで，個性が育まれるという捉え方をしている点が重要である。学習活動は課題（問題）解決学習という形式をとって進められるものであるが，最初のプロセスである「課題あるいは問題」が選択でき，選択した課題あるいは問題に集中して取り組めることが重要である。

　個に応じた指導のいっそうの充実を目指して，「指導の個別化」と「学習の個性化」という概念を組み合わせてみると，次のようになる。

　「基礎教科」は，「指導の個別化」という概念のもとに，子ども一人ひとりが基本的なスキルを身につけていく方向をとる。それに対して「総合的な学習の時間」は，「学習の個性化」という概念のもとに，子ども一人ひとりの興味・関心が広がっていく方向をとる。「内容教科」は学校あるいは教師によって位置づけが異なることになる。いわゆる「教科の系統性」に固執すれば，「指導の個別化」に傾き，それに対して，教科への興味・関心を育てることに力点を置けば，「学習の個性化」という概念を採用することになる。

5 ｜ 「個に応じた指導」のための 10の多様な学習プログラムをつくる

　伝統的な一斉授業は「一斉画一授業」とも呼ばれる。実に巧みな表現であるが，教師が指示した「同じ学習課題」に対して，教科書にある「同じ教材」を用いて立ち向かっていくが，その際，教師の指示に従って学級全員が「同じペース」で一斉に学び，学級全員が「同じ結論（まとめ）」に到達する授業である。結論からいえば，「個に応じた指導」はこれら4つの「同じこと」を崩し

て，多様性を認めるところから導かれる。すなわち，「同じこと（同一性）」を「異なること（多様性）」で置き換えて考えていくということである。子どもたちの間に存在する「個人差（多様性）」を捉え，指導する教科等の指導内容の特質を考慮してみると，10の学習プログラム（図6‐3）をつくることができる。以下，それぞれについて簡単に説明する。[*5]

　学習プログラム①は，戦後まもなく，アメリカのクリーブランド市で実践されるようになった在り方で，一斉指導に適応できなかった子どもたちに補充指導の機会を設けた授業である。日本では完全習得学習といわれているプログラムである。学習プログラム②は，近代学校制度の成立以後，つねに登場してきている学力（到達度）別指導である。学級が同じ暦年齢の子どもたちで構成される学年制が採用されて以来，つねに話題になり，実践されてきている指導である。この指導は学力（到達度）別グループ編成を行い指導することになるが，グループ間に大きな学力差を生みかねないため，常に批判されてきている。学習プログラム③は，近年スタンフォード大学の医学部の教授が導入した指導の在り方で，従来，授業の後に宿題として課していたアサインメント（割当課題）を授業の事前準備活動として位置づけた指導で，フリップ・オーバー（反転・ひっくり返す）するため，「反転学習」といわれている在り方である。

　以上3つの学習プログラムの指導法は，前述の4つの「同じこと（同一性）」を維持しているので，「一斉授業」の3つの変形と考えてよいだろう。しかし，それに対して，以下の7つの学習プログラムは，4つの「同一性」に挑戦し，「多様性」を加えていった学習プログラムで，多くは戦後の授業改革のなかで考えられ，つくられてきた学習プログラムである。

　まず，一斉授業のもつ「同じ学習時間（同じペース）」に挑戦した学習である。誰でもよく知っているように，子どもたちが学習に必要としている学習時間は

＊5　詳しい説明については次の文献を参照してほしい。
　　加藤幸次『個別化教育入門』教育開発研究所，1982年。
　　加藤幸次・安藤慧『個別化・個性化教育の理論』黎明書房，1985年。
　　加藤幸次『「一斉画一授業」改革の提案』明治図書出版，1985年。
　　加藤幸次・高浦勝義『個性化教育の創造』明治図書出版，1987年。

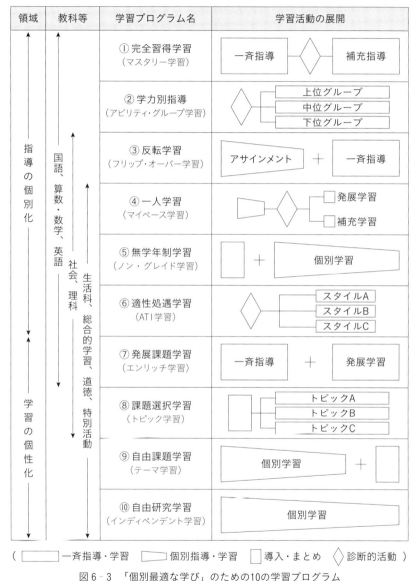

図6-3　「個別最適な学び」のための10の学習プログラム

出所：加藤幸次『個別化教育入門』教育開発研究所，1982年，93頁をもとに作成。

一人ひとり大いに違う。速く進む子もいれば、時間のかかる子もいるというわけである。速い子ができるとは限らず、遅い子ができていないとも限らない。必要な学習の時間を確保しておくという学習プログラムが④と⑤のプログラムである。学習プログラム④の名称はいくつかあり、「一人学習」や「マイペース学習」という名称が本質をついている。実践的には、単元ごとに学習活動は構成されているので、"単元内"「一人学習」や、"単元内"「マイペース学習」というべきかもしれない。それに対して、学習プログラム⑤は単に「無学年制学習」と名づける。このプログラムは、1つの"単元"という範囲を超え、さらに"学期内""学年内"を超えて、"無学年"にまで学習活動が広がっていくことを想定している。

　重要な点は、学習時間に「多様性」を認めることは学習活動で用いる教材の「多様性」に連動しやすいということである。時間的に余裕ができると、用意された以外の資料やデータを探索することが可能になるからである。

　次の学習プログラム⑥は、クロンバック（Cronbach, L. J. : 1916-2001）が1957年に提案した「適性処遇交互作用」（ATI: Aptitude Treatment Interaction）に依拠する「学習スタイル（適性）」を取り込んだ学習である。ここでは、一人ひとりの学習活動という観点から2つに分ける。1つは学習活動に用いる教材・教具に対するスタイル（適性）である。ある子は資料集、百科事典や単行本など印刷教材のほうが学習しやすいのに対して、ある子はテレビやコンセプト・フィルムなど映像教材で学習したほうが学びやすいという学習スタイルの違いがある。また、静かなところで1人で学習したほうがよい子がいる一方、友達とグループになって話しながら学習したほうがよい子がいる。もう1つは思考（認知）スタイルで、子どもには目的的・無目的的思考、演繹的・帰納的思考、集中的・拡散的思考などさまざまな認知スタイルが認められる。たとえば、いつも「これ、なぜやるの」とか、「これ、なんのためになるの」と学習活動のねらいについて問いかけてくる子がいる。他方、言われたことを黙々とやる子もいる。

　この学習プログラム⑥「適性処遇学習」は、文字どおり、学習スタイルや思考（認知）スタイル別のプログラムをつくって、その子に合ったプログラムを

提供しようというものである。しかし，学校や教師がすべての子どもの適性を処遇したプログラムを作成することは大変困難である。その代わりとして，廊下，オープン・スペース，空き教室などにその単元学習に必要と考えられる種々の，多様なメディアを収集しておいて，子どもたちが自分で使いたいと考えるメディアを自由に選んでいけるように学習環境を用意するなどの工夫が考えられる。なお，思考スタイルについては，教師が個別指導をする際の「配慮事項」としてつねに意識しておくことが望ましい。

　最後に，学習プログラム⑦〜⑩であるが，これらは，伝統的な一斉授業のもつ「学習課題」と「結論」の「同じこと（同一性）」に挑戦した概念に関わるプログラムである。学習プログラム⑦と⑧では，学習者が学習課題を「選択」できる。たとえば，小学校理科「身近な生き物」という単元では，バッタ，コガネムシ，カブトムシなど児童が学習したい生き物を選択できるようにプランすることである。中学校社会歴史的分野「幕藩体制」という単元では，刀狩，参勤交代，武家諸法度など生徒が学習したいトピックを選択できるようにプランすることである。学習プログラム⑨と⑩は子どもたちが自ら学習課題を「設定」できると考える。現在の内容教科でも，学習内容の系統性がさほど要求されず，学習する順序性に自由度がある場合，単元の目標を達成することを目指して，子どもたちにいくつかの学習課題を提供し，選択させることができる。たとえば，小学校生活科「あきをさがそう」という単元では，児童たちが気づいた変化についてはなんでも取りあげて学習することになる。気温が下がっていく現象，木の葉の色の変化，着ているものが厚くなっていくこと，食べ物が変わっていく変化など，思い思いに学習していけるようにプランすることである。また，中学校「総合的な学習の時間」で「水の汚染」について単元を組むとき，生徒たちが学習課題を自由に設定し，探究活動を行うことができるようにプランすることである。学校の近くを流れる小川について，そこに住む魚に見られる汚染状況，そこに投棄される廃棄物の影響，そこに流される家庭排水，工場排水など，自由に学習課題を設定し，多くの場合，小グループで探究し，学級として「まとめる」活動をする。しかし，今日では，個人プロジェクトとして，一人ひとり，個人の関心事について個別に探究する学習活動もある。

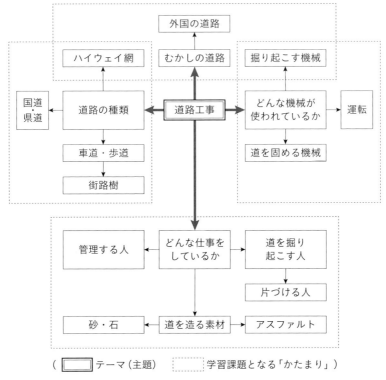

図6‒4 「道路工事」のウェビング図
出所：愛知県東浦町立卯ノ里小学校（5年生「総合的な学習の時間」）より。

　付け加えておけば，学習課題の設定に際して，戦後のイギリスの教師たちが開発してきた「ウェビング手法」がきわめて有効である。ブレインストーミング[*6]やマインドマッピング[*7]という手法に似て，自分たちが探究しようとする関心事について，自由に自分が学習したい事柄を出していく。それらは蜘蛛の巣状に広がり合い，「ウェビング図」（図6‒4参照）に表現される。ウェビング図を

* 6　ブレインストーミング（brainstorming）：実行が可能かどうかを無視して，頭のなかにある事柄を自由に，思いつくままに表出する行為。
* 7　マインドマッピング（mind mapping）：ブレインストーミングによって表出されたアイデアを概念と事実（ルールと事例）という観点からグループ化し，図式化する手法。

作成するとき，同時に，探究に役立つ情報やデータを収集し，さらに，探究活動の分担やスケジュールについても考慮していくことになる。したがって，探究活動を組織化する処方である。

6 ｜ まとめに代えて – 現代的課題に対応する"協働的な学び"

　以上，「一斉授業，一斉学習」に代わって，一人ひとりという視点から「個に応じた指導」をつくり出すことに腐心してきたと考える。いっそう充実するために，挑戦すべき課題はこれら10の学習プログラムのなかに"協働的な学び"を取り込むことである。目指す方向が"後戻り"するように思うかもしれないが，「集団性・社会性」の視点から，改めて，10の学習プログラムを見直すことである。言うまでもなく，地球温暖化に象徴される現代的な諸課題はますます深刻になり，学校教育はそれらに対処していく資質・能力をもった子どもたちの育成に貢献しなければならない。

　具体的には10の学習プログラムのうち，⑤から⑩のプログラムを"協働的な学び"に読み換えることである。「個別最適な学びと協働的な学びの一体的な充実」といわれるが，この読み換えという作業のなかで考えることになる，と考える。その際考慮すべきことは，学習グループをより拡大し，学習時間をより長期化し，スマホやコンピュータを活用し情報やデータを多様化することである。現状の授業では，学習グループは隣同士の2人，あるいは，4人で構成されて，多様性に限界がある。ティーム・ティーチングを行うことによって，同じ学年，複数学年の子どもたちと学習グループを構成することができる。さらに，インターネットを通して，他の学校や他の地域の子どもたちや専門家を学習グループに加えることができる。また，学習時間をより長期化することによって，より大きな学習課題に挑戦することができる。さらに，スマホやコンピュータを活用して，多様なリソースに接触して，広い範囲から情報やデータを得ることができる。

　ウェビング手法は，子どもたちが自ら課題づくりと学習活動の全体像をデザ

インする探究学習であり，集団性・社会性を育成する貴重な機会となる。同時に，従来の探究学習のなかで無視されてきた「学習活動の連続性」に改めて焦点を当ててみることである。すなわち，探究の結果，そこに新たな学習課題が生じるはずである。連続して，あるいは一定時間を空けてからまた学習課題を探究するという探究の「繰り返し方式」を提唱したい。この学習方式こそ不確実な現代的な諸課題のための新しい指導法になるだろう。

参考文献

‣ 加藤幸次『アクティブ・ラーニングの考え方・進め方——キー・コンピテンシーを育てる多様な授業』黎明書房，2016年。
‣ 加藤幸次『カリキュラム・マネジメントの考え方・進め方——キー・コンピテンシーを育てる学校の教育課程の編成と改善』黎明書房，2017年。
‣ 加藤幸次『教科等横断的な教育課程編成の考え方・進め方——資質・能力（コンピテンシー）の育成を目指して』黎明書房，2019年。
‣ 加藤幸次『個別最適な学び・協働的な学びの考え方・進め方——個に応じた指導のより一層の充実を目指して』黎明書房，2022年。

第 **7** 章

個が自律的に学ぶ授業づくり

単元内自由進度学習における教師の準備

佐野　亮子

1 │ 単元内自由進度学習とは何か

　単元内自由進度学習は，授業における学習方法の1つである。ある教科・単元の学習のはじめに行われる「ガイダンス」と，その単元の学習の終わりに行われる「まとめの時間」を除いた，単元の学習展開中のほとんどを子どもが自分で学び進める学習方法である。

　筆者が単元内自由進度学習の実践をはじめて見たのは1980年代半ばだった。当時は，過度の受験競争による弊害や，授業についていけない「落ちこぼれ」の問題が深刻化しており，「一斉画一授業」の改善や見直しが強く求められるようになっていた。さまざまな指導方法が教育現場でも模索され，「個に応じた指導」が学習指導要領の文言として検討されたのもこのころである。

　先進校である愛知県東浦町立緒川小学校では，子どもが自ら学ぶ「自己学習力」の育成を目指し，個別の学習形態の1つとして「週間プログラムによる学習」と呼ばれる単元内自由進度学習が行われていた。それは現在も緒川小のカリキュラムに位置づいて実践されている。そして，緒川小の取組みに影響を受けた教師や学校は，その方法やねらいの特徴から，子どものペースで学べるので「自由進度学習」，自分で選んで学ぶので「チョイス de 学習」，自分の計画に沿って進めるので「マイプラン学習」，教師に頼らず自分で頑張るので「チャレンジタイム」など，それぞれ独自の呼称をつけ単元内自由進度学習を実践している。

　ここ数年，単元内自由進度学習は「個別最適な学び」を実現する授業として

再び注目されている。しかしその一方で「どのような授業なのかイメージができない」,「新たに学ぶ単元の内容を子どもに任せていいのか」,「何を準備すればよいのかわからない」という声も聞く。

　そこで,本章では単元内自由進度学習で教師はどのような準備を行っているのかに着目し,自律的な学びや個別最適な学びの実現に求められる要所や工夫について具体例を織りまぜながら紹介したい。

2 ｜ 単元内自由進度学習に求められる教師の準備

　どのような準備によって,単元内自由進度学習は成立しているのだろうか。事前準備の内容とその構成について,図式でまとめたのが図7‐1である。

　図のように事前準備は大きく3つで構成されている。まず,単元を選び,学習コースを考える「単元構想」,そして,自力で学習を進めていく拠り所となる「学習材」の開発,及び,学習材の効果的な利活用や主体的で自律的な学びを促す「学習環境」の整備である。

　学習材には,単元で学ぶ内容(新たな知識や概念)を子どもが自力で学べるよう「学習の足場かけ」となる役割が,学習環境には,子どもの好奇心を刺激し常時学習可能な状況となっている「環境による教育」としての役割がある。学習材と学習環境は密接に連携しているので,実際には材と環境の線引きは曖昧なところも多い。

　以下,図に示された項目について,より具体的に見ていこう。

＊1　**足場かけ**：教育心理学の「スキャフォールディング(Scaffolding)」の和訳で,ここでは単元の学習内容を教師が直接指導する代わりに,子どもの学びの実態に合わせて取り組める学習カード等を作成・配布して学習サポートすることを意味する。
＊2　**環境による教育**：幼児教育で重視されている教育方法の考え方で,子どもが能動的学習者として能力を発揮できるよう,子どもの周りにあるモノ・ヒト・コトを意図的・計画的に構成・整備し,遊び(学び)への専心を促す教育活動を意味する。

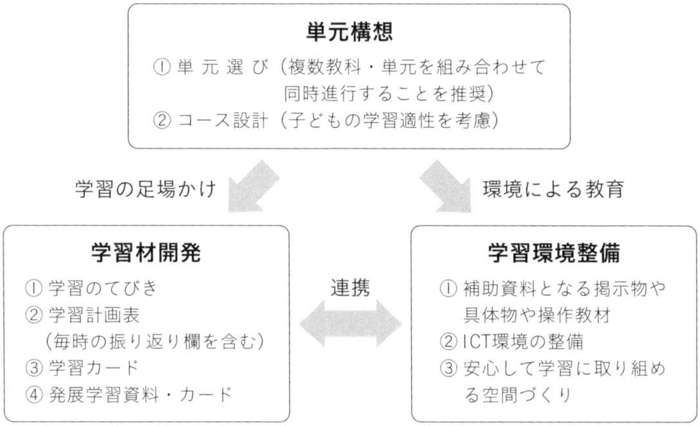

図 7‑1　単元内自由進度学習の準備（構成図）

出所：筆者作成。

（1）単元構想

① 単元選び

単元内自由進度学習をどの教科のどの単元でやるのか。どの教科でも可能であるが，実践者は単元を選ぶ際，具体的な操作や活動を通して学ぶ課題が組み込めることを目安にしているようだ。書く・つくる・試す・体を動かす・実験する等の活動は，その遂行において一人ひとり要する時間が異なる。たとえば，算数でコンパスを使って二等辺三角形を作図するのに，２分でできる子もいれば５分かかる子もいる。理科の実験では装置の組み立てに時間がかかる子もいれば，操作手順をとばしてすぐにやり終える子もいる。また，社会科で資料を見て考えたことを整理する活動や，国語科で文章を書く活動では時間のかかり具合に違いが出やすい。このように，学習活動場面で個々に必要とする時間にばらつきが生じやすい単元は，自由進度学習に向いていると考えられる。

はじめて実践する際に「（教師も子どもも）慣れていないので，４〜６時間くらいの単元でやるのはどうか」と相談されることがある。それについては「学習期間が１〜２週間程度だと，子どものなかに『自分でやり遂げた感』が残らないし，教師にとっても，せっかく準備してあっという間に終わってしまった

ら，もったいないですよ」と助言している。1教科でやるなら，10時間以上あり3週間程度は続く大きな単元でやるほうがよい。そして，1教科でやるよりも，複数教科（複数単元）で同時進行するほうが，実践的には取り組む時間や選択する機会を子どもに十分に与えることができるので，自律的な学びにおいては都合がよいことが多い。

　複数教科（複数単元）で実践するメリットは，単元内自由進度学習の指導面のねらいと運営面の事情にある。指導面では，さまざまな学習場面で子どもが自己調整できる機会をつくりやすい。子どもが途中で失敗や誤答してもやり直しができ，納得いくまで同じ課題を繰り返し試すこともできる。教師には子どもの試行錯誤や自学の様子をじっくり見られる利点がある。一方，運営面では，実験や具体操作や体験を伴う活動を各自のペースで取り組めるようにするため，学校の実験器具や道具類の集中的な利用を避けて，不足の状況をつくらない工夫ができる。

　また，子どもにとって複数教科は，「どちらの単元からやるか」，「今日は何をやるのか」自分で決められることが学習意欲につながっていく。課題のやり方も進め方も個々に違うので，授業中の学習の様子は各々ばらばらになり，他人の進み具合が気にならなくなる。つまり，真に自分のペースで自分らしい取組みができる。不要に待たされる場面がほとんどないので，学習時間の効率も上がる。このため必修課題が予定より早く終わる子どもたちは，発展学習を存分に楽しむことができる。

　なお，教科担任制の中学校では，教科内の2単元，たとえば，理科なら第一分野と第二分野からそれぞれ単元を設定して同時進行で学習する。社会科では「日本の諸地域」の小単元で順序選択方式や課題選択方式を取り入れた実践が行われている。体育では，マット運動と保健の感染症予防の単元を同時進行で行う実践もあった。体育館の一角に保健の学習コーナーが設けられ，ケガの治療中などで見学している生徒はそこで保健の学習に取り組んでいた。また，学習の合間に友達の演技の録画を手伝うなど関わり合う場面も見られた。他方，マット運動の課題に取り組んでいる生徒たちが，休憩時に感染症に関する学習ポスターの記事を読んで会話している姿もあった。

② 学習コースの設計

　単元が決まったら学習コースを設計する。学習コースとは，単元の目標を達成するために取り組む課題と学習の流れのことを指す。つまり教師側でいうところの単元指導計画と同じだが，単元内自由進度学習では複数の学習コースを設定し，子どもがコースを選択できる工夫を行う。なぜなら，1コースのみで課題も取り組む順序も決められた状況では，どのように配慮しても得意な子が早く進み，苦手な子や時間がかかる子は遅れることとなり，周りを気にして自分のペースややり方を見失い自由進度学習でなくなってしまうからだ。これを解消するために工夫するのがコース設計である。

　コース設計のまず1つは，教科書準拠で進むコースの考案である。単元の学習事項に何がありどのような順序で展開していくのか，教科書の内容や流れを確認する。ここで，採択外の他社教科書（児童用教科書）との比較を行うと，課題の扱いや出てくる順番に違いがあることに気づく。概念や知識を説明する文章や説明の仕方も微妙に異なることがあり，「この部分に関しては，自分の学級の子どもたちには，こちらの教科書のほうがわかりやすい」と発見することもある。数社の教科書を調べてどこでも扱われている課題は必修，そうでなければ選択課題にしてもよいという判断が可能になる。こうして，どの子も取り組む必修課題を精選する。課題の数が絞られれば，ゆっくりペースな子は不安が軽減される。ペースの早い子には，必修課題が全部終わったその先に楽しくてやりがいのある発展学習を用意しておけばよい。

　このように，教科書準拠のコースでも教科書どおりにやるコースにはならない。他社教科書との比較で課題の精選や学習の流れを吟味し，子どもの実態に合わせて学びの筋道を構築する。筆者が「設計」と表現する所以はここにある。

　次に，教科書準拠とは異なる別のコースも検討し考案する。ここでよく見かけるのが，より「やさしいコース」と「むずかしいコース」を設ける習熟度別発想のコース設計であるが，これは算数の単元であってもなるべく避けたい。なぜなら，教科書に示された学びの筋道に「のれない（なんらかの理由で上手く学べていない）」，「のらない（すでにある程度理解しており関心がもてない）」子どもには，教科書準拠のコースをどんなに易しく（難しく）しても，意欲をも

って取り組む効果を期待できないからだ。

　この場合は，いつも授業にのってこない「あの子」を思い浮かべ，「これなら食いついてくる」「ツボにはまる」という課題や活動をあれこれと考えてみる。「キミ」のために用意する「特別限定メニュー」くらいの気持ちで，思い切ってつくるほうがよいだろう。ここでは学習適性といわれる学び方の個性や興味・関心を考慮する「適性処遇交互作用（ATI）[*3]」的発想も必要になってくる。

　たとえば，５年理科の「電流が生み出す力（10時間）」の実践では，「モデラートコース」「一本づりコース」「エンジニアコース」の３つが考案された。コツコツ学ぶなら教科書に沿って学習していくコース（モデラート），釣りや魚が好きな子がいるので，電磁石を使った釣り竿で大きな魚をつり上げる工夫をもとに電磁石の性質を学習するコース（一本づり），理科が得意で実験が好きな子には，コイルモーターづくりの課題で回転速度を変化させるにはどうすればよいか自分で仮説・実験・検証するコース（エンジニア），といった具合だ。

　コースを選ぶのは子どもなので，教師の予想と違う選択になることもあるが，「気になるあの子」に向けてつくったコースが，他の子どもの意欲や興味・関心を引き出すこともある。

　コース設計では，事例で示したように，いくつかの子どもの学習の姿を想定しながら，学習適性に配慮した学習方法や課題を組み込む工夫をする。他にも，抽象的思考だけでは理解しにくい子には，操作活動やものづくりといった体験的な活動を組み込む。文章を読むのが苦手な子には，文字情報の他に視聴覚教材で学べるようテレビ番組や動画を活用する。座学での集中が難しい子には，ゲーム的要素を取り入れてみる。あるいは，子どもが特に好きなもの（アニメ，乗り物，食べ物，生き物等）を登場させ，それと関連づけて課題を考案する。人気のアニメキャラクターになぞらえてレベルアップ問題をつくるなど，さまざまな工夫が教師たちのアイデアで実現している。

＊3　適性処遇交互作用（ATI）については，本書第１章及び第６章参照。

（2）学習材開発

　コースを設計しながら，子どもが自力で学んでいく際のガイドとなり拠り所になるさまざまなものを準備していく。これらは総じて「学習材」と呼ばれている。学習材には「学習のてびき」「学習計画表」「学習カード」（付随して「ヒントカード」「資料カード」「解答カード」なども作成される場合がある）といったものがある。

　学習材は，いずれも単元の学習内容に応じて教師が作成・構成する。はじめてつくるときは，実践校の学習材を参考にすることもあるが，「こういう形式でつくる」とただ鵜呑みにするのは避けたい。

①「学習のてびき」

　「学習のてびき」はコースごとに準備する。単元の学習内容が一目瞭然となるよう1枚におさめた書式になっており，単元名，単元目標，標準時数，学習の流れ，教師によるチェックポイント，発展学習ガイドなどが記載されている（図7-2参照）。

　このうち学習の流れとは，いわゆる学習指導案の単元指導計画に当たる部分であり，そこにはこの単元で身につけさせたい知識や技能及び概念の理解について，子どもが自力で学んでいけるよう5～10程度の学習課題が提示されている。また，それぞれの課題に対応する学習カード，参照する教科書の該当ページ，参考資料などが示される。学習課題は，子どもが読んで理解できる表現となっている。たとえば「長方形について調べましょう（算数）」「説明文を読んで3つのまとまりに分けましょう（国語）」「空気や水をひやしていくとどうなるか実験しよう（理科）」「日本の米作りの工夫について『土地改良』『品種改良』『農業の機械化』の3つを中心に調べよう（社会科）」といった具合だ。

②「学習計画表」

　単元の学習のはじめに「ガイダンス」を受け，各自がコースを選択した後，子どもは「学習のてびき」を見ながら「学習計画表」に自分が考えた予定を書き込んでいく。「学習計画表」には，①単元内自由進度学習の授業予定日の欄，②予定日に自分が取り組む予定の課題（「学習のてびき」にある課題番号や内容）を書く欄，③授業日に実際に取り組んだ課題を書く欄，④今日の振り返り（自

自由進度学習	理科「てこのはたらき」学習のてびき

名前 _____

目標　　　　　　　　　　　　　　　　　　　　　　　（標準時間 8 時間）

- ・ぼうが水平につり合うときのきまりを調べる。
- ・「てこ」や「てこ」を利用した道具について調べる。
  　　　　　　　　　★チェック 1　　学習カード提出
- ・「さおばかり」か「てんびん」を作る。
  　　　　　　　　　★チェック 2　　作品の提出
- ・「てこ」のはたらきについて分かる。
  　　　　　　　　　★チェック 3　　チェックテスト

学習の流れ

学　習　内　容	教科書	学習カード	答えカード
① てこのはたらきについて調べる。	P 72, 73	学習カード 1	答えカード 1
② 力点や作用点の位置を変えると，どうなるかを調べる。	P 74〜75	学習カード 2	答えカード 2
③ てこ実験器で，どのようにすればつり合うかを調べ，つり合うときのきまりを考える。	P 76〜79	学習カード 2	答えカード 2
④ てこ実験器で，2 カ所以上におもりをつり下げた場合について調べ，つり合うときのきまりを考える。		学習カード 3	答えカード 3
⑤ てこを利用した道具について調べる。	P 80〜83	学習カード4,5	答えカード 4
★チェック 1　学習カード 1〜5 を先生に見せる。			
⑥「さおばかり」か「てんびん」を作る。	P 81, 84	学習カード 6	
★チェック 2　作品と学習カード 6 を先生に見せる。			
⑦ チェックテストをやる。		チェックテスト	
★チェック 3　チェックテストを先生に見せる。			

〜〜〜〜〜 ここまでは，かならず終わりましょう。〜〜〜〜〜

発展学習	☆支点が，力点と作用点の間にない「てこ」のしくみを調べよう。
	☆たかしくんとよしこちゃんのシーソーの問題を解こう。
	☆学校の中にある「てこを利用した道具」を 3 個以上見つけよう。
	☆「もの作りカード」を参考にして，**つりあい**を利用した物を作ってみよう。
	☆「てんびん」や「てこ」についてパソコンで調べてまとめてみよう。

図 7‐2　「学習のてびき」事例

出所：小山儀秋（監修），竹内淑子『新装版　教科の一人学び「自由進度学習」の考え方・進め方』
　　　黎明書房，2022年，24頁。

分の取組み具合や学んだ内容）を書く欄，などがある（図7‐3及び図7‐4参照）。

　この計画は2教科同時で進めるほうが断然おもしろい。合計の時間数内で2つの教科（自分が選択した学習コース）を両方終わらせるのだが，たとえば国語と算数の単元なら，先に国語のコースを全部学習してから算数をやってもよいし，その逆でもよい，国語と算数を毎回交互にやるのもよいし，コースの半分のところで切り換えてもよい。やりたい教科からはじめてもよいし，苦手なものをまずやってしまうというのもよい，というように自分に合った進め方で時間配分や順序を決めていく。

　単元内自由進度学習ではじめて計画を立てるときは戸惑う子もいる。また実際には立てた計画どおりにいかないことも多い。だからガイダンス時に子どもたちには，最初に全体の見通しをもつため計画を行うが，漸次変更（コースは変えない）する場合があることも伝えておく。たとえば，先にはじめた教科の学習課題に予想外に時間がかかったとしたら，残りの時間数（授業回数）を見通しながらこれからやる課題をどのようにどれくらいのペースで進めるか考え，計画を修正・調整しながら自分なりに「帳尻合わせ」をしていくことが，この学習を進めていくうえで重要であることなどを説明する。

　「学習計画表」の情報は教師と共有する。毎時回収して「振り返り」に目をとおす教師もいるし，途中2回程度（1週間分程度の進度状況）で個々の進度が適切かどうかをチェックする教師もいる。大幅に遅れていたら，今後の進め方や見通しについて，適切な時期に子どもと相談する。どうにも終わりそうにない場合，子どものほうから「この2枚の学習カードは，土日に家でやってきてもいいですか」と家での宿題を申し出ることもある。「いままで宿題を出してもなかなか提出しなかった子が，自分から言ってきたので驚いた」という話は，めずらしい事例ではない。

　単元を見通した計画・振り返り・調整の経験を重ねていくと，学習の取組み方の癖や学習のしかたの好みなどがわかってくるようになる。自分に適した学習方略に関するメタ認知が育つともいわれている。こうしたメタ認知は，家庭学習や受験勉強などでも役立つのではないかと期待されている。

MP学習3学期 算数・社会		学習の計画表（標準時間18時間）	

5 年　　組　名前

マイプラン学習で5年生が身につけたい力
◆ **問いをもつ力**（問い続ける力）。学習の過程で，自分で疑問を見つけそれを追究する力
◆ **1人で学ぶことができる力**
　（分かる・できるだけでなく，計画を立てる力・疑問や問いをもつ力・自分の学習方法
　をふり返り次に生かす力）

＊ふりかえりを書くときに，次の日の予定を見直し必要があれば書き直します。進み具合に応じて，
　自分の学習に合わせて，予定を変更する力を高めることもとても大切です。

回	日付	計　画 「てびき」を見ながら書きます	実　施 実際の学習活動	ふ り か え り 学習の仕方・分かったこと・疑問・もっと考えたいこと
1	★学習のガイダンス（①学び方を確認　②計画を立てる）			
2				
3				
4				
16				
17				
18				

この学習全体のふり返りは，マイプラン学習の最終日にロイロノートに書きます。

図7-3　「学習計画表」事例

出所：山形県天童市立天童中部小学校の令和3年度の実践資料より。

図 7‐4　学習計画表に今日の振り返りを書く
出所：山形県天童市立天童中部小学校（筆者撮影）。

③「学習カード」

　「学習カード」は子どもたちが直接的に拠り所にする学習材である。「学習の
てびき」には，課題のおおまかな内容しか書かれていないので，実際は該当す
る学習カードに示された課題に取り組んでみないと，その難易度や所要時間は
わからない。子どもには，1回の授業で1つの学習課題（1枚の学習カード）
に取り組むイメージがあるようで，前述の「学習計画表」には毎回の授業で課
題番号を1つずつ割り振っていく場合が多い。実際には，1時間の授業で学習
カードが3枚できたりすることもあれば，課題によっては3時間かけてようや
く1枚の学習カードが終わるということもある。

　「学習カード」に示される学習内容や課題の表し方は，練習問題を解くよう
なドリル形式のものもあるが多くはない。他には，教科書や資料の一部が引き
写されて知識や用語の意味を確認し書き込む形式，課題のテーマと調べ方と表
現方法が複数記された選択式ガイド形式，実験の手順と空欄の表が記されデー
タと考察を書き込む形式，つくって確かめてみる指示だけが記された形式など，
教科や単元の学習内容に応じてさまざまな形式がある（「学習カード」の具体例
は図 7‐5 及び図 7‐6 参照）。

④ 発展学習

　「学習のてびき」には「ここまでは必ず終わりましょう」という必修課題と，
その先に自由選択式の発展学習が提示されている。

マイプラン学習 算数	**学習カード⑦**	多角形と円をくわしく調べよう

氏名 _____

> ### 直径と円周の２つの量に注目して，関係を調べよう。

1　直径の長さを□cm，円周の長さを○cmとして，円周の長さを求める式を書きましょう。

【円周＝直径×円周率】という式をもとに考えると，○や□を使った式は

　　となる。

2　□（直径）が１，２，３…と変わると，○（円周）はそれぞれいくつになりますか。下の表に書きましょう。

直径 □(cm)	1	2	3	4	5	6	7	8
円周 ○(cm)								

3　円周の長さは，直径の長さに比例していますか。

比例している・比例していない

なぜなら・・・

「あれ？比例って何だっけ？」という人は，教科書151ページの「比例」を見てみよう！

図7-5　学習カード例①算数

出所：山形県天童市立天童中部小学校の令和３年度の実践資料より。

マイプラン学習 社会	**学習カード⑥**	自然とともに生きる 〜森林とともに生きる〜

名前

めあて：森林を守り育てている人々は，どのようなくふうや努力をしているか調べよう。

1 「林業」について知ろう

◆正しい方に丸をつけましょう。

(2017年 林野庁)

❶🅰️天然林と人工林の面積の割合

　日本にある森林の半分近くは，木材などに使うことを目的として，人の手で植えられた（ 天然林・人工林 ）です。日本の森林を守り育てるためには，人工林の管理が大切です。林業にたずさわる人々は，どのようにして人工林を育てているのでしょうか。

そもそも，林業って？　◆教科書p.119「ことば」を見ながら，「林業」について整理しよう。

「林業」とは…

2 林業で働く人々

◆教科書p.118や資料集を見ながら，林業で働く人は実際にどんなことをしているか調べ，まとめよう。

①具体的にどのような作業があるか。

②木材ができるまで，どのような工夫や苦労があるか。

図7‑6　学習カード例②社会

出所：山形県天童市立天童中部小学校の令和3年度の実践資料より。

図7-7　発展学習①算数「はこのまち」
出所：山形県天童市立天童中部小学校（筆者撮影）。

図7-8　発展学習②国語「物語の一場面を模型で再現する」
出所：愛知県東浦町立石浜西小学校（筆者撮影）。

　発展学習は，単元の学習内容を活かして（ここが重要），楽しくおもしろくやりがいのある（ここがポイント）課題になっている。ガイダンス時に「早く終わった人はこんなことにも挑戦できる」と発展課題のいくつかの例を紹介すると，発展学習がやりたくて必修課題を頑張る子もでてくる。発展学習の内容を考えることは，教師にとっても高度な教材研究になる。

　過去の発展学習事例では，算数科の図形領域で町の立体地図をつくる，奈良の大仏の手のひらを実寸で描く，理科の「消化と吸収」を寸劇で表現する，「てことつりあい」で「ピタゴラ（からくり）装置」をつくる，社会科では天下統一をテーマにカードゲームを考案する，県の特色をトリックネタにした推理小説を書くなど，大人もはまりそうな魅力的な課題で，子どもは苦労しながら楽しんで取り組んでいる（図7-7及び図7-8参照）。なかには発展課題をさらに発展させる子どももいる。

（3）学習環境整備

　単元内自由進度学習の授業風景は，テスト中のような一様に座学でプリントに書き込んでいる様子とは異なる。たとえば，資料や参考書を読んでいる，映像資料や動画を視聴する，本やインターネットで調べている，実際に模型をつくる，装置を組み立て実験する，計算や測量をする，文章や絵で表現する，と

多様な取組みが行われている。2教科同時進行ともなれば，課題の内容も進み具合も子どもによって異なるので，1単位時間の授業の様子は「いま子どもたちは何をやっているのか」を具体的に一言で説明できない状況となる。授業をはじめて参観した人が「これが授業か？」と驚くのは，全体を一望したときの，その多様さへの違和感からなのだろう。

しかし，授業を全体的に眺めるのではなく，定点観測するようなつもりで，1人の子どもの学習活動を追って見ていけば，自分に合った学習スタイルで集中して学ぶ子どもの姿をいくつも見つけることができるだろう。多様な学びが成立するには，拠り所となる学習カードと連携する物的な学習環境の整備も重要で，学習環境は子どもの動きを誘発し，興味・関心や知的好奇心を刺激する役割を担っている。

学習環境整備には3つの仕事がある。1つ目は，子どもが自力で学習を進めるときの手助けとなる資料や操作教材などを掲示展示すること，2つ目は，子どもが必要なときにいつでも利用できるよう ICT 環境を整えること，3つ目は，子どもが安心して学習に取り組めるよう，自席とは別に集中できる場に移動できるようにして，広めの机や衝立などを配置すること，である。

① 学習材としての掲示物の特徴

学習環境としての掲示物は，一斉指導で教師が子どもたちに注視させる資料とは一味違う。たとえば，社会科の県の学習環境で，天井から大型の観光ポスターが吊るされている（図7‐9）。遠くからも見えて「何？　おもしろそう」と引き寄せる効果がある。ポスターの近くにはパンフレットや名産品等の資料を置いて，いつでも閲覧可能にしている。単元のキーワードや学習の「問い」となるフレーズなどは文字を大きく造作し目立たせ，掲示資料のどこがポイントなのか色や矢印や吹き出しなどで明示している。「見（読み）なさい」ではなく「見（読み）たくなる」デザインの工夫（大型化やアクセント）が学びの場の雰囲気をつくる（図7‐10〜図7‐12）。

また，学習カードや印刷資料等を置いておく場所を確保し，課題に取り組む際に必要な資料や材料，使う道具や機器が1か所にまとめられた学習コーナーをつくれば，子どもは自分で判断して動きだす（図7‐13）。教師の指示を待つ

図7‑9　広めの廊下に整備された社会科の学習環境

注：図内の丸付数字の拡大写真は次頁参照。
出所：岐阜聖徳学園大学附属小学校（筆者撮影）。

ことなく動けるよう環境を整備しておくことは，単元内自由進度学習にとって重要な準備である。

　こうした教師の労作に子どもたちは敏感に反応する。普段は授業になかなか参加できない子が，こうした掲示物を見て「これ先生がつくったの？　すごいね，おもしろい」と課題に取り組むようになることがある。また，休み時間には子どもたちが掲示物の資料を読んだり，具体物を操作したりしている様子をよく見かける。学習環境があれば授業時間にとどまることなく学習機会は増えると実感している。

　「学習環境は，『乗り遅れた子ども』や『遠慮がちな子ども』『こだわって繰り返したい子ども』の学習を支える[*4]」といわれている。思考のスイッチはどのタイミングで発動するのか，子ども自身も予測できないこともある。それを逃すことなく受け止められるのが学習環境（＝環境による教育）のメリットとい

図7-10　①「切り文字」で目立たせる

図7-11　②情報を抜粋して見やすくレイアウトする（大型化やアクセント）

図7-12　③パンフレットや名産品等の資料を置いて自由に閲覧できるようにしている

図7-13　④廊下に設けられた学習コーナー

注：図7-10〜図7-13は前頁の学習環境（丸付数字）の部分拡大。

える。

② 情報環境の整備

　単元内自由進度学習で利活用される資料や掲示物や視覚的な環境は，以前は教師がすべて印刷し手づくりしていた。その準備の大変さが実践継続のネックになっていたという指摘を聞いたことがある。しかし，近年その状況が変わっ

***

＊4　小山儀秋（監修），竹内淑子『新装版　教科の一人学び「自由進度学習」の考え方・進め方』黎明書房，2022年，64頁。

図7‑14 電子顕微鏡と大型テレビ
出所：山形県天童市立天童中部小学校（筆者撮影）。

てきている。特に1人1台端末の普及は，単元内自由進度学習の実施と充実に
大きく貢献することが期待されている。

　たとえば，以前は教材研究でたくさんの資料を集めても，授業ではその一部
しか提示できなかったが，いまは映像資料の画像の一部分とその紹介や短い解
説を掲示しておき，「続きはWebで」「さらに詳しく知りたい人はQRコード
にアクセス」とリンク先を示しておけば，子どもが必要に応じてさまざまな資
料にアクセスし活用することができる。一方，図7‑14は電子顕微鏡を使った
メダカの卵の観察コーナーであるが，顕微鏡の映像を大型テレビにつないで見
ることで，本物に触れる楽しさを味わいながら，拡大された実物映像から新た
な事象の発見が期待できる。このような経験も，手元の端末画面で映像資料を
見る学びと異なる大切な学習であり，端末があれば何でも事足りるということ
にはならない。

　このように，学校にあるさまざまな視聴覚機器を学習課題に合わせて子ども
が利活用できるように整備しておくことで，学び方の選択肢をさらに増やして
いくことができる。またインターネットの積極的な利活用や学習用ソフトウェ
アの導入も，紙媒体の資料と並行して使っていくことで子どもたちの個別最適
な学びに応えることができるだろう。

③ 安心して集中できる空間の整備

　単元内自由進度学習では，どこで学習するかも子どもに任されている。その

ために教室の自席以外の場所が選べるよう，廊下や校内の利用されていないスペースは積極的に学習の場として活用する。教室と廊下しかない従来型校舎であっても，廊下に会議用テーブルやベンチを置くと，そういう場所を好んで使う子どもがいる。余裕教室やオープンスペースがある場合は，衝立などを置いて個人ブースのようなコーナーをつくると人気の場所になる。集中するために自分の机を壁に向けて学習している子や，「社会科の資料をいろいろ広げて読みたいから」と授業で使用されていない理科室に移動し実験台の広い机を使う子もいた。もちろん教室の自席で学習する子もいる。子どもの場所選びの様子を見ていると，学びに集中できる環境はそれぞれであることがわかる。ある子にとっては，場所選びが学習に向かうきっかけにもなっているようだ。

　教室で居心地悪さを感じている子どもが，保健室や図書室でホッとするのは，クラスの子どもの視線や教師の注意から逃れるためだけではなく，その空間が魅力的であることも大きな要因となっているのだろう。単元内自由進度学習をはじめて，学習環境を工夫するようになったら，保健室にいた子どもが教室に戻ってくるようになったという例もある。

3　｜　単元内自由進度学習の特徴と成果

　以上のように，単元内自由進度学習は学習がはじまる前に学習材や環境を準備するのが特徴である。単元丸ごとの準備なので，思い立ったら明日にでも授業ができるというものではない。しかし見通しをもって準備すればどの学校でも実施できる。

　近年の実践例で見ると，この学習方法で授業する時数は年間100時数を超えてはいない。つまり，年間の総授業時数の1割に満たないということである。それでも学期ごとに1か月（20時数）程度，自分のペースや自分のやり方で単元を学び進める経験によって，「わからないことをそのままにしなくなった」「確認したり納得することを他の勉強でも大事にしたい」という子どもの声や，他の授業でも子どもの学びに変化が出てきたという報告はさまざま聞こえてき

ている。

　実践後のアンケート調査では，8〜9割の子どもは「単元内自由進度学習は楽しい」「またやりたい」と評価している。子どもの反応を受け止め，各学期に1〜2回，時期と単元を選んで計画的に実施することで，「次はこうしたい」と子どもがめあてをもって取り組めるようになる。そして，どの子もいずれかの単元で「今回は自分らしい学び方でできた」，「この発展学習はすごくおもしろかった」という達成感や充実感を味わえるようにしたい。

　このように単元内自由進度学習の経験を重ねることで，教師は準備を通して教材研究や環境整備（環境による教育の方法）の腕を磨き，子どもは学習を通して自分に合った学び方や得意分野を見つけていく。そして，自立した学習者として培われた力は，子どもたちが共に追究する授業でも発揮されていくことが期待されている。一人ひとりが自分の得意を活かし，独自の視点で考えてまとめた成果を携えて交流の場に臨むからこそ，自分の考えを聞いてもらうこと，人の考えを聞くことが楽しく感じられるし，新たな発見や疑問やアイデアが生まれてくるのだろう。

第 8 章

才能・2E 教育の観点からの 個別最適な学びと協働的な学び

松村　暢隆

1 ｜ 個別最適な学びと協働的な学びのための「才能」の理解

（1）中教審答申と特異な才能の議論

中央教育審議会答申（2021年1月[*1]）では，「特定分野に特異な才能のある児童生徒に対する指導」の在り方が検討課題として示された。

文部科学省では中教審答申を受けて，2021年6月に「特異な才能のある児童生徒」の指導・支援の在り方を検討する有識者会議（以下，有識者会議[*2]）が設けられ，筆者も委員に加わった。有識者会議では，特異な才能の意味を広く捉え，多様な領域・特性・程度の才能のある児童生徒を視野に入れ，また学校内に限らず学校外の学びの場と連携した指導・支援の在り方も検討された。

有識者会議の「審議のまとめ」（2022年9月）では，「特異な才能のある児童生徒」への指導・支援に関して取り組むべき施策は，突出した才能のある子への新たな特別プログラムを創出するのではなく，「個別最適な学びと協働的な学びの一体的な充実の一環として」行われるのが望ましい，また学習活動や学校生活の困難の解消を重要課題とするという提言がなされた[*3]。

＊1　中央教育審議会「『令和の日本型学校教育』の構築を目指して──全ての子供たちの可能性を引き出す，個別最適な学びと，協働的な学びの実現（答申）」2021年，43頁。

＊2　文部科学省「特定分野に特異な才能のある児童生徒に対する学校における指導・支援の在り方等に関する有識者会議」

（2）特異な才能のある子の「才能」とは

　中教審答申では，「才能」や「特異な才能」の定義や含意は合意・明記されず曖昧であった。一方，2021年3月に内閣府の「第6期科学技術・イノベーション基本計画」が閣議決定された。そこでは，教育・人材育成の目標として，「突出した意欲・能力を有する児童・生徒の能力を大きく伸ばし，『出る杭』を伸ばす」べきことが述べられた。そして大学・民間団体等が実施する学校外での学びの機会や，国際科学コンテストの支援など，能力を伸長する機会の充実を図る取組みの方策を検討することとした。

　これを受けて，内閣府の「総合科学技術・イノベーション会議」（CSTI）では，「特定分野に特異な才能のある児童生徒の教育」について，「教育・人材育成ワーキンググループ」も設けて検討された。そこでは，高校生向けの「グローバルサイエンスキャンパス（GSC）」や「スーパーサイエンスハイスクール（SSH）」から，小中学生向けの「ジュニアドクター育成塾」まで，「トップ人材育成」が目的の取組みに，「裾野の拡大」の取組みが連携するものと構想された。

　特異な才能はすなわち突出した才能だという認識は，一般にも根強い。しかし有識者会議の「審議のまとめ」では，特異な才能の領域・特性・程度は限定されないとされ，また最近一般によく使われる「ギフテッド」という用語は，有識者会議では使用しないと述べられた。「ギフテッド」は，突出した才能や発達障害等の困難を併せもつ等，限定されたイメージが論者により異なり，議論で意味が混乱するためである。一般の日常的な慣用で「ギフテッド」を語る者は，どんな特定の意味内容を表すのかを明確に表明して，共通理解を図るべ

＊3　文部科学省「特定分野に特異な才能のある児童生徒に対する学校における指導・支援の在り方等に関する有識者会議　審議のまとめ――多様性を認め合う個別最適な学びと協働的な学びの一体的な充実の一環として」2022年。

＊4　内閣府「科学技術・イノベーション基本計画」2021年，70頁。

＊5　内閣府「総合科学技術・イノベーション会議＞会議資料新着情報一覧」。

＊6　＊5の「2021年6月24日　有識者議員懇談会　資料1 文部科学省提出資料　理数教育の充実に向けて」13頁。

＊3　　＊4　　＊5

きである。

　「特異な才能」は実質，英語の最も広い意味での「才能」（giftedness）に相当するが，あえて特異な才能と呼ぶのは，教育行政の用語として，新しい理念の取組みを象徴するキーワードであるからだと認識すればよいであろう。

　従来，国の行政レベルの会議をはじめ，さまざまな議論の場では「才能」の概念や定義の認識が曖昧で，混乱が生じていた。それは日本には公式の「才能教育」（gifted education）が存在せず，才能教育における才能の概念が認識されていないためである。[*7]

　アメリカ等多くの国では，公教育で通常の教育課程だけでは対応できない「才能児」（才能が公式に識別された児童生徒）を対象に，障害児に対する特別（支援）教育と並んで「才能教育」が存在する。アメリカでは，才能教育が対象とする才能は多様で，連邦法（1978年改正初等中等教育法 ESEA を踏襲）や州の教育法・政策指針にも，才能の定義が明記されている。それによると，才能児は知能，創造性，芸術，リーダーシップ，及び特定の学問（教科）のいずれかについて，並外れて優れた能力や特性をもつことになる。このように，教育法・政策指針では才能は，多様で「領域固有」（domain-specific）のものとして大綱的に定義されているものであり，個別のプログラムでの才能の識別基準（たとえば IQ130 以上）を含める定義と混同されるべきではない。

（3）才能児はどれくらいの割合でいるのか

　上記の CSTI の議論では，「特異な才能のある子供」を IQ130 以上と仮定した。その場合，理論的に日本の小学校では約2.3％つまり35人学級に0.8人の割合で在籍するとした。[*8]しかし突出した才能に限定しても識別手段は多様なので，この比率や人数算出は妥当ではない。才能児の比率は，才能の定義や識別基準次第で恣意的に変わってくるのである。もし特異な才能を特定の数値基準

＊7　松村暢隆『才能教育・2E教育概論──ギフテッドの発達多様性を活かす』東信堂，2021年。

＊8　＊5の「2022年6月2日 第61回資料3-3 Society 5.0の実現に向けた教育・人材育成に関する政策パッケージ（案）」10頁。

で定義すれば，多様な才能の一面しか表せず，公正な選定が現実には不可能であり，ラベルづけられた集団の分断や差別等が生じるであろう。

　アメリカの連邦法や州の教育法・政策指針には才能教育実施の強制力はなく，その実施は学校区や学校の判断に任される。そのため，たまたまその学校区で実施されている特別プログラムで，たとえば算数・数学の成績が上位２％という選抜基準に合致する対象者が，才能児に認定されるということになる。対象者の割合は地域の教育予算や実施プログラムの収容人数に左右され，州や地域によって，１％以下から10数％まで大きな幅がある。このアメリカ教育省のデータでは，全州の平均としては約6.7%の児童生徒が才能教育プログラムに参加したことになるが，この古い特定年度（2011〜2012年度）の数値を根拠に「ギフテッド（才能児）は6.7%存在する」などと主張するのは妥当ではない。ニーズがあっても対応されない才能のある子はもっと大勢いるので，日本でこの数字が語り伝えられ，一人歩きしないよう警戒が必要である。

　「特異な才能のある子」について，才能の一律な定義がないなら特定できないという誤解も生じている。しかし，有識者会議の「審議のまとめ」の提案のように，才能の把握は，個別プログラムや施策の目的・内容に応じて，実施主体が個別に行う。これは個別の学校の入試と同様である。

　レンズーリ（Renzulli, J. S.）が述べたように，「誰が才能児か」を見出してラベルづけするのではなく，誰がいつ，どんな「才能行動」（gifted behavior）を示すのかを見出すのが，才能教育の妥当な理念である。才能行動は，突出したものだけでなく，多様な領域で多様な程度に表れる。筆者は，才能行動・特性を考慮した指導・支援のニーズが高い子どもを，広く「才能のある子」と呼ぶ。これは「特異な才能のある児童生徒」が相当すべき子どもたちである。

＊9　National Center for Education Statistics（2014）. Percentage of public school students enrolled in gifted and talented program.（https://nces.ed.gov/programs/digest/d19/tables/dt19_204.90.asp）

＊10　Renzulli, J. S.（1995）. *Building a bridge between gifted education and total school improvement.* Storrs, CT: NRC/GT.（松村暢隆（訳）『個性と才能をみつける総合学習モデル（第Ⅰ部）』玉川大学出版部，2001年。）

図 8-1　才能の三輪概念
出所：松村（2021）[*7]，15頁。

（4）個別最適な学びと協働的な学びのための才能特性の把握

　子どもが学習場面で示す才能行動・特性を教師ができるだけ把握するために
は，レンズーリによる「才能の三輪概念」（three-ring conception of giftedness）
を念頭におくのが有用である。それによると，才能の全般的特徴として，「普
通より優れた能力」「創造性」「課題への傾倒（情熱・意欲)」という３つの要素
が見出される（図 8-1）。普通より優れた能力は，知能や学力のテスト等に表
れる。創造性は，学習のユニークな方法や成果に表れる。課題への傾倒は，特
定のテーマに長時間集中するなど，強い興味や熱中として表れる。なんらかの
学習領域で最初から３要素が揃っていれば（３つの輪の積集合）理想的だが，
子どもがどれか１つの「きらめき」を示せば，それが才能を見出す手がかりに
なり，残りの２つは高めるべき目標となる。

　多様な「才能行動」を公正に識別するためには，複数の評価手段を組み合わ
せた，包括的評価（comprehensive assessment）が必要である。これは特別プロ
グラムの対象者（たとえば子ども全体の約１割）を選抜するためだけではなく，
通常学級ですべての子どもを対象とした指導・学習方法を工夫する際にも有用
である。このために，標準テスト（知能・認知能力検査，学力テストなど）の成
績や学習成果・作品によって，また得意・興味のチェックリスト（自己評価）
や教師の学習行動の観察等によって，担当教師やチームが包括的に評価する。

トムリンソン（Tomlinson, C. A.）の「指導の個別化」（differentiation of instruction）モデルによれば，すべての子ども個人のレディネス（習熟度），興味，学習スタイルを把握して，これらの違いに応じて学習集団を柔軟に組み替えて，学習の内容，過程（方法），成果，環境を適切に変化させる。才能のある子や学習の進んだ子については，学習の内容・方法・成果の要求水準を上げる。これによって，才能のある子も包摂して，すべての子どもの学習ニーズに合わせて，個に応じた指導が可能になる。

　すべての子どもの個人内で比較的得意な能力とスタイルを把握するために，ガードナー（Gardner, H.）が提唱した「多重知能」（MI: multiple intelligences）理論[*12]を応用すると有効である。MI 理論は，才能プログラムや通常学級での指導の個別化に広く利用されてきた。ガードナーによると，MI として，「言語的」「論理数学的」「音楽的」「身体運動的」「空間的」「対人的」「内省的」及び「博物的」という 8 つの独立した知能が存在するという。人は誰でもこれらの知能の，どれかが得意でどれかが苦手である。たとえば言語的知能は国語で，論理数学的知能は算数・数学や理科でよく活かされるが，得意な教科と一対一に対応するのではなく（たとえば音楽の楽器演奏には音楽的知能だけでなく，演奏スキルの身体運動的知能，聴衆を意識した対人的知能等が複合），どんな活動でも，また一般社会でのさまざまな職業でも複合して活かされる。

　授業では教科単元内で 8 つの知能全部を同時に利用するのではなく，たとえば言語的，空間的，身体運動的知能を活かして，聴覚的（音声），視覚的（映像），触覚的（立体物）といった教材・学習方法を用いたりする。

　子どもの MI や学習スタイルなど多面的な認知・学習特性の複合的プロフィールを「認知的個性」[*13]として統合的に捉えると，発達の凸凹（標準からのズレ）

＊11　Tomlinson, C. A.（2017）. *How to differentiate instruction in academically diverse classroom*（*3rd ed.*）. Alexandria, VA: ASCD.

＊12　Gardner, H.（1999）. *Intelligence reframed : Multiple intelligences for the 21st century*. New York, Basic Books.（松村暢隆（訳）『MI：個性を活かす多重知能の理論』新曜社，2001年。）

＊13　松村暢隆・石川裕之・佐野亮子・小倉正義（編）『認知的個性――違いが生きる学びと支援』新曜社，2010年。

を減らすよりも，発達多様性の個性的な枝分かれを促進する環境整備を課題にできる。従来の教科学習では尊重されない自分の学習特性に子ども自身が気づき，その特性を活かした支援によって学習活動に達成感を感じて自尊心を高め，苦手な教科学習にも取り組む意欲を引き出すきっかけをつくれる。個別最適な学びと協働的な学びでの，指導の個別化や集団づくりの際に有用である。

2 ｜ アメリカの才能教育の多様な方法

（1）才能教育の形態・方法

　アメリカでは公立学校での初等中等教育のなかで，多様な才能の表れに応じて多様な形態・方法の才能教育が実施されている。教育制度も文化も異なるため，たとえば飛び級の積極的推進など，そのまま現在の日本の教育に適用するのは困難な面も多いが，今後の個別最適な学びと協働的な学びの充実のなかで才能のある子への指導・支援の在り方を考えていく際に，参考になる点も多い。

　才能教育の形態・方法は，大きく「早修」（acceleration）と「拡充」（enrichment）に区別される。早修は，進んだ学習内容の「先取り学習」全般を指すこともあるが，上位学年相当の科目の「早期履修・単位修得」が認められる公式の措置だと定義すれば，拡充と明確に区別できる。一方，拡充は，通常の教育課程の範囲を超えて学習内容を拡張・充実させるものである。算数・数学等の先取り学習をしても上位学年の単位を修得できないなら，拡充に当たる。

　早修はさらに，本来の学年より上位学年に早く在籍できる「完全早修」と，本来の学年に留まりながら上位学年配当の科目を科目ごとに履修・単位修得できる「部分早修」に区別できる。完全早修には，「飛び級」（grade skipping：上位学年に早く移動）や，小学校や大学への「早期（飛び）入学」（early entrance）などがある。部分早修には，「科目ごとの（subject-based）早修」や，「アドバンスト・プレイスメント（大学科目早期履修）」（AP: Advanced Placement）及び「二重在籍」（dual enrollment）と呼ばれる高校生が在籍中に大学相当の科目履修・単位修得できるプログラムなどがある。

拡充の実施形態としては，個人・小集団学習やプロジェクト学習，学校内外の土曜・夏期プログラム，コンテストなどがある。学習集団を柔軟に組み替え，多様な個人の特性，すなわち能力，興味，学習スタイル等に応じた学習が進められる。

　多様な才能のある子の個別のニーズに応じて，早修と拡充が相補的に実施され，小学校から高校まで，個人に適合した学びの場において「特別指導の連携」（continuum of special services）が形成されるのが，理想的な形態である。

　日本の今後の才能教育の在り方を考える際に，才能教育をさらに次の2つに区別すると，個別のプログラムの目的・手段が明確になる。

　すなわち，「狭義の才能教育」では，なんらかの明確な基準で才能を識別して選抜した一部の才能児を対象とする。このなかに，飛び級・飛び入学等の「早修」と，大学主催の活動等（ジュニアドクター育成塾など）で対象者を選抜しても上位学年の単位修得はない「拡充」が属する。

　一方，「広義の才能教育」では，通常学級を拠点に才能はあらかじめ識別しないで，原則すべての児童生徒を対象とする。人数が制限される校内外のプログラムでも，才能の基準によらず抽選や先着順で選抜するなら，広義に当たる。このなかに，参加者を才能の基準で選抜しないAP等の「早修」と，教室ベースのプロジェクト学習などの「拡充」が属する。

　日本の才能を伸ばすことを目論む個別のプログラムでは，この区別を意識した方針が有用である。特定の選抜プログラムで，より優れた人材育成を志向する，あるいは数学等，特定の才能特性に合う内容・方法を提供したい場合は，狭義の才能教育がふさわしい。一方，通常学級を拠点に個人ごとの学習・社会情緒的ニーズを考慮しながら，多様な才能を伸ばし活かすような，広義の才能教育の理念による教育方法も，才能のある子への指導・支援の基盤として検討されるべきである。

（2）すべての子どもの才能を活かす拡充モデル

　広義の才能教育として，通常学級ベースの拡充を組織的に実施するために，アメリカで長年広く用いられてきた実践モデルに，レンズーリが提唱した「全

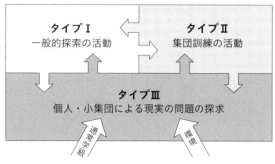

図 8 - 2　拡充三つ組モデル

出所：松村（2021）[*7]、133頁。

校拡充モデル」（SEM: Schoolwide Enrichment Model）[*14]がある。大きく３つの次元からなり、学校ぐるみで指導チームを組み（組織の構成要素）、学級及び学校内外で柔軟に編成された学習集団で（学校の構成要素）、すべての子どもを対象とした多様な拡充の機会を提供して（指導実施の構成要素）、指導の個別化、学習の個性化が図られる。そのなかで、突出した才能のある子にも、種々の高度な学習活動が提供される。

　SEM の指導実施の構成要素として最も重要な「拡充の指導・学習」の場面では、「拡充三つ組モデル」（ETM: Enrichment Triad Model）に基づいて、３つのタイプの拡充の学習活動が実施される（図8 - 2）。「タイプⅠの拡充」では、集団で一斉に新しいテーマへの興味・関心を喚起する。「タイプⅡの拡充」では、小集団で、次の活動に必要な知識・技能を習得する。そして「タイプⅢの拡充」では、個人・小集団で、習得した知識・技能を活用して、現実の問題の探究を行う。

　タイプⅢの拡充では、現実の問題解決・創造という「本物の（authentic）学習」活動を行い、発表相手を意識して達成された「本物の成果」の発表を行う。成果の発表は、各領域の専門家の観点から「本物の評価」を受ける。たとえば数名でバンドを編成して、発表会で演奏するために個々の楽器の演奏や歌唱技

*14　SEM について詳しくは、前掲書（＊7）を参照。

術を磨く。発表は音楽教師や地域の音楽家が批評する。その発表に触れた他の子どもが新たに興味をもてば，その子にはタイプⅠの拡充の機会になる。

　日本では，拡充三つ組モデルの指導・学習は，通常学級を拠点に他の学習集団活動と連携して実施できる。すなわち，教科学習をはじめ，総合的な学習・探究の時間や部活動，さらに学校外の活動でも実践が可能である。昨今実施される才能を伸ばす趣旨の学校外の活動では，参加者の「楽しかった，興味が深まった」等の感想を得てプログラムが評価される場合がある。しかしその場限りの学習にとどめないで，参加者がタイプⅢの拡充の成果を学校・学級へもち帰り，ICT活用の発表等を行える場との連携があれば，他の子どもが興味をもてるテーマ導入（タイプⅠの拡充）につなげられるであろう。

　才能教育を起源として，すべての子どもの才能を活かすことを目指すSEMは，個の違いに着目して学習内容や方法を考えるという観点から，「個別最適な学びと協働的な学び」と理念・方法が共通して，参考になる。

（3）才能特性を活かす個別最適な学びと協働的な学びの集団づくり

　アメリカの教育実践研究でも，小集団での仲間同士の協働的な学びは，一斉授業を補って，学習の向上にも社会性の発達にも効果があるとされる。ただし，学力が異質な集団での協働的な学びは，学力が非常に高い子どもにとっては必ずしもニーズに適合せず，集団への不適応が生じるため，学力が等質な集団での協働や個別で課題に取り組むほうがよい場合もある。

　しかし一般に，個別最適な学びと協働的な学びの小集団づくりでは，得意な領域や学習方法が異質な子どもたちが混じるほうが，問題解決・創造性が優れた学習成果を生み出せることがある。その1つの観点として前述の「MI（多重知能）理論」を利用できる。中学校の異学年合同総合学習で生徒のMIを活かすために，筆者はまずMIのチェックリスト（自己評定尺度）を開発した。[15]生徒の自己評定の結果，得意なMI（8種の知能）と自己設定課題で活かされる

＊15　松村暢隆（監修），香川大学教育学部附属坂出中学校（編著）『学びの拡充をめざす異学年合同学習――個の伸長を促すシャトル学習の実践』黎明書房，2009年。

170

MIとの一致度が高いことが示された。また生徒は，設定課題で活かされ自分と等質のMIをもつ生徒だけでなく，得意なMIが異質な生徒も仲間に入れると，成果発表までの学習過程がよりよく進行することも示唆された。

　才能のある子を包摂した，またすべての子どもの得意や興味を活かす個別最適な学びと協働的な学びを行うには，異質な子ども同士のやり取りを通じて，優れた問題解決や創造の成果が生まれるような集団づくりが有効であろう。

3 ｜ 学習・社会情緒的困難を伴う才能のある子

（1）2Eと2E教育

　なんらかの優れた，時には突出した才能と発達障害等の障害を併せもつ子どもは，「2E」（二重に特別な：twice-exceptional）と呼ばれる[16]。指導・学習において才能と障害の両方に二重に特別な支援を要するためである。「二重に例外的な」というインクルーシブ教育から排除するニュアンスの辞書的直訳は不適切である。

　上記の中教審答申の才能に関する記述では，「特異な才能と学習困難を併せ持つ児童生徒（"2E（Twice-Exceptional）"の児童生徒といわれる）」に対する教育も含めて考えるべきことが言及された。はじめて文部科学省が2Eの子ども（以下，2E児）への支援の重要性を明文化して語ったのである。

　2E児の割合は，アメリカでも不明確である。州・地域に特別支援プログラムがあっても才能プログラムがない，2E児でもそれらの一方だけに入れられるともう一方は考慮されない，教育委員会で才能と障害への支援の担当部署が別々なため両方に応じるケースが明確に把握・報告されないなどの事情のためである。しかしある学校区での推測から，判断不明確なグレーゾーンの子を含めて，全体の約2％，発達障害傾向の数分の1が2Eだと見なすこともできる。

　2E児の才能（得意・興味）と障害は隠し合う（たとえば優れた記憶力で読みの

---

*16　前掲書（＊7）。

障害を補う）ことがあるので，両方を公正に識別するための包括的評価が必要である。ADHD や ASD 等を誤診なく診断したり，知能・認知能力検査の下位指標や検査間で大きな得点のディスクレパンシー（凸凹）を見出したり，才能教育の才能識別に用いられる多様な評価手段を組み合わせたりする。包括的評価は，教師と心理師，精神科医等の協同で構成された教育委員会の専門チームによって行われる。

　2E 児のニーズに応じる教育は，「2E 教育」すなわち「二重の特別支援教育」と呼ばれる。2E 児には，才能に応じる才能教育と，LD や ADHD, ASD などの障害に応じる特別支援教育の両方が必要である。しかし 2E 教育は，1980年代発祥の国アメリカでも，対象者の定義や障害種が一定ではなく，制度が整備されている地域はじつは少ない。発達障害に対しては原則すべての学校で適切な支援を行う法的義務があるが，才能教育は全国一律の義務ではないため，州・地域によって実施の質・量には開きがある。それでも，障害の有無にかかわらず，通常の教育課程だけでは不適応・不利な才能児が，才能教育プログラムに公正に参加できることが，才能教育そして 2E 教育の基本理念である。

　アメリカの 2E 教育では，2E 児は個人の特性が多様なので，通常学級の代替の場や方法として，個人ごとに適切な対応も多様になる。たとえば才能プログラムに参加して少しの合理的配慮だけで十分な 2E 児もいる。発達障害の通級指導教室で才能にも配慮されれば適応できる子どももいる。あるいは 2E 児だけを集めた通級指導教室や特別支援学級がニーズに合う子どももいる。通常学級や代替の場で，学習集団編成（少人数）や教材（視覚化, ICT 活用），学習の進め方（十分な時間，順序の個別化），学習成果の発表方法などの，指導・学習方法の工夫が行われると，かなり学習が改善されることが多い。協働的な学びは苦手な 2E 児でも，個別の学習・発表や，興味・困難のよく似た他児との協同などの工夫をすれば，高度な学習成果を示すこともある。

　わが国でも，すでに実施されてきた特別支援教育の取組みを「広義の 2E 教育」として捉え直すことができる。そこでは才能児を特定しないのと同様に，2E 児は一律の基準で特定しない。1 つには，従来から実践されてきた個性化教育や長所活用型指導，ユニバーサルデザインの授業等によって，通常学級で

指導の個別化・学習の個性化を行い，さらに才能を活かすことを目指す。また１つには，学習・社会情緒的困難のある子ども対象の通級指導教室等で，得意や興味，スタイルを活かす働きかけの工夫を行う。一方，才能を個別プログラムごとの基準で識別する「狭義の 2E 教育」も，通級指導教室等で実施が可能である。才能面への付加的支援で，2E 児特有のニーズに応じるのである。

　2E 児にとって学校は不適合な環境になりがちで，不登校などの二次的な困難を引き起こすこともある。学習・社会情緒的支援として，得意と苦手に配慮した，個人カウンセリングや問題行動への対応が有効である。アメリカでさえ実践例は少ないが，2E 児だけの通級指導教室で才能・障害特性を共有する仲間集団が形成されれば，大きな助力となる。そこでは信頼できる教師の支援によって，「得意を伸ばし活かして苦手を補う」学習が，個人内だけでなく，特定分野が得意な子どもが他の苦手な子どもに教えるという形で，個人間でも成立する。2E 児にとって個別最適な学びと協働的な学びの一体的な充実の場となる。

　日本でも，2E 児への学習・社会情緒的支援は喫緊の課題となる。2E 児の割合は日本でも約２％とすれば，2E 教育の開始には，まず１，２クラスに１人は 2E 児が存在することが広く認識されねばならない。現状では日本の学校では多くの 2E 児のニーズに適した指導が得られないため，海外の学校へ移って才能を発揮できる幸運な子どもも少数いるが，日本の学校教育にとっては不幸な事態である。通常学級での教科学習や総合的な学習・探究の時間，通級による指導や特別支援学級，大学や民間の機関・団体と連携した機会を通じて，まさに個別最適な学びと協働的な学びが行きわたる必要がある。

（2）不協和感をもつ才能のある子（GDF）

　才能のある子の一部には，障害が原因ではないような学習・社会情緒的困難を伴う場合がある。才能に起因する困難はあるが発達障害が併存しない場合，概念的には 2E とは区別される（実際には判別しにくい場合もある）。そのような子どもを「不協和感をもつ才能のある子」（GDF: gifted with discordant feelings）と呼ぶ。[17]

才能のある子は，「超活動性」（OE: overexcitability）という激しい反応や強い感受性の特性を併せもつ場合が多い。強いこだわりや過度の集中，完璧主義などの OE が適応的に働けば，望ましい熱中やこだわりが生じ，優れた問題解決や創造にもつながる。一方，GDF では，OE が不適応的に働き，困ったこだわりや神経症的完璧主義など，学習・社会情緒的な問題として表われることもある。このような才能に起因する困難から，さらに問題行動や，学業不振，いじめ，不登校など，学校不適応の二次的困難が生じることもある。

　GDF の子どものもつ才能と困難への統合的な支援の方法は，2E 児への支援と共通点が多い。得意で好きな活動への長時間の集中と，完璧へのこだわりを尊重して，十分な時間をかけられるように配慮することが適切である。本人の抱えている学習や生活上の困難は，保護者には感じとれることも多い。しかし不適応状況が見えにくいため，教師が GDF に気づくことは 2E よりさらに少ない。2E や GDF の子どもは，目立たなくてもどの学級にもいるはずなので，その特性に教師が気づくことが重要な鍵となる。GDF の子どもは適合する環境では困難なく才能を発揮できるので，より学びやすく生きやすい環境整備が望ましい。個別最適な学びの場として，教室での指導・学習の工夫をはじめ，不登校の場合を含めて，学校外の機関・団体との連携も必要になる。本人が周囲の人に心の内面を語って自己認識することが助けになる場合もあるため，まず教師が「変わった子」だと突き放すことなく，内面を理解する必要がある。

（3）才能に起因する困難に応じる個別最適な学びと協働的な学び

　有識者会議では，保護者や本人等一般向けにアンケート調査（2021年 8 ～ 9 月）を実施して，「特異な才能」の体験・意見の回答を得た。その結果について，小学生の保護者が回答した，学校で「才能に起因する困難」が，次のように分類された（典型事例を挙げる）[18]。①学習面：授業が簡単すぎて退屈・苦痛だ。②仲間との対人関係：友達と難しい話が合わない。③教師の対応：才能を理解

＊17　前掲書（＊ 7）。
＊18　＊ 2 の「第 4 回配付資料 資料 2 　松村委員提出資料 有識者会議アンケート結果分析」。

してもらえず，発言・質問を無視・否定される。

　この回答事例に基づいて，筆者は個人をタイプ分けした。すなわち，障害特性にも言及した回答を「2E」として，2E 以外で才能に起因する困難に言及したものを「GDF」とした。すると，高 IQ や複数年先取り学習など明確な基準に言及した回答を「突出した才能」と見なせば，2E（3 割弱）と GDF（6 割）の各々で，突出した才能は半数ずつ見られた。障害の有無に関わりなく「才能が原因で困っている」児童の半数に，突出した才能が見られたことになる（2E や GDF，突出した才能が高比率なのは，それらの子どもの保護者が多く回答したバイアスにもよる）。実際は，障害や困難が隠れる場合も含めて，「困っている才能のある子」（2E と GDF）は，才能のある子全体が全集団の10数％なら，大まかな推測で数％になり，1 クラスに 1，2 人はいるであろう。ただし，個人をカテゴリー的にラベルづけして集団を線引きすべきではない。困難がない場合から強い場合まで，全体集団で連続したスペクトラム特性だと認識するのが適切である。

　上記調査の回答では，「浮きこぼれ」とも呼ばれる，才能のある子の不登校や登校渋りの体験への言及が，3 割近く見られた。浮きこぼれなくても，不協和感をもちながら学校に合わせている才能のある子も少なからずいるはずである。ところが文部科学省の従来の不登校に関する実態調査では，不登校のきっかけとして，才能に起因する困難は全然浮かび上がらなかった。[19][20] 誰一人取り残さない個別最適な学びと協働的な学びの一体的な推進のために，今後は困っている才能のある子への理解及び学校内外での支援が，喫緊の対応の課題となる。

　文部科学省は2023年度から「特定分野に特異な才能のある児童生徒への支援の推進事業」を開始した。[21]「特異な才能のある子」や「困っている才能のある子」を選抜・ラベルづけして特別扱いするのではなく，すべての子どもの「多

＊19　文部科学省「不登校児童生徒の実態把握に関する調査報告書」2021年。
＊20　文部科学省「令和 3 年度　児童生徒の問題行動・不登校等生徒指導上の諸課題に関する調査」2022年。
＊21　文部科学省「特定分野に特異な才能のある児童生徒への支援の推進事業について」

＊19 　＊20 　＊21

様性を認め合う個別最適な学びと協働的な学びの一体的な充実の一環として」
指導・支援が行われ，困っている才能のある子が適合するような，学校内外の
多様な学び場・居場所の整備が実証研究に期待される。

参考文献

‣ 松村暢隆『才能教育・2E 教育概論 —— ギフテッドの発達多様性を活かす』東信堂，2021
　年。
‣ 松村暢隆「2E 教育フォーラム」(https://2e-education.org/) 2023年。

第9章

協同的な学習における子どもの学びと育ち

学びの共同体の挑戦

金田　裕子

1 ┃ 個の学びと協同的な学びの関係を問う[*1]

　個別最適な学びの実現を目指す方向性のなかで，子どもたち一人ひとりが学びの主人公となり個性的な学びを展開する可能性が開かれてきた。しかし教室の具体的な事実を見ていくと，個別最適な学びと協働的な学びが相互に反目し合うかのような局面に出会うこともある。1人1台のタブレットが完備された教室では，子どもたちはタブレットを使用して一人ひとりのペースで課題に取り組んだり，タブレットにあげられた他の子どもの感想に自由にアクセスしたりできるようになった。しかしそれによって，子どもたちの視線や身体が個人の画面に固定されてしまい，子どもたちの学習に生まれていた細やかなやり取

＊1　「学びの共同体」の理念を提示した佐藤学は，「協力的（cooperative）学び」と「協同的（collaborative）学び」を峻別し，「学びの共同体」の理論的基盤として後者の様式を採用している。前者は社会心理学者のデビッド・ジョンソン（Johnson, D. W.）とロジャー・ジョンソン（Johnson, R. T.）兄弟が提唱したグループ学習の様式であり，競争よりも協力，個人よりも集団のほうが，生産性が高いという原理によって基礎づけられている。一方，学びの共同体における「協同的学び」は，デューイ（Dewey, J.）の行為の理論と，ヴィゴツキー（Vygotsky, L. S.）の発達の最近接領域の理論を基礎としている。いずれも，学びと発達における対象的活動とコミュニケーションの機能を重視している。佐藤によると，日本ではジョンソンらの cooperative learning を「協同的学び」と訳してきた経緯があり，collaborative learning を「協調的学び」または「協働的学び」と訳して差異化してきたと述べている。これらの経緯から，本章では佐藤の定義を踏まえ「協働的学び」を「学びの共同体」の文脈で記述する際には，「協同的学び」「協同」と表記する。
　　佐藤学『学びの共同体の創造──探究と協同へ』小学館，2021年，164-167頁。

りが気づかれぬ間に阻害される事態も見受けられる。このように、ペアやグループでの活動の機会が過度に制限されたり、協同的な学びへの志向が減少したりすることも危惧されている。

　一方で、協同的な学びの必要性への問い直しも要請されている。たとえば一人ひとりが個性的な学びを夢中になって追求しているとき、ある子どもの探究を教師が取りあげ教室全体で共有しようとすることは、教室でよく見られる場面である。しかしそのことで、個々の子どもたちが展開しはじめていた自由で多様な学びを止めてしまったり、特定の方向に収斂させてしまったりすることもあるだろう。それでも、授業を参観していると、誰にも気づかれなかったある子どもの興味深い考えに出合うことがあり、それを知る機会を得た教師や参観者の多くは、この子どもの発見や学びのすばらしさを他の子どもたちに知らせたいと願うのではないか。授業でこのような子どもの学びに気づいた教師たちは、たとえそれが「本時のめあて」に向けた学習の深まりに寄与するかどうか明確でなくても、その子どもの学びのプロセスを教室全体に知らせ、位置づけようと試みるだろう。それは、なぜだろうか。個の学びの過程において、協同はどのような場面でなぜ、志向されるのだろうか。

　このように、個の学びと協同の学びの関係は単純ではない。「個別最適な学びと協働的な学びの一体的な充実」とは、どのようなことであり、いかにして実現するのだろうか。2021年1月26日に公表された「『令和の日本型学校教育』の構築を目指して――全ての子供たちの可能性を引き出す、個別最適な学びと、協働的な学びの実現（答申）」では、「協働的な学び」が「子供同士で、あるいは地域の方々をはじめ多様な他者と協働しながら、あらゆる他者を価値のある存在として尊重し、様々な社会的な変化を乗り越え、持続可能な社会の創り手となる」ことに必要な資質・能力を育むものであると述べられている。協同的な学びのプロセスに、あらゆる他者を価値ある存在として尊重すること、さらに違いを相互に認めつつ共に新しい関係や価値を創造することが想定されていることが見てとれる。そのような協同の意味を探るには、学びにおける協同を認知的な観点からだけでなく、社会的・倫理的な観点から捉えていく必要があるのではないか。

　本稿では協同的な学びを基盤とする「学びの共同体」の理念と実践を見ることで，教室における協同の意味を多面的に示し，個の学びと協同的な学びが一体的に充実する学びの在り様を探ってみたい。

2　対象世界・他者・自己との対話的実践としての学びの概念への転換

　佐藤学が提唱した「学びの共同体」は，「子どもたちが学び育ちあう」こと，「教師たちも教育の専門家として学び育ちあう」こと，さらに「保護者や市民も学校の改革に協力し参加して学び育ちあう」ことをヴィジョンとする学校であり，「一人残らず子どもの学ぶ権利を保障し，その学びの質を高めること」と「民主主義社会を準備すること」を学校の公共的使命であるとする。学びの共同体の学校改革は，公共空間として内にも外にも開かれた教室を目指す「公共性の哲学（public philosophy）」と，デューイ（Dewey, J.）が定義した「他者とともに生きる生き方（a way of associated living）」を意味する「民主主義（democracy）」，そしてどんな条件にあってもその条件に応じてベストを尽くすことを意味する「卓越性（excellence）の哲学」によって基礎づけられている。このヴィジョンと哲学を実現するための活動システムが，教室における協同的な学び，職員室における教師の学びの共同体と同僚性の構築，保護者や市民が改革に参加する学習参加である。[2]学びの共同体における「協同的学び」は，デューイのコミュニケーションの理論と，ヴィゴツキー（Vygotsky, L. S.）の発達の最近接領域の理論を基礎としている。[3]聴き合う関係が対話的コミュニケーションによる学びを創出し，心を砕き合うケアの関係を生み出し，一人ひとりを主人公（protagonist）にする民主主義の共同体を創り出すことが想定されている。[4]

　協同の意味を再考するには，まず「学び」の概念を対話的実践として捉えた

＊2　佐藤学『学校を改革する──学びの共同体の構想と実践』岩波書店，2012年。

佐藤の「学びの対話的実践の三位一体論」を確認する必要がある。佐藤は，学びを「対象世界との出会いと対話」「他者との出会いと対話」「自己との出会いと対話」の３つの対話的実践として再定義している。[*5] 対象世界との出会いと対話は認知的文化的な対話的実践であり，他者との出会いと対話は社会的政治的な対話の実践であり，自己との出会いと対話は実存的倫理的な対話の実践である。学びはこの「世界づくり」と「仲間づくり」と「自分づくり」の３つの対話的実践の統合である。

　「学びの対話的実践の三位一体論」では，「質の高い学び」をこの３つの対話的実践に即して吟味することになる。つまり，「世界づくり」においては，その学びが対象性によって新しい現実の世界を開示しているかどうか，その学んだ知識が他の知識と有意味な関係を生み出しているかどうか，が問われている。「仲間づくり」では，その学びが教室の仲間や教師との新たな関係を構成しているかどうか，その関わりが新しい学びの可能性を開いているかどうかを見ていく必要がある。そして「自分づくり」では，その学びが学習者一人ひとりの反省的思考を促進し，自己との対話を通して探究的な学びとして結実しているかどうかを洞察しなくてはならない。「質の高い学び」とは，これらすべての充足度が高い学びである。[*6] 授業場面における子どもの行為や発言に対する教師の応答は，認知的・文化的な次元である「世界づくり」への応答だけでなく，「仲間づくり」「自分づくり」をも含む三相の複合体として行われている。[*7]

＊３　佐藤（1995）は，両者の「学習」の理論から，学びを人と人との関係において成立する社会的実践として再定義している。佐藤が注目するのは，デューイにおける「学習」が自分自身と環境の関係を構成するだけでなく，その意味の構成を通して人と人の社会的関係と共同体的関係も構成する概念である点である。また佐藤はヴィゴツキーの「発達の最近接領域」を，子どもが一人で問題を解決できる発達のレベルと，その問題解決の過程に教師や仲間の援助が介在したときに達成される発達のレベルとの間に存在する，「発達の可能性」の領域とし，この領域が教室の人間関係や社会的文脈の構成によって伸縮し，学習を援助する手立てによっても変化するものであると述べている。
　　佐藤学「学びの対話的実践へ」佐伯胖・藤田英典・佐藤学（編）『学びへの誘い』東京大学出版会，1995年，49-91頁。
＊４　佐藤学『学びの共同体の創造──探究と協同へ』小学館，2021年。
＊５　佐藤学（編）『教室という場所』国土社，1995年。
＊６　佐藤学『学び合う教室・育ち合う学校──学びの共同体の改革』小学館，2015年。

　次節以降では，学びの共同体の実践の事例において，子どもたちが対象世界との出会いと対話の過程で仲間とも新たに出会い，対話し，仲間との学びが自分自身の探究へと結びついていく様子を示し，子どもたちの3つの出会いと対話を支える教師の姿も示していく。^{＊8}

3 ｜ 協同的な学びのデザインから生まれる学びとは

（1）協同的な学びをデザインする：5年生の体育「マット運動」

　学びの共同体における授業づくりにおいては，「質の高い学び」を実現するための要件として「真正の学び」「聴き合う関係」「ジャンプのある学び」の3つが明示されている。「真正の学びであること」は，教科の本質に即した学びであると同時に，その学びが活動主体の内面において真実性を獲得する学びであることを指している。また学びは「他者の声を聴く」ことを出発点としていることから，「聴き合う関係」をつくることが，学びの共同体における教室の子どもたちの関係の基盤となる。「ジャンプのある学び」は，ヴィゴツキーの発達の最近接領域の理論を参照して，学習者が1人で達成できるレベルではなく，その学習者が仲間との協働や教師の援助のもとで達成できるレベルに学びの課題を設定することである。^{＊9}以下では，このような授業デザインの具体と子どもたちの協同的な学びの特徴を東北地方A市のB小学校の体育の授業で見てみよう。

　A市では，子どもたちの豊かな学び合いの実現を目指し，2006年から「学びの共同体」を基盤とした「学び合い」の授業づくりと学校づくりの取組みがはじまった。市内の1つの小学校をパイロットスクール（拠点校）としてはじま

＊7　村瀬公胤「教師の即興性と実践的知識」秋田喜代美（編著）『授業研究と談話分析』
　　　放送大学教育振興会，2006年，187-189頁。
＊8　教師が教室の社会的な関係を編み直す実践については，以下を参照。
　　　金田裕子「教室における『参加』を問い直す」『宮城教育大学教職大学院紀要』第3
　　　号，2022年，33-42頁。
＊9　前掲書（＊2）。

った取組みは，現在は教育委員会，パイロットスクールの小学校・中学校の校長，市内各校の研修主任の先生方によって目指す学びの方向性を全市で確認し，各学校はこの方向性を共有しつつ，自校の実態や課題に合わせた授業づくりと研修を行っている。

　B小学校でも，学年の教師たちが協同で授業をデザインし，実践を見合い，丁寧に記録し，子どもたちの学びを振り返る授業研究会を定期的に行っている。この日の授業研究会の授業は5年生体育の「マット運動」の授業であった。前半の目標は「できるようになった技を"美しく"見せよう」である。子どもたちが取り組む技は，これまでに習った「側転」「ロンダート」「開脚前転」「開脚後転」「とび前転」「伸膝後転」の6つである。お互いに見合うためのポイントを先生が確認した後，子どもたちは12分ほど，4人のグループに分かれて，6つの技を見合っていた。後半は「難しい技に挑戦してみよう」という目標で，子どもたちは自分のやりたい技を選び，同じ技で3〜4人のグループを再編して取り組んでいた。後半の技を選ぶ際には，この6つに加えて「普通の前転・後転」も「練習したいな」という人のために提示している。子どもたちは15分ほどグループでそれぞれの選んだ技に取り組んだあと，グループで取組みの振り返りを書き，最後は全員集まって，気づいた点や気をつけた点について何人かのコメントを聞いていた。

　グループの仲間の学び合いを充実させるための教師たちの工夫から協同的な学びの意味とそれを支援する教師の役割について，多くを学ぶことができる。1つ目は，授業の前半・後半の2つの課題が，どちらも幅をもちながらも一人ひとりが「卓越性」を追求できる構造である点だ。1つ目の課題は，その技が「できる」こと以上の「質（美しさ）」を求めている。しかし子どもたちは必ずしも習った6つの技を習得しているわけではない。子どもたちが「美しく見せる」という高いレベルを目指すプロセスのなかに，技ができていくこと自体も含まれているという構造だ。後半の「難しい技に挑戦しよう」という課題も，一人ひとりにとって「難しい技」は異なっており，子どもたちが自分にとっての挑戦を設定できるようになっている。実際，先生は「前転」「後転」という基本についても取り組めることを子どもたちに知らせている。

図9‑1　学び合うための道具と環境づくり
出所：B小学校授業研究会記録動画より。

　2つ目は，子どもたちが自分たちで学び合うための道具と環境づくりが充実していることである。学年部の先生たちは事前に6つの技の動画を厳選してYouTubeにあげ，子どもたちはそれをいつでも見ることができる。本時も動画視聴用のタブレットが用意されているため，いつでも確認できる。グループには1台の試技撮影用タブレットの他にも，見る人が適切な観察場所を決めるフラフープ，さらに手をつく場所や方向などを考えたり意識したりできるように目線・手型・足型のカードも準備されていた（図9‑1）。これらの道具は，子どもたちが自分の見たものを共有し，考え合うための媒体となっていた。

　3つ目は，友だちの技を「見る側」への支援である。動きの連続写真のシートは，子どもたちが互いに学び合う関係をサポートしていた。技の連続写真に番号を振ったシートは，技を見てもらう人が事前に「ここを見て」と指さすことができ，見る側である「アドバイスチーム」はそのシートと比べながら見て，「試技をする人が見てもらいたいポイントについて，しっかりアドバイスすること」を支援するものである。

（2）互いに信頼し合う子どもたちの学び

　子どもたちは，授業の半分以上の時間，グループで学び合いを行っていたことになる。その過程で教師たちの準備した支援は，子どもたちがグループ内での視点の共有を可能にし，試技を行う側と見る側の子どもたちが自分たちの課題を見つけ出して互いに検討し合う関係を生み出していた。子どもたちは，男女の隔てなく，互いに関わり合い，助け合って技に挑戦していた。各グループは，それぞれに異なる仲間関係と個性的な学びの過程を展開している。以下では2つのグループの学び合う姿から考察してみよう。

① グループ1：道具を媒介に支え合って挑戦する

　グループ1の4人は，男子3名，女子1名である。教師たちの準備したさまざまな道具と場所を実に上手に使って，お互いの技の改善を支援し合っていた。じゃんけんで試技の順番を決めると，すぐにタブレットで撮影する係，目で見る係，シートと比べて見る係が位置についた。カードで指摘してほしいポイントを一緒に見たり，撮影の準備ができたか声を掛け合ったりして，それぞれが試したい技をまずはやってみる。最初のCくんは開脚前転に挑戦だ。しかし，最後に起き上がれず，尻餅をついてしまい，がっかりしたようにそのままマットにごろんと横になってしまった。ところが，Dくんが「見よう！」とタブレットを持って駆け寄ってくると，パッと表情を明るくし，すぐに起き上がり画面をのぞき込む。そこへEくんとFさんも素早く合流した。あっという間に4人は頭を寄せ合って動画を確認しはじめた。タブレットの操作は，実にスムーズだ。Dくんはコマ送りをするように，指でゆっくり動画を動かしていく。「最後，押すところが」「力が」と他の2人も映像に合わせて気づいたことをつぶやいている。Dくんは「ここで体重を前にかけないと」と分析する。「うんうん」と聞いているCくん。

　その後は3人が順に伸膝後転を行った。1人が終わるとすぐに4人はタブレットを囲んで動画を見直している。Eくんの試技後には「着地がちゃんとできてる！」と感嘆したり，スムーズに行ったFさんの映像を「おー，かっこいいね」と言いながら見直したりと，4人はお互いの技を分析しながら，鑑賞し合っている。

　さて最後に再びＣくんの番である。
Ｆさんに「何やるの？」と問われる
と「開脚前転の，立つところをちゃ
んと……」と伝えてマットの前に立
つ。Ｃくんは，「撮って，行くよー」
と三方の仲間に目線を送ってからは
じめた。先ほど横から撮影したＤく
んに代わり，今度はＥくんが位置を

図９‐２　動画を確認し合う
出所：Ｂ小学校授業研究会記録動画より。

変えてＣくんの正面でタブレットを構えている。Ｆさんは，フラフープのなか
で，連続写真を手にＣくんの試技を待っている。

　集中して，回転！

　最後にやっぱり立ち上がることができず尻餅をついてしまった。ところが今
度は，その場で何度も手をつき直してみたり開脚ではない前転をやってみたり
と，手をつく場面を試行錯誤している。駆け寄ったＤくんも一緒に，「ここを
縮めて，押すの」と手をつく動作を再現する。そこに，Ｅくんから「まずＣく
んの動画見ようよ！」と声がかかると，また４人がタブレットのもとに集合す
る。みんなＣくんの開脚前転を自分のことのように真剣に考え合っている（図
９‐２）。

　この時は，Ｃくんの開脚前転の成功までには至らなかった。しかし最初の失
敗で寝っ転がってしまったＣくんが，すぐに起き上がったのも頷ける。改善点
を仲間と考え合うことで，「失敗」は負の感情と結びつかず，取り組みたい次
の課題を生み出すものとなるのだ。

② グループ２：「できた！」の謎

　グループ２は，男子２名，女子２名の４人グループだ。このグループでは，
子どもたちはタブレットを使わず，互いの迷いや考えを聴いたり，最初の構え
を見合ったりして側転を何とか形にしようと奮闘していた。

　マットに集まったＧさんたち４人は，６つの技のうち，前転や後転を確認し
た後，側転をやってみようということになる。問題は，どのように手をつくの
か，だ。Ｈさんが「ロンダートかな，どっちかわからないけど，こうやって」

とマットに正対して手をつく動作をする。Ｇさんは「ちがうよ，こうだよ」と横向きで側転の構えだ。そこにＩくんが「こうでしょ！」と手形と足形を真横にマットに置いて示す（図9‐1参照）。Ｊくんもｉくの置いた手形と目形の位置を動かしながら，試行錯誤している。そうして4人で何度も置き直してみる。最終的には，手形，目形のカードをちょっと斜めに置いて，「この人と目が合えばいいんだよ」と最初の手をつく位置のイメージを確かめ合った。Ｇさんがマットの前で構え，足を前後に開いて何度も勢いをつけているが，真正面に体を向けて両手をあげたままマットに手をつくことができずにいる。やっとゆっくりと手をついてみるものの，勢いがないために感覚がつかめない様子だ。その様子を見守っていたＩくんが「ゆっくりすぎるのかな」とつぶやき，隣のＨさんも手の動きをやってみながら，「わーって！」と勢いをつけることを提案する。そんな時，マットの横で試したＩくんが，「できた！」と叫んだ。すぐにＧさんが「まじで？　やって！」と応答して，3人が注目するなか，Ｉくんはもう一度側転をする。

　バタン！

　見た目には，足は高くあがっておらず，「できた」とは言えないようだった。ＧさんとＨさんたちは黙ってマットに向き直った。やはり，あまり参考にならなかったのだろうか？　いや，そうではなかった。2人はＩくんのたったいまの側転について，あげた手の向きがどうなっていたのかを2人で振り返りはじめた。するとそこへＩくんが「やりたい！　やらせて！」とやってきた。今度はマットで挑戦だ。3人が見守るなか，「バタン」。またもやＩくんの足は低い軌道を描いた。これは，できていないのではないか？　ところが，ＧさんとＨさんは「できてる！　できてる！」と同時に手をたたいて賞賛した。いったいどこが「できて」いるのか，観察者にはすぐには合点がいかない。しかし映像を見直してみると，全体ではできていないように見えたＩくんの側転は，実は手のつき方という点では，最初に4人で試行錯誤した角度でつくことができており，本当に「できて」いたのだった。

　なぜ，2人はこのＩくんの側転から即座に学ぶことができたのだろうか。1つには，この4人が共に「どのように手をつくのか」という焦点化された課題

に苦心して取り組んでいたという点だ。しかし，もう1つの理由があったのではないか。それはIくんが発した「できた！」という確信に満ちた言葉への信頼だろう。Iくんは，確かに何かつかんだに違いない。そしてそれは，自分たちが共に追求している「手のつき方」に関係しているはずだ。その信頼と焦点化した視線が，Iくんの「できた」に表現されていた発見を瞬時につかむことを可能にしているようだった。

　ここまで，2つのグループの子どもたちの学びを示してきた。教師たちの取組みを通して，B小学校の子どもたちの多くが仲間と学び合うことの意味を実感してきたのではないか。校長先生から紹介された2019年度の卒業文集には，多くの卒業生たちが5年生からはじまった「学び合い」をとても印象深く，また自分に意義ある学びをもたらしたものとして記していた。ある子どもは「友達の考えを知り，自分の意見を伝える。学び合いは，納得して，進むことができた。道徳の時間に聴く友達の考えは，まるで頭のなかにウェビングが広がる[*10]かのようになっていった」と複数の友達の考えが自分のなかで相互に関連づいて納得を形づくっていく様子を記していた。またある子は，「本当の学びや真の学びは毎日の学校生活。学び合いは，人と人の関わりの大切さを教えてくれた。国語では，みんなの個性が見られる言葉がたくさん出て，それを納得することができた」と学び合いの過程で他者のその人らしさを味わい仲間関係を深めていく様子を記している。子どもたちにとって学び合いは，知識の構築の過程で，友達と「考え」でつながっていく感覚や，友達の表現に個性を感じたり共感したり味わったりして互いに信頼し合っていく経験だったのだ。

4 ｜ 教室の社会的な関係を編み直す教師 －信頼の譲渡

（1）対話の過程で関係を編み直す：リヴォイシング
　先述した子どもたちの学び合う関係がどのグループにも生まれるには，教師

---

*10　ウェビングについては，本書第6章の図6-4（138頁）参照。

がグループの仲間たちのやり取りを注意深く支援したり，全体の場のやり取り
で一人ひとりの考えや疑問に耳を傾ける関係を支援したりすることが重要にな
る。なぜなら教室は「常に一定の密度で権力と権威の関係を織り込み生成し機
能させている政治空間」であり，子どもたちの間にはさまざまな力関係が形成
されている。教師は学習過程においてそうした子どもたちの社会的な関係を
「多様な個性の共存と民主的な連帯」へと編み直しているのだ。その社会的な
関係の編み直しには，信頼と尊敬の政治学こそが最も難しく最も重要な政治学
であるという。教師がどの子に対しても「この子はおもしろい」「この子はす
ごい」というまなざしを注ぐことが，すべての子どもの尊厳を尊重する一歩を
準備することになる。

　教室の社会的な関係を，他者の尊厳を重視し信頼を置く関係へと編み直す実
践の中心は，「聴くこと」にある。多様な立場の考えを表明し，それらを聴き
合いながら行う議論が，異なる視点，考え方を考慮しながら自分の考えを構成
し，表現していくという民主的な言葉の獲得を支えることが指摘されている。
授業において教師が子どもの発言を復唱する機能に着目した「リヴォイシン
グ」（revoicing）に関するオコナー（O'Connor, M. C.）らの研究は，「聴くこと」
を通して他者との関係を編み直す教師の政治的実践を読み解く鍵になる概念で
ある。リヴォイシングとは，議論のなかで他の参加者が行う，ある生徒の発言
のある種の再発話（口頭もしくは書き言葉）を指している。オコナーらが挙げ
ているリヴォイシングの機能は，3点ある。1つ目は，「○○のところについ

＊11　佐藤学「教室という政治空間――権力関係の編み直しへ」森田尚人・藤田英典・黒崎
　　　勲・片桐芳雄・佐藤学（編）『教育のなかの政治（教育学年報3）』世織書房，1994年，
　　　3-30頁。
＊12　佐藤学『学びの共同体の挑戦――改革の現在』小学館，2018年。
＊13　浅井幸子「コロナ下における学びの保障――リスニング・ペダゴジーの観点から」日
　　　本教育方法学会（編）『パンデミック禍の学びと教育実践――学校の困難と変容を検討
　　　する』図書文化社，2021年，50-63頁。
＊14　一柳智紀「教室のコミュニケーションから見る授業改革」佐藤学ほか（編）『学びと
　　　カリキュラム』岩波書店，2017年，43-69頁。
＊15　O'Connor, M. C., & Michaels, S. (1996). Shifting participant frameworks. In D.
　　　Hicks (Ed.), *Discourse, learning, and schooling.* Cambridge University Press.

て話してくれましたね」などと生徒の発話を学習課題と関連づけて用いることである。2つ目は，「□□さんの考えは先ほどの●●さんと反対ですね」などと生徒同士の発言を議論のなかに位置づけることである。3つ目は，「□□さんが言いたかったのは△△ということ？」などと教師による生徒の発言の言い換えに対して本人が賛同するかどうか，評価する権利を与えることである。オコナーらは，この3つ目の機能を発話の創案者として生徒への「信頼の譲渡（credit granting）」が行われていると捉えている。リヴォイシングに着目して教室における「聴くこと」の意味を分析した一柳（2012）[*16]は，この機能を「発言が誰のものであるかを明確にし，『著者性』を維持する」ものと捉えている。「著者性（authorship）」とは，認識し表現する個人の個性的なオリジナリティを尊重する精神である[*17]。生徒と教師の関係は，「信頼の譲渡」の機能を通じて，ある意見の考案者と，その発話の意味を推論する人という関係として編み直されるのである。

　リヴォイシングは3つの機能を複雑に発揮して，教師と生徒の間だけでなく，生徒同士の間の関係も創ったり編み直したりしている。さまざまな生徒たちの発言のなかから，ある生徒の発言を学習課題と関連づけてリヴォイスすることは，同時にその生徒に教師や教科書から生まれる知的権威（intellectual authority）を与えることでもある。教師が誰のどんな発言を価値づけるかによって，生徒同士が知的権威のもとに序列化される可能性もある。一方で，教師によって「信頼の譲渡」が丁寧に行われ，より詳細に一人ひとりの考えを「聴く」やり取りが行われることで，生徒同士も相互に「著者」として考えを聴き合う対等な関係が生まれる可能性もある。

（2）教師のリヴォイシングに見る信頼の譲渡

　リヴォイシングによる「信頼の譲渡」は具体的にどのようなやり取りであり，教師と子ども，子ども同士にどんな関係を生み出すのか。関西地方のP市Q

＊16　一柳智紀『授業における児童の聴くという行為に関する研究——バフチンの対話論に基づく検討』風間書房，2012年。

＊17　前掲書（＊11）。

【問題①】

体積を求めましょう。

【問題②】

高さ15cmの容器に水を入れました。水面は底から12cmのところになりました。この容器を上下逆さまにひっくり返したとき，水面は下から何cmのところになりますか。

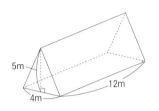

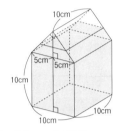

図9‑3 「共有の課題」と「ジャンプの課題」

出所：Q小学校授業研究会資料より。

小学校での実践を例に考えてみよう。授業は6年生の体積の学習であり，単元目標は「柱体（角柱・円柱）の体積の求め方を考え，用いることができる」であった。課題は「共有の課題（問題①）」と「ジャンプの課題（問題②）」で構成され，つねに子どもたちが4人グループで聴き合いながら解き進めることが中心となっていた（図9‑3参照）。時折全体の場で教師が課題に取り組んでいて困ったことを聴いて，聴き手の子どもたちと共に「何を困っていて，この先どうしていけそうか」を考えていく。全体の場で先生がつねに訊くのが「『困った人』がどこで困っているのか」という点であることが特徴的だ。

　子どもたちは最初の7分ほどで問題①を解き，全体で確認すると，問題②へと入っていった。グループの時間，子どもたちは一人ひとりが活動主体となって問題と向き合っている。子どもたちは4人のグループ体形ではあるが，1人で取り組んだり，困ったときにはグループの仲間に訊いたり，仲間の疑問を聴いたりしている。隣や向かいで同じように問題に向き合っている仲間がいる安心感のなかで，一人ひとりの個性的な探究が可能となっているようだ。

　問題②の課題は，角柱の高さや底面を探したり，複合的な立体を分解して捉えたり，図形をひっくり返したりと，さまざまな思考が求められる。問題②に取りかかって7分ほど経ったころ，先生が「グループで聴き合ってみて，困っ

た人，いないですか？」と呼びかけると，Hくんが手を挙げた。以下の事例で
示した全体の時間では，このHくんの「困ったこと」を発端に互いのわからな
さを出し合ったり，それに対する考えを聴き合ったりするなかで，「私と私た
ち」にとっての本当に探究したい課題が生まれる。その際のやり取りに，教師
がより丁寧に一人ひとりの考えを聴くリヴォイシングが埋め込まれている様子
を見ていこう。

事例　困った人，いないですか？

T：グループで聴き合ってみて，困った人，いないですか？（Hくんが手を挙げ
　　る）じゃあ，Hくんどう？

H：ほとんど全体的にわからないんだけど，四角形のところを求めたりもした
　　けど，それを何に使うかもわからないし，お手上げ状態。

T：なるほど，Hくん，いまどういうふうに考えているか教えてくれる？

H：（前に出てホワイトボードに書きながら）ほんとに何となくだけど，ここの立
　　方体の式で（10×10×10＝1000と書く），ここの体積求めたりとか，ここの
　　三角形のこんな感じ（10×5÷2×10）でやったりした。

T：で，こっからどうしようかなって思ってるの？

H：（自分の席に戻りながら頷く）

T：ちょっと，いまHくんが書いてくれた2つの式のことがよくわからないと
　　いう人いますか？（Mさんが手を挙げる）Mさん，どう？

M：2×10って，どういうこと？

　　（あちこちから，「2×10？」「ああ」という声が聞こえる）

T：（Mさんに向けてにっこりして）2つ目の式のこと？　じゃあ，ちょっと，2
　　つ目の式Hくん何していたのか，話し合ってみてくれる？

（子どもたちは，グループで話し合っている。）

T：Mさん，グループで聴き合ってみてどうだった？

M：えっと，三角形と四角形に分けて，なんか下のやつ（式）は三角形の，求め
　　方を式にしてるの。

T：あ，下の式は，三角形の求め方を使ってるんだよっていうことですか？

M：うん。

T：皆，そういうこと？

（頷く子どもたち）

T：Hくんがしたこと，いい？　H くんは，ここからどうしたい？

H：ここのでっかい方の三角形求めた。小さい方の三角形も，やったらできる
　　のかなと思ったんだけど，底辺がわからないから，そこでちょっと悩んで
　　るかな。

T：（小さい三角形の底辺にあたるところに赤を描き入れる）H くんは，ここの長さ
　　を求めたいと思っていたってことですか？　（H くんが頷く）うーん。同じこ
　　と思っていた人いますか？　（複数の子どもたちが手を挙げる）あーあ。じゃ
　　あ，ここの長さを考えたら，手掛かりになりそうかな。（子どもたち，頷く）
　　うん，じゃちょっと，H くんここの長さ知りたいなって言っているし，こ
　　この長さどうなるか，グループで聴き合ってみて，どうぞ。

　「事例」の下線部（＿＿）にあるように，先生の問いかけは一人ひとりの
「困ったこと」や「わからない」ことに向けられている。その問いかけに応え
た子どもたちへの丁寧な確認のリヴォイシング（＝＝）は，つねに「あなた
がどう感じたのか」「あなたがどうしたかった（したい）のか」という倫理的
次元への確認でもある。その問い返しを通じて，H くんは「お手上げ状態」か
ら，次に考えたい課題を他の子どもたちと共有するところまで，自分の思考の
プロセスを明確化していった。

　さらに先生の「で，こっからどうしようかなって思ってるの？」と「H くん
がしたこと，いい？　H くんは，ここからどうしたい？」という H くんへの問
いかけの間には，H くんがどう考えていたのかを他の子どもたちが考え合うや
り取りが挟み込まれている。ここでは先生が「H くんが書いてくれた 2 つの式
のことがよくわからないという人いますか？」と聴き手に問いかけ，「H くん
何していたのか，話し合ってみてくれる？」と提案している。教師によるリヴ
ォイシングの形はとっていないが，他の子どもたちが H くんの考えがどのよう
であったのか聴いて互いに表現し合うという，協同的に聴く行為を生み出して
いる。先生は子ども同士のやり取りを仲介することで，子ども同士がお互いの
考えを尊重して意味を考え合う関係を支援しているのだ。

　事例のやり取りでは，子どもたちは教師のリヴォイシングに対して，頷くな

どの様子で肯定を示す応答しているが，子どもたちがリヴォイシングに訂正や修正を行う場合もある。事例の後の場面で先生が行ったMさんへのリヴォイシングでは，Mさんが「そうではない」と応答する場面があった。それはMさんの疑問に応えて同じグループのSくんが一緒に考えた途中経過をホワイトボードに書いて説明したときであった。先生がSくんの書いた途中経過を受けて「じゃ，Mさんはこっからどうしようって思ってるってことですか？」とその後にどうするのか迷っているのか確認した。すると，Mさんはゆっくり手元のメモを見てから「そこじゃない」と答えたため，Sくんが慌ててMさんとグループのメンバーと確認し合い，もう少し先まで解いた経過を書きに行ったのだった。先生の丁寧なMさんへのリヴォイシング，それに導かれた仲間の慎重なMさんへのリヴォイシングによって，Mさんが自分のペースでゆっくりと話し，率直にわからないことや自分の考えを伝えられる場が生み出されている。このようなHくん，Mさんと先生のやり取りからは，リヴォイシングによる「信頼の譲渡」が著者性を維持する，あるいは著者性を立ち上がらせる機能を果たしていることが見えてくる。

　Hくん，Mさん，聴き手という多方向への教師のリヴォイシングは，子どもたちの間に互いに聴き合う重層的な関係をつくり出している。重層的なリヴォイシングが行われている全体の時間では，互いのわからなさを出し合ったり，それに対する考えを聴き合ったりするなかで，「私と私たち」にとっての本当に探究したい「小さい三角形の底辺を求める」課題が生まれていた（〰〰）。同時に先生は，「Hくんここの長さ知りたいなって言っているし」と再びそれがHくんの知りたいことであることに言及する。その課題は，認知的な面で他の子どもたちにとっても重要な課題であるだけでなく，課題を通して仲間の探究の世界が他の子どもたちに聴かれるということであり，共に探究することを通してお互いに相手の視点や考えといった探究の世界を味わうことでもあるのだ。[18]

＊18　本事例については，以下において，多元的に「聴く」教師の実践としても分析している。金田裕子「教室における聴くことを基盤とした参加構造の形成」『宮城教育大学紀要』第57巻，2022年，27-39頁。

5 仲間に聴かれ，大切にされる一人ひとりの尊厳と個性
 － 倫理的実践への編み直し

　聴き合う関係を基盤にした協同的な学びでは，子どもたちが互いの存在を気にかけ，互いの考えのすごさやおもしろさから学んでいる。石井（2017）[19]は，ある研究授業で参観した3年生の樋口学級の算数「三角形と角」におけるグループの学びを「すべての子どもが分からなさを出し，すべての子どもが互いの考えを聴き合って，ともに探究する」学び合いであり，「子どもたちは自分たちのグループの誰のどんな考えをも知ろうとする」と表現している。またそのなかで，樋口学級における「かずしという子どもと彼のグループ」について記述している。このグループでは，授業で子どもたちが協働で発見した「大きさの異なる正三角形で区切ることで13個に分けることができる」という考え方の伏線になるようなことに，かずしが気づいていた。しかしかずしの考えや試し描きが授業の表舞台に出ることはなかった。そのためその事実は1つのグループのなかでひっそり生まれた小さな出来事であり，石井はそれをかずしの横で見ていた校長を通して知ることになった。

　ところが，かずしのグループの子どもたちの「振り返り」を見ると，かずしの考えがグループの仲間にしっかりと受け止められ，互恵的に学んでいることが見えてきた。なぎさは，はじめは「まさか〜」と思ったけれど参考になったと記していた。やすみは，かずしの考えだけでなく，粘り強い取組みの様子にも「すごいな」と感心していた。こうした小さな出来事が教室のあちらこちらで降り積もっていくような子どもたちの学びの履歴が，協同的な学びのもう1つの真価なのではないか。

　子ども同士が互恵的に学び合う関係を生み出しているのは，子どもの尊厳を守り，子どもが発した言葉を信頼する教師の関わりである。「子どもが生きる授業」をつくることを追求してきた石井（1999）[20]は，「授業のなかの子どもを

＊19　石井順治「『学び合う学び』を深める　聴き合い，支え合い」石井順治・小畑公志郎・佐藤雅彰（編）『授業づくりで子どもが伸びる，教師が育つ，学校が変わる ──「授業づくり・学校づくりセミナー」における「協同的学び」の実践』明石書店，2017年。

守り，生かす」ことの重要性を説いている。石井はある研究授業の助言者とし
て参観した授業で，担任が「自分の想いを人前に出せず黙り込んでしまったり
する」と記したCさんと，「学校でほとんど声を出すことがなく，動作も遅い」
と記したFさんがその日の授業で発言する場面を目にした。特にFさんは校長
先生が「話す声をはじめて聞いた」というほどであり，この2人が自らの考え
をたどたどしくも表現したこの場面は，大変稀な機会であったと考えられる。
石井は，「こういう時は，どんなことをしてでも彼女の発言を生かさなければ
いけません」と述べる。その生かし方も内容に関係なくただ頑張って発言でき
たというお情けのようなものではなく「彼女の考えの良さを正面から受け止め
て生かす」必要があると助言している。実際石井は，2人の考えのなかにある
素晴らしさをその授業の課題と関連づけて提示していた。しかし授業場面での
2人の考えは，発言力のある3人の男の子たちから「問題と合っていない」
「そんなことは課題に関係ないからおかしな意見だ」と反論されてしまう。2
人は反論することもできず黙ってしまったが，担任はそのままにして別な話題
に移行してしまう。担任には「自分の考えをきちんと言える強さを身につけて
ほしい」という願いがあった。しかし，そのような担任の願いが実現するには，
まず教師が彼女たちの発言を「子どものなかに生まれているものをもっと見る
ようにして」聴き，学びの文脈でしっかりと意味づけていくように関わること
が決定的に重要になるという。

　石井は，どの子の発言や考えも意味あるものとして受け止め学びの文脈に位
置づけるためにも，教材研究を深めなければならないという。石井の主張は，
子どもへの応答を認知的な次元での価値づけからはじめるのではなく，その子
の尊厳を守ることを起点として学びの文脈と価値を創造していく道筋を示して
いる。このような石井の言動には，子どもの尊厳を守り，さらに著者として個
性的な考えや表現を生み出してくれることへの信頼が読みとれる。

　学びの共同体の教室で機能している倫理的規範として，「尊厳（dignity）」
「信頼（trust）」「互恵（reciprocity）」「共同（community）」の4つが，際立った

＊20　石井順治『授業づくりをささえる──指導主事として校長として』評論社，1999年。

特徴であるという。「尊厳」は，子ども一人ひとりの個人としての尊厳を重視することである。「信頼」は，聴き合う関係と学び合う関係の根底にある倫理的規範である。子どもたちを信頼する教師のもとで，教師の信頼を受けて子ども同士も信頼し合い，その複合的な信頼関係に支えられて，子どもたちは学びに没頭する。「互恵」は，協同によって生まれる豊かな価値と幸福を享受し合う関係を指している。「共同」は，誰ひとりとして1人になっていない共同性を示している。誰もが教室で受け入れられ安心して学び，誰もが教室に居場所をもつことが，学びの共同体の教室づくりの第一歩となる。[21]

　これまで見てきた事例における協同的な学びにも，この4つの倫理的規範が機能していた。本章で紹介してきた実践において，協同の学びは，個の学びを尊厳と信頼をもって支え，互いから豊かに学び合う場であった。その実現には，一人ひとりの学びの豊かさを丁寧に聴き，価値づけ，他の子どもたちとつないでいこうとする教師の関わりがあった。協同の学びの意味と在り方が問い直されているいまこそ，教室で生み出されている社会的・倫理的実践としての学びに着目していく必要があるだろう。

---

*21　前掲書（*12）。

第 **10** 章

協調学習とは何か

白水　始

　協調学習とは，人が他者との対話を通じて自らの理解を深める学びのことである。それは教室の児童生徒だけでなく，授業をデザインする先生や，先生方の学び合いを支える研究者・教育行政関係者・民間事業者すべての人に当てはまる。加えて，協調学習は1人で黙って学ぶよりも各自の考えが外に出されやすい。それをデータとして記録できれば，一人ひとりが理解をどう深めたか，全員にとってその場が学びがいのある場だったのかを吟味しやすくなる。しかし，そうしたデータが効率よく記録できず，プロセスが把握できない点に授業改善の難しさがある。もし「人はいかに学ぶのか」のプロセスが見えやすくなってくると，プロセスの質を向上させる次の「手」も打ちやすくなる。すなわち，人が互いに関わり合いながら自ら賢くなっていく社会をどうデザインすればよいかというソーシャルデザインの問題として教育を捉え，仮説を立てて実践から検証する持続的改善を可能にする。

　以下では，協調学習のねらいと概要，それが立脚する学習理論について，「知識構成型ジグソー法」という学習の型を題材にしながら解説し，今後に向けての可能性と課題について整理する。

1 ｜ 「協調学習」のねらいと概要

　本章では，協調学習とその実現手法としての「知識構成型ジグソー法」を解説する。そこで，この2つをはじめて結びつけて提案したCoREF（2011）の[*1]

研究では冒頭で次のように説明している。[*2]

　（協調学習で）目指しているのは，子どもたち１人ひとりが自分たちなり
のわかり方をつかみ，まだわかっていないのはどこかに自分で気づき，そ
の不足分を埋めて理解を深めながら次に知りたいことを自然に見つけて行
く学びである。さらに，子どもたちのそういう学びを支えながら，もう大
人になってしまっている私たち学習研究者，教えることのプロ，社会的実
践の中から知を生み出す社会人プロもまた，自分たちを高め学び続ける糧
になる学びである。

「協調学習」がその「協調」という響きからは意外なほど，「個人」のメタ認
知を重視していること，さらにそのプロセスが子どもだけでなく大人にも普遍
的に通用すると考えられていることがわかる。
　CoREF の報告書にはさらに次のような説明が書かれている。

　贅沢な目標に聞こえるが，人がうまく学んでいる場面を詳しく観察する
と，このようなプロセスが順を追って起きていることが多い。言い換える
と，人には，子どものころから，このようにして学んでいく認知的な能力
が潜在的に備わっている。この能力は，例えば，人が何かに気づき，その
気づきを意識的に他の人に説明しようとするような時，自然に発現される。
何か大事なことに気付いたという自覚があって少し考えの違う人と議論し
ようとする時などは，特にそうなる。この能力が発現すると，１人ひとり
に，自分なりの，自分しか持っていない，だからこそ次の学びにつながる
「わかり方」が育つ。このようにして起きる学習のことを「協調学習」と
呼ぶ。その意味で，「協調学習」は学習が起きる原理，構成概念の１つで

＊１　CoREF：2008年に発足した東京大学大学発教育支援コンソーシアムを母体とし，
　　2021年より一般社団法人教育環境デザイン研究所 CoREF プロジェクト推進部門として
　　活動している協調学習の授業づくり実践研究の支援機関。
＊２　CoREF「協調が生む学びの多様性（平成22年度活動報告書）」2011年。

198

あって，教育改革運動や特定の教育メソッドの名前ではない。

　協調学習が人の自然な学び方に立脚したものであること，だから特定の運動やメソッド（手法）を指すわけではないことが明示されている。それゆえ，「知識構成型ジグソー法」は，あくまで協調学習を実現するための枠組みであって多様で柔軟に運用できること，そして，協調学習を実現する手法が「知識構成型ジグソー法」だけというわけでもないということをまず確認しておきたい。

2 ｜ 協調学習の原理としての 2 つの相互作用理論

　協調学習が原理として立脚する「人の自然な学び方」は，2 つの相互作用の組み合わせとして考えるとわかりやすい。

　その 1 つが各個人にとっての「内外相互作用」である。人は生まれながらにしてもつ見方・考え方の基盤（言葉を話せる，数を把握できる，物の動きを予想できる，生物と無生物を見分けられる，心の存在を仮定できるなど）の上に，生まれ落ちた環境での経験を積み重ね，「スキーマ」と呼ばれる知識の枠組みを自らつくりあげる。この内的・認知的枠組みがあるからこそ，人は外界の情報を一貫した傾向で処理する（平易には，作家や作曲家が似た作品を創り続ける背後にある枠組みをイメージするとわかりやすい）。その一方で，人の問題の解き方や考え方などの認知過程は，その時その場にどのようなモノがあるか，どのような人がいるかという「外的リソース」の影響も受ける。それゆえ，人の認知過程はこの内的スキーマと外的リソースとの相互作用（インタラクション）として起きる。だからこそ，細かく見れば一人ひとりの認知過程は違うし，同じ人のなかでも外界の影響次第でその時々の認知過程は変わる。

　さて，このような特徴をもつ人が複数集まると，1 人のインタラクションの結果として生み出された言動が他の人にとってのリソースになるという「インタラクションのインタラクション」が生ずる。特に，誰も答えが完全にはわか

っていない問題を解こうとする場面では，それぞれの問題理解や解法がインタラクションする前に比べて深まりやすい。これが個人間に起きる相互作用，すなわち「建設的相互作用」である。[*3]

　こうした協調問題解決場面を観察すると，皆で心を一つにして問題を解こうとするのではなく，まずは問題に取り組み，解を提案・説明しようとする「手の早いタイプ」とそれを見守る「聞き手タイプ」に分かれることが多い。前者を課題遂行者，後者をモニターと呼ぶ。

　課題遂行者は自らのスキーマに従って問題を理解し，解を提案するので，モニターの考える問題理解や解と微妙に異なり，完全な同意や共感を得られないことが多い（その点で協調は基本的に面倒な過程である）。そうすると，課題遂行者は自らの説明や表現を振り返って，その欠けている部分や発展可能な部分を見出し改善しようとする。

　一方，モニターは自らのスキーマに従って問題理解や解法の模索を行っているうえに，課題遂行者の説明が外的リソースとして入ってくるため，それと突き合わせて考える必要に迫られる。しかし，モニターは「聞き手」に回っているため，少し余裕をもって外界の状況を眺められる。その余裕がいわば傍目八目として働いて，問題の新しい理解のしかたや，より適用範囲の広い解の提案につながりやすい。

　ここまで来ると，今度はモニター（聞き手）をやっていた人がその提案を場に提供しようとして課題遂行役（話し手）を買って出るという役割交代が起きる。すると，これまでの課題遂行者が今度はモニターに回って，相手の考えを外的リソースにして自らの考えを深め，少しだけ理解の適用範囲を拡げ，さらに役割交代を繰り返していく……という，互いにとっての建設的な相互作用が起きる。この過程は，個人間だけでなく，グループ間でも生ずる。[*4]

＊3　Shirouzu, H., Miyake, N., & Masukawa, H.（2002）. Cognitively active externalization for situated reflection. *Cognitive Science*, 26, 469-501.

＊4　齊藤萌木「説明モデルの精緻化を支える社会的建設的相互作用」『認知科学』第23巻第3号，2016年，201-220頁。

3 | 建設的相互作用を引き起こす「知識構成型ジグソー法」

　教室でも，課題遂行者が「こうじゃない？」「だから，こうなるよね」など
と提案したら，モニターが「だったら〜ってこと？」「でも，ここがさ」と応
える対話が起きてほしい。そのための型が「知識構成型ジグソー法」である。
それがどういうものか，教室での授業を例に説明しよう。

　この学習方法は全部で 5 ステップからなる。児童生徒は，①教師から提示さ
れた課題（メイン課題）について個人で考え，考えを書き出す（プレ記述），②
グループに分かれて，課題に対してよりよい答えを出すためのヒントになる知
識を 3 つ程度の資料などで分担して確認する（エキスパート活動），③異なる知
識を確認したメンバーが集まって新しいグループをつくり，課題解決に取り組
む（ジグソー活動），④各グループの答えをクラス全体で聞き合い，比較吟味す
る（クロストーク活動），⑤問いに対する答えを再度個人で書いてみる（ポスト
記述）。

　建設的相互作用を引き起こす工夫は，ステップ①で相互作用のための（誰も
答えが十分には出せない）課題を明示するところ，ステップ②から③で異なる
資料を分担した 1 人ずつが集まるために自分しか知らないヒントを説明し聞き
合うことで課題遂行者とモニターの役割を交代するところ，ステップ④で各グ
ループが課題遂行者となって発表し，他のグループがモニターとなるという役
割を交代するところ，ステップ①から⑤まで同じメイン課題に同じヒント群を
使って考えたはずなのにそれぞれ微妙に答えやその表現が異なり，それを外的
リソースとして理解を深め得るところにある。

　この学習活動を本書のテーマである「個別最適な学びと協働的な学び」に照
らせば，ステップ①の「個」からはじまりステップ⑤の「個」に戻る学びの間
に協働的な学びが入ることで，個の思考や理解の深まりを実感できる活動形態
になっているといえる。児童生徒が教室で課題をしっかり把握できれば，ステ
ップ②のエキスパート活動を家庭で個別的に行って，次時の冒頭に協働でエキ
スパート内容を確認し，ステップ③のジグソー活動に移行するという反転学習
的な取組みも可能である。実際，これに ICT を組み合わせた実践も多数なさ

れている。^{＊5}

　しかし，こうした学習活動のパターンだけに注目するのではなく，実際の対話を詳しく見てみると，より複雑な相互作用の実態が見えてくる。協働的な学びのなかに優れて個別的な学び（「最適な」とは言わないが間違いなくその児童生徒にとってはそうとしか学び得ない「個別的な」学び）のプロセスが観察できる。次に，「知識構成型ジグソー法」授業の紹介も兼ねて，協働のなかの個の学び（建設的相互作用における一人ひとりの内外相互作用）も含む対話例を見ていこう。

4 ｜ 「知識構成型ジグソー法」の実践例と子どもの対話

　まず短めの事例２つで授業における内外相互作用，建設的相互作用のイメージをつかんでいただき，その後長めの事例で個と協働の学びの関係を考えていただきたい。

（1）いつでも起きる内外相互作用：小学校理科授業を例に

　「知識構成型ジグソー法」の授業は明確に区切りのある５つの活動から成り立つが，子どもの学び自体はそれに従って明確に区切られるというものではない。授業の最初に書いた解答について，エキスパート活動時に「さっきなんて書いた？」と情報交換している姿や，ジグソー活動に移ってからエキスパート活動で分担した資料について「そういうことか！」とわかり直す発言は頻繁にある。むしろ，人の学び方から考えると，活動の変化に応じて，対話相手を変えながら，学びを深めていくと考えたほうが自然である。

　小学５年生の理科授業の一場面を例にとろう。子どもたちは各班で塩が溶け

＊5　白水始「対話で深い学びを創り出すオンライン授業」福村裕史・飯箸泰宏・後藤顕一（編）『すぐにできる！　双方向オンライン授業──Zoom, Teams, Google ソフトを活用して，質の高い講義と化学実験を実現』化学同人，2020年，1-6頁。
　　　飯窪真也・白水始・齊藤萌木「『理論模型』としての学習科学実践研究コミュニティ──部品的理論群の生成とネットワーキングを支えるデザイン社会実装研究」『認知科学』第28巻第３号，2021年，458-481頁。

て見えなくなる実験を体験したうえで，「食塩はなぜ水に溶けると目に見えなくなるのか」というメイン課題に最初の答えを書いた。その後，以下の 3 つの情報が示された 1 枚の資料を読んだ。

　　資料 A「ものが見えるのは光がものに反射して目に届くため」
　　資料 B「食塩は水に溶けるとばらばらになりとても小さな粒になる」
　　資料 C「溶けた食塩は水溶液全体に広がっていく（拡散作用）」

　この資料 C を担当していた班では，全体を通読した後で，1 人が「じゃけ，塩は消えたわけじゃないけーねー［※広島弁］」と言うと，別の子どもが「や，わからん。溶けてないってこと？」と聞いた。おそらく「目に見えないが消えてはいない」ということと「溶けている」ということを一緒に考えようとした途端，まとめが難しいことに気づいたのだろう。そこで 3 人がふと傍にあったビーカー（最初の実験に使ったもの）に目をやったところ，ガラス棒に気泡がついていたので，1 人が思わず「これ，塩？」と問い，3 人で「（そん）なわけないか」と笑った。最後に資料のワークシートの「わかったこと」という記述欄をまとめながら，「『とりあえずわかったこと』でいいんだよね？」と語り合っていた。

　こんなふうに子どもたちは，資料を読むだけに見えるエキスパート活動のなかでも「言葉」の世界を超えて，ビーカーのなかの気泡といった「モノ」の世界と行き来しながら理解を深め（子どもたちが「わかったこと」にコメントを書いて終わりにならないように互いに「つっこみ入れてな」と教示していた先生の言葉かけも理解の吟味を促した），その理解を「とりあえずわかったこと」としてジグソー活動へともち出す。子どもの学ぶ力というのは，このようにごく自然に周りにあるものや今日の課題，資料，先生の教示に応じて，それらを外的リソースとしてフル活用しながら，答えを探そうとする内外相互作用に現れる。

（2）学びを深める建設的相互作用：小学校算数授業を例に

　さらに低学年の小学 2 年生の算数授業を見てみよう。内容は，四角い箱が階

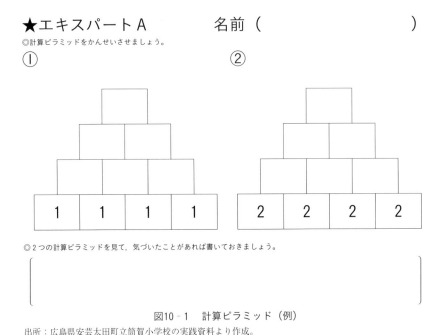

★エキスパートA　　　　　　　名前（　　　　　　　　　　）

◎計算ピラミッドをかんせいさせましょう。

① 　　　　　　　　　　　　②

◎2つの計算ピラミッドを見て，気づいたことがあれば書いておきましょう。

図10‐1　計算ピラミッド（例）

出所：広島県安芸太田町立筒賀小学校の実践資料より作成。

段状に積み重なった4段の「計算ピラミッド」を使って「一番下の4つのマス
に同じ数を入れると，上の数がいくつになるか」のきまりを見つけるものだっ
た。ある段の隣同士の数を足してすぐ上の段の箱に答えを書くワークシートが
共通で用いられた（最下段が2，2，2，2，であればその上が4，4，4，その上が8，8，
最上段が16となる：図10‐1）。

　エキスパート活動はそれぞれ最下段に2，3，4を入れて上の数を計算し
「気づき」を自由に書くものだった。どの児童も問題自体は解けていたが，気
づきのところに先生が期待したであろう「下の数の8倍になる」ではなく，
「いちばん上以外は横の数が同じ」と書く児童が多かった。子どもの認知過程
からすれば，1段目から順に隣同士の数を足して上の段に書いていったのだか
ら，2，3段目を飛ばして急に1段目と4段目の縦の関係性を言語化するより，
横に同じ数が並んでいるという「答えの見え」のほうに目がいくのは自然だろ
う。

1 ばん下の数	1	2	3	4	5	6
1 ばん上の数						

図10‐2　計算ピラミッドのまとめの表
出所：広島県安芸太田町立筒賀小学校の実践資料より作成。

　さて，ジグソー活動に移り，エキスパートの説明後，「一番上の数と一番下の数のきまりを見つけよう」という課題に活動は停滞するのだが，そのタイミングで先生の追加プリントとして下の数と上の数の掛け算の関係性を発見するための補助資料（図10‐2）が配られると，男児が飛びついて数字を入れ「8倍だ」と発言した。それに対して女児が「なんで？」と言いながら首をかしげた。まさに課題遂行者の解決や説明を見守るモニターが不理解を疑問として表明するモニタリングの典型である。しかもその建設的相互作用は，ランダムに起きるのではなく，子どもの認知過程から考えたときの「なんで？」，つまり，「上の数は下の数の8倍になっているけど，それはなぜそうなっているの？」というきまりの理由に関する疑問から生じた可能性がある。

　ここまで子どもたちが自分たちで理解を深め得るのであれば，「横の段に目が行く」という内外相互作用の力を，同じ数の加算から生ずる倍数関係という「縦の関係」の理解とその理由の探究に結びつけることで，既習（足し算）と未習（掛け算）を関係づけ，将来にわたって学び続ける（たとえば中学で学ぶ累乗の）基礎の授業とすることも可能である。このように協調学習には，子どもの学ぶプロセスが見えるだけに，その活かし方が授業者の教師にも見えやすくなる利点がある。

（3）協働のなかでの個の学び：中学校社会科授業を例に

　最後に個と協働の学びを検討するべく，2017年に行われた中学3年生社会科「第二次世界大戦と日本」という単元の授業を見てみよう。

授業は単元の6時間中5時間目であり，そのねらいは，国家が今昔を問わず，さまざまな手段で国民の戦意をコントロールしようとすることを理解し，「世界が戦争に近づいているのかどうか」について，生徒自身がニュースや新聞記事などの情報を主体的に咀嚼・判断する態度を形成するところにあった。

　メイン課題は「国は○○がなければ戦争をすることはできない」の○○にふさわしい言葉を考えるものであり，教師の期待する解答は「国民の戦意や協力的な世論」等のキーワードを含むものだった。資料はA「ミッドウェー海戦の戦果に関する虚飾だらけの当時の新聞報道」，B「ドイツ降伏後に連合国が日本にばらまいた厭戦ビラ（木から落ちる枯葉に東京，ベルリン，ローマと書いてあり，ビラを投下する外国人の写真もある）」，C「アメリカが自国民をあおるべく，地球儀のアメリカ大陸に日本人とドイツ人が襲い掛かる英語ポスター」だった。

　あるジグソー班4名の授業最初と最後の記述が次の表10‐1のとおりである（人数の関係で資料A担当が2名いる）。どの生徒も授業最初より最後に教師の期待に近い答えへと深まっている。すなわち，授業前は物質的資源が主で，たつお（仮名：以下同）の「命」を除いて人間的要素が入っていなかったのが，授業後は情報と国民の要素が入っている。その一方で，同じ班にいたメンバー間ですら，「情報が必要」だけにとどまるか，情報に影響された国民の心情や考えに踏み込むか，さらにそれを「考え方」「闘争心」「士気」「団結力」など，どう表現するかに違いが見られる。

　このようなグループ全体での授業のねらいに向けた理解の深まりと，そのなかでの個々のユニークな深まりがどのように起きたのか，ジグソー活動中の対話から見てみよう。

　　まなみ：（担当資料Aを説明し）「ミッドウェー海戦の結果についてどんな
　　　　　　印象を受けますか」で空母とか損害がひどかったから日本はボコ
　　　　　　ボコにされて……
　　ももこ：あぁー，そういうことね，実際の損害を新聞では盛ったってこと，
　　　　　　盛った？　盛って，少なくしたってこと
　　あ　き：あぁーなるほど，まだ勝っとるっていう

表10‐1　各生徒における授業前後の記述の変化

生徒	授業最初のプレ記述		授業最後のポスト記述
たつお (A)	命	生きていないと戦争ができないから。動くことすらできない。	考え方	○どのようにして国民の考え方を変えたらいいのかを考えて，なるべく国民の心配を軽減させないといけない。 ○どれだけ日本国民を安心させて，闘争心を出すかを考えないといけない。
まなみ (A)	食料	何日も戦争が続いてしまったら，食料が必要になると思うから。	情報	○情報がなければ，どこの国が戦争に勝ったのか，どこかの国が自国に攻め込んで来ることさえ分からないので，情報が当てはまる。 ○国民も↑と一緒で，情報がないと知ることもできない。
あき (B)	お金・資源・新兵器	資源がなくては武器は造れず，お金はもらえない。新兵器があるから対策が取りづらい。	情報と国民	A, B, Cの資料から，Aは日本の士気を上げようとした（ボロ負けなのに）。Cも同じようにアメリカの士気を上げようとした（独・日にロックオンされるから）。Bは，士気を下げようとしている。降伏しなさいと言っているようなものだから，意志操作している。
ももこ (C)	資源	軍兵器を造るためにも，食料を採るためにも石油や食料などの資源が必要。	国民の協力	現在の情報を国民に良い方向で伝える⇒国全体で敵を倒そうという団結力やモチベーションが上がる If 本当のことを話したら… ○自国で反乱が起こり，手が回らなくなる ○もしかしたら税金が納められないかもしれない。たとえ，情報があったとしても国民に言わなくてもよい。 →国民に伝えることで，国全体で協力することができる。

出所：広島県安芸太田町立加計中学校の実践資料より作成。

　まなみ：盛らんかったら，国民が混乱したり不安になったりするけぇ，その混乱とか不安を防ぐために

　たつお：え，盛ってなくね？　だって（新聞報道は）減っとるんだもん，こっち（日本の実際の損害）より少ないんだもん

　ももこ：あ，盛ったってそういう盛ったじゃなくて，少なくした，ってことの「盛った」でございます

　まなみが資料の説明を終える前から，聞き手のももこが先取りして日本の情報操作を「盛った」と表現した。モニターのほうが状況を大づかみにして抽象的に理解する典型である。ただし，「盛った」という表現が標準的ではないた

め，同じ資料A担当者のたつおが突っ込んでいる。

　次は少し飛んで，ももこが自らの担当資料Cを説明する場面である。

　　　ももこ：ドイツと日本がこのビラを貼って，見る人にアメリカは敵だって
　　　　　　　いうことを知らせて……　アメリカに対する敵意を軍人だけじゃ
　　　　　　　なく国民にも強まらせようと思ったのだと思います

　　　あ　き：これアメリカに貼ってあるんよね？

　　　ももこ：違う違う違う……　あー！

　　　あ　き：だって，アメリカが危険じゃろ？　わざわざこんな，危険でなん
　　　　　　　で2人（日本とドイツ）出てくるの？

　　　ももこ：そやね，そうかもしれん。じゃあそう考えたら，たぶん，アメリ
　　　　　　　カが反日と反ドの敵意を強くするために

　ももこが（資料が英語だったこともあり）取り違えていた内容を今度はあきが
モニターとなって，なぜポスターが英語なのか，どの国に貼られたのかも含め
て状況全体を客観視したことで，誤りを指摘した。

　ここでタイミングよく，授業者が教室全体に向けて「さぁ，ゴールを見失う
な」と声掛けし，ももこらのグループも課題解決に向かう。

　　　たつお：で，「なになになしでは戦争はできない」

　　　ももこ：こことここを考えたら……　その，国民関係よね？　ここ（C）は
　　　　　　　国民の対立する人への敵意をもっとむき出しにする感じで，ここ
　　　　　　　（A）もわざと（被害情報を）少なくして，国民が，自分らが勝っ
　　　　　　　てるようにやっとるじゃん？

　　　あ　き：そう思うとこれ（B）も国民じゃね？　大体は国民に（情報が）
　　　　　　　回るわけじゃん？

　　　ももこ：回るわけだけど，意味的にはこっちとこっちで分かれてない？
　　　　　　　これ（AとC）はなんかそのどっちかというとプラス的じゃん？
　　　　　　　こっち（B）はどうなんやろう？

あ　き：三国同盟の２つ（の葉）が落ちて連合国バーサス日本になります。
　　　　もう敗戦だー，あぁあって。国民が見るわけじゃけ。国民なしで
　　　　は戦争はできない

まなみ：うん

ももこ：まぁ，人手がないとね，資源があっても人がおらんとできんもん
　　　　ね

たつお：でも，この時代，国民が本当に戦争行きよったかわからんくね？

　戦争に必要なものとして「国民」という結論を見出しながらも，自国民の士気を上げる資料 A, C と敵国の士気を下げる B の腑分けを丁寧に行っている。そのなかで「そう思うと」「こっちは？」「〜だと」など相手の発言をリソースにしながら相互作用のなかで理解を深めていく。

　それと同時にこの短い対話のなかでも，4 人の違い，すなわち，あきとまなみは情報が国民にどう伝わる（回る）かに着目していること，ももこは自らがプレ記述で書いた「資源」という言葉に言及しながら，「国民の協力」の必要性を理解したこと，元々人の「命」の重要性を考慮していたたつおは情報が伝わっても国民の「考え方」まで変えられたのかの疑問を抱いたことが推察される。さらに，この微妙な違いが**表10‐1**に示した事後記述にもよく表れている。

　協調学習のなかで児童生徒は自然に役割を交代し，互いの言動をリソースとしながら，自らのスキーマに従って自分なりの理解を深めていく。「だったらこういうこと？」という思考の発展に「協働」が必須である一方で，「こういうこと？」と考える源泉は自分のなかにある。「個」の固有性もまた必須なのである。協働的な学びと個別的な学びは，分断された活動パターンとしてではなく，一人ひとりの学習プロセスにおいて分かちがたく結びつき，互恵的に双方を豊かにするものとイメージできるとよいのだろう。

5 │ 教育の未来のための協調学習

　本気で授業を変えたいのならば，子どもの学ぶプロセスに学んで，その質を向上させる営みとして授業を捉え直す必要がある。協調学習は，対話を通して子どもの声を聴き，学ぶプロセスを見るのに役立つ。そのデータから学ぶ大人にも，協調学習の仕組みを導入できるとよい。子どもに主体的・対話的に深く学んでほしいのであれば，まずは大人から，ということである。問題は，そのソーシャルデザインだ。

（1）「知識構成型ジグソー法」の特徴

　授業改善は，「パッケージ化アプローチ」と「ビジョン提示アプローチ」の間を揺れ動いてきた。教材と学習活動をセットにして，あたかも商品パッケージのように教育現場に差し出せば，確かに児童生徒の「有能で能動的な姿」は一時的に引き出せる。しかし，教師が自分で授業づくりをしているわけではないので，授業力は向上せず，効果は長続きしない。これに対して，目指すべき教育の理念や授業観・学習観のビジョンを示し，授業そのものは教師の自主性に任せるアプローチは，教師力向上のためのコミュニティ形成につながりやすい。その反面，ビジョンを実現する具体性が不足するだけに，実現に時間がかかり，コミュニティのメンバー間で対話しにくい問題がある。

　「知識構成型ジグソー法」による協調学習の実現は，両者の中間をねらうアプローチである。5つのステップは提示するが，問いと部品（資料等）は教師がつくらねばならない。その一方で，実現したいビジョンとしての協調学習だけでなく，そのための型がある。それゆえ，型は単に「なぞればよいもの」として存在するのではなく，教師にとって児童生徒の建設的相互作用を引き起こす手段であり，そのなかでの一人ひとりの多様な内外相互作用を保障するためのものである。さらには実際ねらった学びが起きているのかを見とるための「観察の窓」である。

　この先に問われるのは，こうした学びの場のデザインと評価をすべての教師に，教育行政関係者に，研究者に可能にするための社会実装手段だろう。冒頭

で紹介した CoREF は，14年間にわたる自治体と連携した協調学習の授業づくりプロジェクトを通して，そのためのコミュニティ，方法論とテクノロジーのセットを開発している。[*6]

（2）大人の協調学習としての授業研究

　CoREF の取組みのなかで最近重点を置いているのが，教師が教室で協調学習をデザインし評価するための「授業研究」である。目指したのは，教師の教え方にも学習者の学び方にも偏ることのない，教科の専門性と認知科学（認知過程に対する洞察）の両方を活かした授業研究である。教科の専門性に従って，「こんなことを子どもたちに学びとってほしい」と決めて，実際どのように子どもが学んでいくか（認知過程）を想定したうえで，その仮説をもとに子どもの学びを見とり，想定（仮説）と見比べて，次の授業づくりの参考にする仮説検証型の協働的授業研究が有効そうだ。[*7]

　一例を示すと，①授業者のねらいを聞かずに生徒として教材を体験し，その後ねらいを聞いてそれが実際の生徒相手に実現できるかの仮説を立て，②授業（やその動画）でグループに張りついて生徒の学びを観察し，③観察結果を仮説と対比して共有吟味し，次の授業デザインに活かすというものである。これを先述の歴史授業で行うと，事前協議では資料の難しさ（英語が読めるか等）に懸念が集中したが，観察を経た事後協議では，各資料のメッセージの内容，状況（誰から誰に向けたものか），目的（何のためか）の理解という三重の難しさに生徒が直面したこと，資料のわずかな工夫（ビラ投下をしている外国人兵士の写真）が助けになることが見出された。こうした知見は，この授業を超えて他の授業にも使えそうなコツ（専門的には「授業デザイン原則」と呼ぶ）になる。一連の協議に参加した授業者は，最後に次のように述べ，自分なりの「協調学習」理解を語った。

....

＊6　白水始『対話力――仲間との対話から学ぶ授業をデザインする！』東洋館出版社，2020年。

＊7　飯窪真也・白水始・齊藤萌木「『理論模型』としての学習科学実践研究コミュニティ」『認知科学』第28巻第 3 号，2021年，458-481頁。

わかり方もどのタイミングでわかるかも人それぞれだなと。ジグソー法のよいところは，自分1人の脳みそで考えたことには自分が元々もっている「型」というか「こだわり」があるので，他の人の意見を聞いてはじめて「あぁそうか」というところがたくさんあって，その他人の脳みそを借りられるというところ。なので，あんなふうに考えの変化が起きてきたという面もあるし，それでも変化しないという面もあったりして，だからこそ逆説的かもしれませんが，こういう授業，いろんな人との対話を通して学んでいく授業が大事だということかなと感じました。

　子どもの学びが多様であるように，大人の学びも多様であり，だからこそ終わりがない。それを支える教育も当然，簡単に「こうしたらよい」と処方箋が出せるものではない。だから，本章では協調学習の効果についてあまり語らなかった。「よさ」や効果の指標自体，現場の実践に意味ある形で決めていくしかないと考えているからである。

　授業を改善したいのなら，関係者すべてが「こうしたらうまくいくはず」という仮説を立て，誠実に謙虚に検証していくしかない。そのサイクルを絶え間なく回し，「人の学びを確実に予測する原理」を実践のなかで探すしかない。これを日々行おうとしているのが「学習科学」という研究分野であり，協調学習もその1つの実践対象だということになる。

第11章

多様な学び方を許容できる協同学習

涌井　恵

　中央教育審議会が2021年1月26日に公表した「『令和の日本型学校教育』の構築を目指して――全ての子供たちの可能性を引き出す，個別最適な学びと，協働的な学びの実現（答申）[1]」では，Society 5.0時代を生きる子どもたちにふさわしい，すべての子どもたちの可能性を引き出す個別最適な学びと協働的な学びを実現することを2030年までの目標として掲げている。この答申には，発達障害等に関する記述も多く見られ，「全ての子供たち」のなかに，明確に発達障害等の障害のある子ども，また障害でなくとも特別な支援の必要な子どもたちも含まれていることが見てとれる。

　「全ての子供たち」の可能性を引き出す，個別最適な学びと，協働的な学びは，同時に成立し得るものであり，矛盾し合うものではない。「全ての子供たちの可能性を引き出す」ことを念頭に協働的な学びを組み立てようとすると，おのずとそれは，個別最適な学びを含むものとなる。

　本章では，「協働的な学び」の1つの指導モデルとして，「協同学習（cooperative learning）」の基本的な考え方について記し，また発達障害などの特別な教育的ニーズのある子どもたちを含む多様な集団における実践を紹介する。マルチ知能と "やる・き・ちゅ" を活用した，学習方略の自己選択と学び合いを組み合わせた「学び方自己選択式協同学習」の授業事例である。また，実践事例の紹介を通じて，特別支援教育の立場から，多様性が豊かに包摂される教室や

＊1　中央教育審議会「『令和の日本型学校教育』の構築を目指して――全ての子供たちの可能性を引き出す，個別最適な学びと，協働的な学びの実現（答申）」2021年。

授業の在り方について考えていくこととする。

1 協同学習について

ジョンソンら（Johnson, Johnson & Holubec, 1993; 2002）[*2] は，協同学習とは，学習者を小集団に分け，その集団内の互恵的な相互依存関係をもとに協同的な学習活動を生起させる指導技法のことであると定義している。互恵的な相互依存関係とは，目標，報酬（賞やご褒美），教材，役割などについて互いに協力を必要とするような関係のことを指す。それらの具体例としては，たとえば，「全員が理解して課題について説明できるようにする」，「全員で協力して正解を見つけることを目標にする」などとグループ活動の目標を設定する，あるいは駅伝のように全員で協力して1位になれば賞がもらえる，図画工作の共同制作をする際にハサミなどの道具を共有して使用する，司会係，記録係，タイムキーパー係など役割を分担して課題解決に取り組むなどが挙げられる。

ただし，発達障害などにより，グループ内の学力や対人スキル等に関する能力差が大きい場合は，グループが最終的に成し遂げた（学習の）成果ではなく，目標に向かって誠実に取り組んだり努力したりしたというプロセスを評価し，それに対して報酬を与えるのが望ましいだろう。その理由は，グループのメンバー全員が一定程度頑張れば到達できる目標のレベルや課題の難易度を見定めるのは，とても難しいからである。たとえばADHDのある生徒の場合，その日，突発的に起こった授業前のトラブルのために授業への集中が削がれて，遂行成績が落ちる場合などもあり，妥当で，指導上効果的な遂行目標のレベルを設定するのが難しい。もちろん，子どもたちへ課題の正誤についてフィードバ

＊2　Johnson, D. W., Johnson, R. T., & Holubec, E. J. (1993). *Circles of learning : Cooperation in the classroom* (*4th ed.*). Interaction Book Company. （杉江修治・石田裕久・伊藤康児・伊藤篤（訳）『学習の輪——アメリカ協同学習入門』二瓶社，1998年。）

　　Johnson, D. W., Johnson, R. T., & Holubec, E. J. (2002). *Circles of learning : Cooperation in the classroom* (*5th ed.*). Interaction Book Company. （石田裕久・梅原巳代子（訳）『学習の輪 改訂新版——学び合いの協同教育入門』二瓶社，2010年。）

ックすることは重要であり，必要なことであるが，それが「グループの遂行成績に対する報酬」と結びつく必要はない。

　なお，グループの遂行すなわち行動に随伴して報酬が与えられることを応用行動分析学では集団随伴性（group-oriented contingencies）という。この集団随伴性には，仲間同士の援助行動や賞賛といった向社会的な行動が自発的に生ずる副次的な効果が明らかになっている[*3]。ただし，遂行成績の悪いメンバーに非難や攻撃行動などのネガティブな副次的な効果が発生する場合も考えられる。ネガティブな副次的な効果を予防するためには，確実に標的行動の遂行能力があることをアセスメントしておくことが重要である[*4]。

　これらの知見を念頭におくと，特に発達障害のある子どものように，遂行成績の予測が難しい子どもが参加する集団においては，学習の成果ではなく，学習のプロセス如何によってグループへの報酬（賞賛，ご褒美）を与えるほうが望ましい指導方略であるといえるだろう。

2 ｜ 協同学習がうまく成立するための6つの要素

　多数の協同学習に関する研究を行ってきたジョンソンら（Johnson, Johnson, &, Holubec, 1993 ; 2002）[*5]は，単にグループで活動するだけでは協同学習とはいえず，真の"協同学習"を実現するためには，次の5つの基本的な要素を満たすことが必須であると指摘している。

　協同学習の基本的な要素とは，①お互いに恩恵を与え合ったり，お互いに役

＊3　Lew, M., Mesch, D., Johnson, D. W., & Johnson, R.（1986）. Components of cooperative learning : Effects of collaborative skills and academic group contingencies on achievement and mainstreaming. *Contemporary Educational Psychology*, **11**(3), 229-239.
　　　涌井恵『発達障害児の仲間同士の相互交渉促進に関する研究──社会的スキル訓練における集団随伴性の有効性』風間書房，2006年。
＊4　Sulzer-Azaroff, B. & Mayer, G. R.（1991）. *Behavior analysis for lasting change*. Harcourt BraceCollege Publishers.
＊5　前掲書（＊2）。

割を果たし合ったりしてこそチームの目標が達成されるなど，学習のめあてや教材，役割分担等に互恵的な相互依存性（positive interdependence）があること，②子ども同士で互いに高め合うような対面的なやり取りの機会が十分にあること，③個人の責任がはっきりしていること，④ソーシャルスキルや協同・協働スキルが教えられ，頻繁に活用できる状況設定がされていること，⑤自分たちはどんなふうに協同がうまくいったか，またどんな改善点が考えられるかといった，チームの振り返りがなされることの５つである。なお，互恵的な相互依存性は，行動分析学では相互依存型集団随伴性に当てはまる。[*6]

これら５つに加えて，涌井（2016a）[*7]は，発達障害等の子ども等の認知特性の多様性に応え，誰もが積極的に参加し活躍できる学習にするためには，⑥マルチ知能（MI: multiple intelligences）[*8]を活用して学習活動や教材を言語的能力だけに偏らないものにすることも重要であると指摘している。ケーガン（Kagan, 1998）[*9]もマルチ知能を活用できるような授業にすることで，一人ひとりのユニークさや多様性を尊重し合えるようになると指摘している。

マルチ知能とは，ガードナー（Gardner, H.）が提唱した言語的知能，論理・数学的知能，視覚・空間的知能，身体運動的知能，音楽的知能，対人的知能，内省的知能，博物的知能の８つのことである。[*10]図11‐1に，８つの知能をピザの形に配置し，小学生向けの説明を加えたポスターを示した。各知能の説明は図11‐1を参照してほしい。

＊6　涌井恵「学習障害等のある子どもを含むグループにおける協同学習に関する研究動向と今後の課題――通常の学級における研究・実践を中心に」『特殊教育学研究』第51巻第4号，2013年，381-390頁。

＊7　涌井恵「協同学習」日本 LD 学会（編）『発達障害事典』丸善出版社，2016a 年。

＊8　MI：学術用語としては多重知能という翻訳が一般的であるが，指導上，教師や児童生徒に「マルチ知能」や「マルチの力」と説明しているため，「マルチ知能」と訳出することとする。

＊9　Kagan, S. (1998). New cooperative learning, multiple intelligences, and inclusion. In J. W. Putnam (Ed.), *Cooperative learning and strategies for inclusion : Celebrating diversity in the classroom* (2nd ed.). Paul. H. Brookes Publishing.

＊10　Gardner, H. (1999). *Intelligence reframed*. Basic Books. (松村暢隆（訳）『MI：個性を生かす多重知能の理論』新曜社，2001年。)

図11-1　マルチ知能のピザと「やる・き・ちゅ」についての教材（下敷）

注1：左図中央のピザは以下の文献を参考に作成。
トーマス・アームストロング，吉田新一郎（訳）『「マルチ能力」が育む子どもの生きる力』小学館，2002年。

注2：Copyright　スイミー風呂プロジェクト　JSPS 科研費 24730774, 15H035517の助成による。協力：鹿沼市立みなみ小学校。

出所：浦井恵『「学び方を学ぶ」テキスト──学びの達人（ふろしき忍者）になれるコツ』ジアース教育新社，2014b年，3頁。

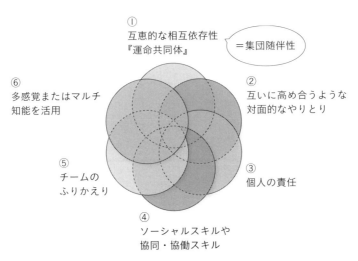

①
互恵的な相互依存性
『運命共同体』   ＝集団随伴性

⑥
多感覚またはマルチ
知能を活用

②
互いに高め合うような
対面的なやりとり

⑤
チームの
ふりかえり

③
個人の責任

④
ソーシャルスキルや
協同・協働スキル

図11‐2　協同学習がうまく成立するための6つの基本要素とその関係性

出所：Johnson, Johnson, & Holubec（2002）[*2]及び涌井（2016a）[*7]をもとに筆者作成。

　また，図11‐2に協同学習がうまく成立するための6つの要素とその関係性について示した。6つの要素の円が互いに一部ずつ重なり合っている。たとえば，互いに協力しないと達成できない課題設定がされている場合，そこに互恵的相互依存な関係が存在するが，これには，個々人の行動・遂行成績も課題達成に影響を及ぼすので，「個人の責任」をどのように設定するかとも関連している。また，グループメンバーの遂行がうまくいかない場合，他のメンバーが他児に教えたり，勇気づけたり，協働したりといった社会的スキル・協働スキルをもっていれば，グループメンバーの遂行成績が向上するかもしれない。このように，6つの要素は，互いに影響・関連し合っていることを，6つの要素の円の重なりは意味している。

　さて，これら6つの条件は，教科学習に限らず，協同的な活動であれば，すべてのものに当てはまる。合唱や運動会の団体競技など，学校生活場面におけるあらゆる協同的な活動が上手く成立するために考慮すべき重要なポイントであるといえる。

　特に，「①互恵的な相互依存性」について，涌井（2016a）[*11]は，学級経営の視

点からは，班ごとではなく学級全体を 1 つの単位として，互恵的な相互依存関係が育まれるよう教師側が意図的に仕掛けることが重要であると指摘している。また，a）班を単位とすると，自然と他班との競争の文脈が生まれてしまうこと，b）良いアイデアを他班には隠したり，教えなかったりするのでは，班員の失敗を責めたくなる状況も生まれるし，学級における協同学習の効果も半減してしまうこと，c）他班との間でも協力し合って学級全員が課題を理解することを目指すと，どの子の失敗やつまずきも，学級のみんなが助け合うべきこととなり，それが達成できたときはみんなの喜びになること，d）c）のような雰囲気の学級は，発達障害のある子どもたちにとっても安心できる居場所となるだろうこと」も指摘している。

　また，「③個人の責任」に関して，留意すべきことがある。個人思考・自力解決の時間をもち，自分で答えを考えてから，集団思考の時間すなわちグループでの学び合いの時間をとる，というのが日本での問題解決学習や協同学習のオーソドックスな展開例ではあるのだが，課題提示の後，すぐに個人思考・自力解決の時間に入り，無言で自分 1 人だけで課題の答えを考えるような場合，それぞれの子どもの状況に応じて適切な手立てや考えるヒントなどが与えられない限り，発達障害のある子どもや低学力の子ども（時には中位の子ども）にとって，その時間は，なんら学習の手がかりのない，ただひたすら時が経つのを待つだけの時間となり，その後の集団思考も深まっていかない様子をよく見る。教師の課題提示や解決に必要なヒントだけでは，自力で課題解決どころか，課題の意図すら飲み込めていない子どもも多い。

　こうした事態を防ぐためには，どのように課題に取り組むかを隣の人や同じ班の人と情報交換などしてから自分の力で課題に取り組む時間をとったり，困ったことがあればすぐ隣や周囲の友達に尋ねたりすることができるよう環境設定を整えておくことが必要であろう。

＊11　前掲書（＊7）。

3 ｜ 多様な子どもが活躍できる授業の実践例

（1）学び方自己選択式協同学習による授業の流れ

　先に述べたように，発達障害のある子どもなど，多様な子どもが参加する協同学習がうまく成立するためには，⑥マルチ知能を活用して，書いたり読んだりといった言語的能力だけに偏らない多様な参加が可能な学習活動や教材を用意することが重要である。

　これに対し，涌井（2014a；2016b）[*12]は，ガードナーの提唱したマルチ知能の8つの観点（図11‐1参照）と，やる気，記憶，注意の3つの観点（これをまとめて「やる・き・ちゅ」とする：図11‐1参照）から，子ども自身が自分で学習を工夫すること（自己調整学習）と子ども同士の学び合いによって解決する授業実践を提案している。

　学び方自己選択式協同学習による授業の骨子は，国語も算数も理科も社会も，どの教科も基本的には同じである。[*13]まず，①本日の学習課題（問題）について教師が説明する。②それを解決するために，どんなふうにマルチ知能や「やる・き・ちゅ」の力を活用できるか全体で複数方略例を出し合い，課題解決の手がかりや見通しを子どもに与える。その後，③課題解決に取り組む時間をとる。グループで取り組んでも，1人で取り組んでもよい時間とする。教師はあらかじめ，②において子どもから意見の出そうなものを想定し，それに対応した学習プリントや教材を複数用意しておき，同じ学習方略（学び方）を選んだもの同士の活動場所を指定したりして（例：『「体」の力を使って劇をして考えたい人は黒板の前の辺りでやってね』），ゆるやかにグループ活動をサポートする。

---

*12　涌井恵『学び方を学ぶ──発達障害のある子どももみんな共に育つユニバーサルデザインな授業・集団づくりガイドブック』ジアース教育新社，2014a年。
　　涌井恵「通常の学級における特別支援教育の視点を含む授業実践──ユニバーサルデザインな授業づくり，学級づくり，自分づくり」『発達障害研究』第38巻第1号，2016b年，1-7頁。
*13　涌井恵「通常の学級における特別支援教育の視点を含む授業実践──ユニバーサルデザインな授業づくり，学級づくり，自分づくり」『発達障害研究』第38巻第1号，2016b年，1-7頁。

子どもたちは，友達と意見を交換したり， 1 人で取り組んだりしながら課題に取り組む。そして，④課題に対する解答について数名が代表で全体に発表した後，最後に⑤本時の学習のまとめやどのマルチ知能等の力を（どのように）使って課題解決したのかについて振り返りを行い，授業終了となる。

　個別最適な学びを実現するため，つまり，どの子にとってもできる，わかるユニバーサルデザインな授業を実現するためには， 1 つの指導方法を全員に当てはめるのではなく（One size fits all），複数の学び方のアプローチを用意することが重要である。*14 また，自分で学び方を選択することは，学習活動への動機づけや自己調整学習の観点からも重要なポイントとなっている。

（2）学び方自己選択式協同学習の実践例：小学 1 年生　国語科　物語文「スイミー」
　複数の学び方のアプローチを用意した授業実践例として，栃木県公立小学校の堀川知子教諭による国語の物語文「スイミー」（光村図書）の授業*15 を紹介する。

　この授業（本時）の目標は，「スイミーの行動や場面の様子について，想像を広げながら読み，感想を書くことができる」であった。子どもたちには，「スイミーがしたことや言ったことに気をつけて読み，スイミーに言ってあげたいことを書こう」というめあてを提示した。このめあてに迫るために，山場の活動において，Ⓐ挿絵を描く（主に「え」の力を使うことを想定），Ⓑ音読・ペープサート劇（主に「からだ」や「ひと」の力を使うことを想定），Ⓒお魚ボーン図（思考ツール：海のなかのものについて，すばらしい理由や根拠を書き入れる）（「え」や「ことば」などの力を使うことを想定）という 3 種類の活動（図11‐3）と，「まとめのシート」（「スイミーの日記」と，「スイミーへの応援メッセージ」を書き込むもの），「ふりかえりカード」（図11‐4）（使う／使った学び方をチェックし，学習内容を自己評価するもの）を用意して実施した。「ふりかえりカード」

＊14　CAST（2011）. *Universal Design for Learning Guidelines version 2.0.* Author.
＊15　涌井恵「マルチ知能を活かす授業デザインとその実際」宇野宏幸・一般社団法人日本LD 学会第29会大会実行委員会（編著）『学びをめぐる多様性と授業・学校づくり』金子書房，2020年，61-71頁。

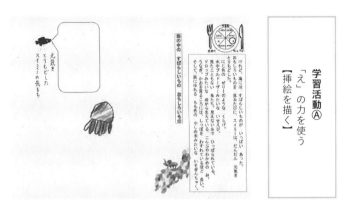

学習活動Ⓐ
「え」の力を使う
【挿絵を描く】

学習活動Ⓑ
「からだ」や「ひと」の力を使う
【音読／ペープサート劇】

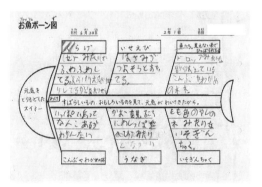

学習活動Ⓒ
「え」や「ことば」の力を使う
【思考ツール】

図11‐3 「スイミー」におけるさまざまな学習の方略・学び方

注：上段は挿絵を描くこと，中段は音読とペープサート，下段はお魚ボーン図（思考ツール）を使うこと
　　により主人公の心情理解に迫ろうとするもの。どれか好きなものを選んで取り組み課題に迫る。
出所：涌井（2020）[*15] より。

図11‑4　ふりかえりカード

注：ふりかえりカードでは，課題に取り組む前に，使おうと思ったマルチ
　　知能の力に黒色鉛筆で○をつける（①）。授業の最後には，実際に使っ
　　たマルチ知能の力を赤色鉛筆で塗りつぶす（②）。また，学習課題内容
　　についても自己評価する（左端の表）。
出所：涌井（2020）[*15]より。

の使い方は次の通りである。まず，課題に取り組む前に，使おうと思うマルチ
知能の力に黒色鉛筆で○をつける（カードの①）。そして，授業の最後に，実際
に使ったマルチ知能の力を赤色鉛筆で塗りつぶす。さらに，カードの②にある
ように，学習課題内容についても自己評価する。

　「お手紙」や「スーホの白い馬」などの他の題材における実践では，気持ち
の浮き沈みなどを一本線を引いて表現する心情曲線のプリント（「え」，「すう
じ」の力を主に使う）や，４コマ絵のプリント（「え」，「ことば」の力を主に使う）
を用意したりもした。心情曲線のプリントでは，書字や言語理解に課題のある
子どもでも，線が描ければ十分に参加・活躍ができるし，挿絵や４コマ絵のプ
リントでは，言葉の表現力がやや劣っていても，絵が得意な子どもが活躍する
ことができる。心情曲線のプリントについては，学年相応よりもかなり言語能
力の低い子どもが，線だけでなく，線にふきだしをつけ，そのときの登場人物
のセリフを想像して描いたりする様子も見られた。また，落ち着きがなく，こ
れまで途中で課題を投げ出してしまっていた ADHD 傾向のある子どもが，自
分が学びやすい「え」の力というルートから学習課題に取りかかり，集中して

4コマ絵を描き続けるなかで，主人公の気持ちに深く迫っていき，それを表現しようと言葉が湧き出てくるような様子が見られたりもした。

マルチ知能や「やる・き・ちゅ」の観点から，学習活動の多様性を確保することにより，これまで学習に参加できていなかった子どもたちも，深く学べる可能性が示唆される。

（3）その他の実践

学び方自己選択式協同学習は他に，漢字学習，算数[*16]，理科[*17]，図工[*18]といったさまざまな教科における実践事例があり，また小学校低学年から高学年まで複数の学年において適用可能であることが明らかになっている。マルチ知能や「やる・き・ちゅ」を授業で活用するアイデアは，さまざまに創造できる。

たとえば，小学３年生の理科「こん虫のからだのつくり」のまとめの授業では，まとめ方の例として，マルチ知能の観点から方略を考えると，「粘土」「絵」「ことば」「表」「こん虫新聞」「からだ（動作や踊りなどで表現する）」「かえ歌」などが考えられる。図11‐5は栃木県公立小学校教諭（当時）の小野典利氏の実践において，粘土を選んだ子どものまとめの作品である。この単元では，「（ア）こん虫の成虫は，頭，むね，はらからできている」「（イ）あしは6本ある」「（ウ）あしやはねは，むねにある」ことを理解することが求められるが，記述式のテストでなくとも，粘土作品から（ア）〜（ウ）について評価することができる。この実践では，全員の子どもが「粘土」を選んだ。結果として，全員が一斉に同じ活動に取り組んでいるような様子にはなったのだが，教師の支援なしで全員，時間中ずっと集中して取り組んだ。この実践には後日談が

---

*16　小林真也「多感覚で学ぶユニバーサルデザインな算数の授業──広さを調べよう（小4算数）」涌井恵『学び方にはコツがある！　その子にあった学び方支援』明治図書出版，2015年，125-133頁。

*17　小野典利「マルチ知能を使って学ぶ理科──いろいろなこん虫のかんさつ（小3理科）」涌井恵『学び方にはコツがある！　その子にあった学び方支援』明治図書出版，2015年，116-124頁。

*18　久武孝弘・涌井恵「学び合いと学び方を学ぶ学習を組み合わせた小学校図画工作科の実践──言葉に頼らない絵画鑑賞」『LD研究』第25巻第4号，2016年，438-447頁。

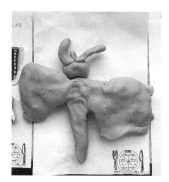

図11‐5　理科「こん虫のからだのつくり」のまとめ
出所：小野典利氏（栃木県公立小学校教諭）撮影。

ある。別の時間に「折り紙でこん虫をつくろう」と全員で一斉に折り紙に取り組む授業を行ったところ，やる気のない1人の児童に教師は1時間つきっきりになってしまった。このエピソードから示唆されることは，自己選択をするということが，動機づけ（やる気）や注意・集中を促すということである。

　実践の初期の段階では，さまざまなマルチ知能や「やる・き・ちゅ」を活用した活動を一斉で行うほうが教師としては取り組みやすいだろう。しかし，学習指導要領等において，主体的に学習に向かう態度として，自ら学びを工夫・調整することや，個別最適な学びに重点が置かれていることを鑑みると，複数の学び方を用意して，学びのプロセスを複線化すること，また学び方を子どもが選べるように導くこと，さらには選んだ学び方が解答を求めるために効果的でなければ，違う方法を見出すよう指導することこそが，これからの教師に求められることであろう[19]。そして，実践のさらに発展した形として，学び方の選べる家庭学習・自主学習が挙げられる[20]。

　なお，ここでは詳しく記載しなかったが，「やる・き・ちゅ」を学習で活用

＊19　前掲書（＊15）。
＊20　畑中由美子・涌井恵「保護者と連携した宿題の取り組み──自分で学び方を工夫する力を身につけるために」日本LD学会第2回研究集会論文集（上智大学，東京），2019年，ポスター発表PB6。

するために，やる気や記憶，注意の工夫やコツなどについて学ぶ，「学び方を学ぶ授業」というものも，授業内でのミニ講義や学級活動や総合的な学習の時間において併せて行っている。これにより，子どもが自分のそのときの学習状況（たとえば睡眠不足で集中力ややる気が低下している，既知あるいは未知の課題であるなど）や認知特性にあった学習方略を選べる力を高めていくことをねらっている。詳細は涌井（2015）[*21]を参照されたい。

4 | 多様な子どもが参加する場合の工夫とインクルージョンへの視座

協同学習は，典型的な発達の子どもから成る集団においてだけでなく，発達障害など障害のある子ども，英語が母語でない子どもや，多民族からなる集団においてなど，幅広く対象を問わずに実践されている。障害のある子どもと障害のない子どもが共に学ぶインクルーシブ教育場面においても，双方の学力向上や社会性の発達に効果的であることが指摘されており，諸外国では広く活用されている。[*22]

発達障害のある子どもなど多様な子どもが活躍できる協同学習を組み立てていくには，本章「3」で論じたように，マルチ知能など多様な方法で学習にアクセスできるような教材・課題を準備することが重要なポイントの1つとなる。また，このことと表裏一体になって大切となるポイントは，協力の文脈を学習のなかに設定する互恵的な相互依存関係性，つまり集団随伴性を導入する際の

---

*21　涌井恵『学び方にはコツがある！　その子にあった学び方支援』明治図書出版，2015年。

*22　Janney, R. & Snell, M. E. (2006). *Social Relationships and Peer Support* (2nd ed.). Paul H. Bookes Publishing. (高野久美子・涌井恵（監訳）『子どものソーシャルスキルとピアサポート――教師のためのインクルージョン・ガイドブック』金剛出版，2011年。)

　　吉利宗久「アメリカ合衆国のインクルージョンにおける協同学習モデルとその成果」『発達障害研究』第26巻第2号，2004年，128-138頁。

最も重要な配慮点として，発達障害等の特別な支援ニーズのある子どもがいつも一方的に援助される側に固定されないようにし，発達障害等の特別な支援ニーズのある子どものよさを発揮できるような課題設定をすることが挙げられる。[23] これについては，マルチ知能の活用を考慮すれば，特別な支援ニーズのある子どもが活躍できる学習方略を何かしら見つけられるだろう。

　マルチ知能や「やる・き・ちゅ」を活用した授業を通じて，「課題解決の方法はいろいろある」，「その人の得意なやり方・学び方は一人ひとり異なっている」，「他者それぞれのやり方がおもしろい」「皆ちがって皆いい」といった価値観を学級内で共有できるようになっていく。

　このような多様性の理解や他者理解，障害理解が進んだ学級では，発達障害等の特別な教育的ニーズのある子どもの「合理的配慮」（たとえば，読字困難なので読みあげソフトを使うなど）も実施しやすくなる。子どもには皆それぞれ違った学習の手立てが必要であり，それぞれ異なる方法をとることは「特別な」ことではなくなるのである。

　通常の学級における個別最適な学びと協働的な学びの一体的な充実をより推進し，真にインクルーシブな教育を考えていくためには，特別支援を要する子どもにおける効果だけでなく，典型発達児への効果も，また併せて研究することが重要となるだろう。[24]

＊23　涌井恵「学習障害等のある子どもを含むグループにおける協同学習に関する研究動向と今後の課題——通常の学級における研究・実践を中心に」『特殊教育学研究』第51巻第4号，2013年，381-390頁。

＊24　**典型発達児**：typically developing child のこと。定型発達児とも訳されるが typically という英語に暗に含まれている子どもの発達の多様性のニュアンスが削がれるため，典型発達児と訳出。

第 12 章

奈良の学習法に見る
個別最適な学びと協働的な学び

宇佐見　香代

1 ｜ 奈良の学習法の実践研究の展開

（1）奈良の学習法の創始とその背景

　個別最適な学びと協働的な学びというキーワードに触れたときに，奈良の自律的学習法（以下，「学習法」）を知る人は，これを想起することが多いように思われる。奈良の学習法実践の創始は大正期であり，「令和の日本型学校教育」はそこから100年以上の教育実践研究の蓄積の先にあるものである。本章では，奈良の学習法の理論と実践からこのキーワードにつながるところを取りあげ，私たちが学ぶべきと考えるところを提示していきたい。

　奈良の学習法は，奈良女子高等師範学校（現，奈良女子大学）附属小学校でその実践と研究が創始され，現在に至っている。一般に，奈良の学習法は，個が追究を進める独自学習から出発し，学級全体の相互学習を経て，さらなる独自学習へと続く学習経路を辿るが，独自学習においては「個別最適な学び」の展開を，相互学習においては「協働的な学び」の展開を目指すものといえる。学習法の「学習」には，特に表記がなくとも「自律的」の意味がつねに含まれているが，教師による教授（説明・指示など）から出発する授業展開と比較して，子どもが自ら学習を進めていくことがより求められる。まずは，このような奈良の学習法が誕生した経緯について概説する。

　奈良女子高等師範学校附属小学校（以下，「奈良女附小」）は，1911年の創立から小学校教育の方法の研究をその方針として掲げたが，当初は「成ベク市町村立小学校ト同一事情ノ下ニ立チテ実地ニ」模範を示す学校とするとの学校運

営方針を定めていた。[*1]開校の経緯で「学区制」を採用することとなったことから，経済的にも文化的にも多様な背景をもった子どもたちが入学していた。[*2]当時のわが国の学校教育は，初等教育段階の就学率・出席率を大きく上昇させた時期であったが，それは厳格な学力試験によって進級を許す「等級制」（課程主義）から「学年学級制」（年齢主義）への移行，授業料の廃止など，小学校制度の大きな改変が続いたことによる。その結果，学級内にかつてない学力格差の拡大をもたらし，このことに対応するための学力増進策と学力調査の実施，授業改善と指導の個別化が当時の文部省の指示によって附属学校に課されていた時期でもあった。[*3]当時の学力格差に対応した教育方法研究としては，明石女子師範学校主事（校長）の及川平治による1912年の『分団式動的教育法』[*4]が有名だが，奈良女附小においてもこれらにつながりながら，初代主事・真田幸憲の下で実践研究を重ねた。その成果が，1915年には附小訓導（教員）の斎藤諸平・清水甚吾によって『分団教授の実際』にまとめられた。この「分団教授」は，能力別学級編成をとるのではなく，学級内で３つの能力別分団（グループ）を設定し，それぞれの分団に合わせた指導を展開するものであった。

　1919年，真田が海外に出るのに代わり２代目主事に着任したのが木下竹次である。[*5]木下のもとで，奈良女附小では「奈良の自律的学習法」[*6]「生活即学習

＊1　奈良女子高等師範学校の校長・野尻精一の訓示（『奈良女子高等師範学校附属小学校一覧』1912年）より。

＊2　この「学区制」は，木下竹次が着任した翌年（1920年）から「選抜制」に移行した。

＊3　天野正輝「明治末・大正期における指導『個別化』の歴史的背景――能力別学級編成を中心にして」『東北大学教育学部研究年報』第27号，1979年，299-324頁。

＊4　**及川平治**（おいかわへいじ：1875-1939）：明石女子師範学校附属小学校主事として活躍した教育者。学級内で能力別分団を組織し学習法を訓練する『分団式動的教育法』（弘学館書店，1912年）の理論は，当時の教育界に大きな影響を与えた。

＊5　**木下竹次**（きのしたたけじ：1872-1946）：奈良女子高等師範学校附属小学校主事として活躍した教育者。『学習原論』（目黒書店，1923年）を中心とした一連の著作で「自律的学習法」や「合科学習」などの奈良女附小の特色ある実践の理論的規定を行った。

＊6　**自律的学習法**：自律的学習法における学習は，自ら機会を求め自ら刺激を与え自ら目的方法を立てて遂行するところに成立するとし，独自学習－相互学習－独自学習の学習経路を踏む。子どもが主人公となり，「自分でなくては辿ることのできない道」を辿る学習とされている。

学習即生活」[*7]などの学習理念を共有しながら，教師はそれぞれの専門の教科領域における実践研究の成果を『学習研究』誌に発表した。木下は，主著『学習原論』で次のように述べていた。「児童生徒には遺伝・天稟・偏癖・貧富・貴賤・都鄙・従前の教育・疾病の有無等について種々の差別があって大なる個人差が伴うて居る。此の遺伝と境遇との異なったものに画一の学習材料を取らせることは第一に無理だ。個性を異にして同等の学習経路を通ることの出来ないものに画一的の方法を執るのは第二に無理だ。如何にしても等しい結果に到達出来ないのみならず，工業品の如く画一にしてならぬ人格を育成する教育に於いて画一の結果を望むのは第三に無理である。学習法を採用して独自または相互の学習をさせてみると痛切に画一的取り扱いの弊害がわかる」，さらに，画一的取扱いのために「幾多の学習者は努力なくして成功するものもあれば努力しても成功せぬものもある。あるいは放縦となり，あるいは高慢となりあるいは自暴自棄に陥る，ために伸びられるのに伸びないものがたくさんできる」とした。[*8]このように木下は，学習不振が子どもの個性を無視した画一的一斉教授に起因していることを厳しく指摘していた。「分団式教授やバタビヤ法[*9]や学級的個人式の教授」[*10]などに対しても不十分であると考え，「分団教授」以上に学力格差に対応する，よりいっそうの個別化による個の進展を求めていた。そこで「われわれはさらに進んで教師の意志を中心として児童生徒を教育するという思想を，被教育者を中心として学習をさせるという思想に一変せねばこの解決は困難」とした。[*11]さらに，「児童に自律的学習をさせてみると，児童の本性に徹することができる」とし，「各自の能力に相応して優劣ともに有効な結果

---

* 7 **生活即学習　学習即生活**：奈良の学習法では，学習とは「生活によって生活の向上を図るもの」であり，自己の発展それ自身を目的とするものとされる。したがって，学習材料も「自己建設の生活それ自身」とし，教師から与えられるものではなく，生活に即して自らとるもので具体的なものであるべきとされた。

* 8　木下竹次『学習原論』目黒書店，1923年，165頁（明治図書出版，1972年）。

* 9　**バタビヤ法**：バタビア・プランのことか。バタビア・プランは1898年にアメリカのバタビア市で考案された学習指導法。一斉指導と並行して別の教師が個別指導を行う。

*10　**学級的個人式の教授**：文脈から，学級内の一斉教授を主体として個人指導を補う学習指導法のことを指すと考えられる。

*11　前掲書（＊8），143頁。

に到達するのはおもしろい」と学習法実践の手応えを記している[*12]。このように木下の児童中心主義の自律的学習論は，個の多様性の着眼から出発したものであった。次に，「学習は学習者が生活から出発して生活によって生活の向上を図るものである。学習は自己の発展それ自身を目的とする。異なった遺伝と異なった環境とを持っているものが，機会均等に自己の発展を遂げ自己を社会化していくのが学習である」とし，「性質能力の異なったものは異なったように活動し，しかも，自由と協同とに富んだ社会化した自己を建設創造」していくことを目指した[*13]。

　以上のように奈良の学習法には「令和の日本型学校教育」につながる理念の源流としての学習論がある。奈良の学習法は「個別最適な学び」の追究のなかで創始され，個性が発揮された子どもたちが「協働的な学び」すなわち教室のなかで共にする相互の学びを通して社会化された自己に育つためのものであった。

（2）奈良の学習法の実践研究から学ぶ

　ところで，この木下のもとで実践研究を積み重ねた奈良女附小の教師たちの中心となったのが清水甚吾（1884-1960）である。清水は開校から1945年まで奈良女附小に在職し，真田主事のもとでの分団教授から木下主事のもとでの奈良の学習法，特に低学年合科学習，生活算術などの実践を重ね，奈良女附小の実践研究を進める教師集団の中心として活躍した。

　清水は「私共教育実際家の任務は理論を研究すると共にその理論を実際化して児童の成績を向上させ，更にその実際から理論を帰納するにある。実際を離れて理論だけをやかましくいふのは教育実際家の任務ではない。だから私は学校経営学級経営に力を注ぎ，児童の成績を高め国民生活に貢献することが教育実際家の生命であると信じてをる[*14]」とし，研究の成果を『学習法実施と各学年の学級経営』『算術の自発学習指導法[*15]』等にまとめた。

＊12　前掲書（＊8），16頁。
＊13　前掲書（＊8），13頁。
＊14　清水甚吾『学習法実施と各学年の学級経営』東洋図書，1925年，4頁。

なお，平成の時代に奈良女附小の副校長を務めた日和佐尚は，「私は，算数の大先輩である清水の実践を読みふけった。私の内に芽生えたことは，学習と生活の一元化であった。教科としての算数学習に主眼をおくのではなく，子どもの学びに位置づいた算数学習を模索するようになった」[16] として，その成果としての「街角の算数」と，それとともに両輪となる基礎基本を自ら追究する「教科書算数」を創り上げたとしている。

　次に，戦後の奈良の学習法実践者のなかで取りあげたいのは今井鑑三（1908-1993）である。冒頭に「私たちは，人間らしく生き，人間らしく死にたいと思います。私たちは，子どもたちを，人間として強い人間にそだてたいと，願っています」[17] と記した『たしかな教育の方法』を読む度に，重松鷹泰（1908-1995）を主事に迎えた終戦直後の奈良の学習法実践者が，「人間らしい生活」を切実に希求しつつ新しい時代の実践を模索したことを忘れてはならないと思う。戦前の学習法研究の成果を再編した「しごと　けいこ　なかよし」の３つの局面からなる教育構造「奈良プラン」のもとで，奈良女附小は現在まで実践を重ね，「自律的学習」「学習即生活　生活即学習」の具現と充実を図るその立場は今日まで一貫している。また，戦前の合科学習を受け継ぐ「しごと学習」の理念と実践研究の成果が，わが国の生活科及び総合的な学習の導入と発展にも大きな影響を与えてきたことは言うまでもない。一方，教科学習については「けいこ学習」として領域化した実践研究が積み重なっているが，重松主事のもとで奈良女附小に赴任した今井は，国語教育においてその専門性を発揮した。

　今井が目指したものは「子どもを生かす授業」であり，つねに問うところは「子どもが生きているか」であった。[18] 指導の目標がはっきり立てられていよう

．．

＊15　清水甚吾『算術の自発学習指導法──実験実測作問中心』目黒書店，1924年。

＊16　日和佐尚「清水甚吾先生（算数）から学んだこと」『学習研究』第461号，2013年，57頁。

＊17　奈良女高師附属小学校学習研究会（編）『たしかな教育の方法』秀英出版，1949年，1頁。

＊18　今井鑑三遺稿集編集委員会『子どもが生きているか──今井鑑三遺稿集』1997年，7-8頁。なお，この『遺稿集』は，今井が指導した教師たち（国語教師「竹の会」など）によって編まれたものである。

が，計画がきっちり立てられていようが，どんな手順でどこへ到達させるのか見当がついていようが，しかし「それで子どもは生かされることになるのだろうか」，むしろ形式が整ったすきまのない授業が，かえって子どもを束縛して，型はまりの息苦しい授業となり，そこでは子どもは受け身の立場となってしまうのではないかとの危惧を示していた。

　日和佐と同じく奈良女附小の副校長を務めた椙田萬理子は，附小退職後の今井に直接指導を受けている。椙田は「先生は，大正期の先人たちの精神を学び，奈良プラン作成の一員となり，その実践に長く情熱を注いでこられた。その伝統を，何も分からぬ後輩の私になんとか伝えようと努めてくださったのである」「今井先生から，子ども理解を深めるための教材研究の仕方や子どもが生きる学習指導のあり方など，国語教育のおもしろさや難しさ，使命感などを具体的に学ばせていただいた。それを基にして，やがて私は私なり，『人とともに生きることを考え合う国語学習』を，子どもたちといっしょにつくってきたのだなあと，これまでの時間をしみじみと思い返している*19」と述べている。奈良の学習法の実践研究を行う教師たちは，このような先人たちの実践研究の成果から真摯に学び，自らの実践の在り方を追究してきた。以下，清水甚吾と今井鑑三の論考から，奈良の学習法実践者の研究成果が示すところを概説する。

2 ｜ 清水甚吾の実践研究から学ぶ

（1）独自学習とその指導について

　清水は，「児童を本当に伸ばそうと思ったら児童の自発とこれに対する教師の適切なる個人指導」が必要としている*20。清水は独自学習における教師の指導をどのように考えていたのか。

　まず清水は，奈良の学習法は「自主的自律的に独自学習をして自己成長自己

＊19　椙田萬理子「今井鑑三先生に学ぶ」『学習研究』第460号，2012年，56-57頁。
＊20　清水甚吾『学習法実施と各学年の学級経営』東洋図書，1925年，182頁。

建設を図ることを眼目とする」として，独自学習にこだわる教育方法だとしていた。「この独自成長をさせるためには学校で必ず独自学習をさせる」として，予習ではなく教師の指導の下で進めるものであることを強調している[21]。清水は「児童の独自学習をしてをる間は教師の骨休めなど考えるのは以ての外の誤りである。『児童の独自学習中が教師の最も忙しいときである』というのが私の服膺してゐる金言である[22]」とした。子どもの求めに応じ，あるいは求めに来ないなら「教師から発動して」独自学習の進展を見て指導するのである。このとき，教師は子どもの独自学習が極端に偏らないよう指導したり，子どもの問題のつかみ方，解き方，ノートの書き方・内容，教科書の読解などについて「相談的に出たり問答的に出たり」して個別に指導するとした。

次に，清水は「特に私が独自学習中に於ける教師の一大任務と考えてをることは能力の低い児童に対する事前の指導である[23]」と述べた。「学級の相互学習を開く前に当たって，充分に指導して相互学習に参加することの出来る資格を養っておく。即ちスタートを先にきらせることである[24]」としている。「従来の教師中心の一斉教授では劣等児を指導するといっても，時間中には個人的分団的に接触して指導する時間は短かった。ところが学習法では必然的に置かれる独自学習の時間が長いから，此の時間には思い切って指導が出来る。従って劣等児は未然に救済することになって劣等児を造らないことになる[25]」とも述べている。清水は，一貫して学習不振の子どもの指導・配慮に言及しているが，「学習法」における独自学習はこのような子どもに対し個別的な指導をする絶好の機会と捉えられている点が重要である。格差の見えやすい算術を専門とする清水が，分団教授の研究経験を経たことが生かされているところである。

さらに，個別の学習展開と学級相互学習をどう関わらせるかという点では，学級相互学習に入る前に分団学習を設定しているが，これは「同時に何人でも

---

*21　前掲書（*20），197-198頁。
*22　前掲書（*20），156頁。
*23　前掲書（*20），157頁。
*24　前掲書（*20），157頁。
*25　前掲書（*20），198頁。

発言ができるから発表の訓練ができ発表の態度が養われる」「この下練り上げを経て学級学習に臨むと，学級全員が活動するやうになる」という準備段階の位置づけをしている。また，「能力別の分団指導」にも言及し，指導を求めてきたときこれを指導するのが原則だが，平素その子どもの能力をよく知っていて「理解し得ない」と思ったら，指導を求めてきた子どもの「指導分団の中に加えて」指導する[26]。また，ここでは発表の練習をさせるが，「劣者こそ度々活動の機会を与えていかなければならぬ。活動して使えば使うほど発達するものである」「能力の低い児童は何回も触れさせるやうにする。要するに錬磨が必要である[27]」として，学級相互学習の前のグループ指導の意義を述べている。このように清水は，独自学習からすぐの学級相互学習へと進むのではなく，必要を認めた子どもに教師の個別の指導や配慮が必要であることを指摘した。

（2）相互学習とその指導について

　清水が実践した学級相互学習は，子どもの独自学習における学習事項の発表及び子どもによって作問されたなかから選定された「学級問題」による討議によって，共同的建設的学習を進めていくものであった[28]。清水は，「教師の考えた案による問答式発問式授業」は「教師中心の教授の変形」としてしりぞけ，「児童の向く方向に児童の相互の力で進行し解決する」ことを主張した。また，子どもに対し「もし発表せずにゐたら誤った解釈をしたまま通り過ぎてゐたかもしれない。発表してみると誤りを正して貰ふことが出来る。それで発表して見ることが大切である[29]」とその意義を説き聞かせ，討議は人の欠点を探すのではなく，自己を発表するのであるから，自分の考えを述べたほうがよいと子どもたちにその心得を諭していた。

　清水は「児童の発表や討議的学習で学習が立派に進むことが理想」「強いて教師が出て補説する必要はない」「討議の整理も子ども相互にやらせ，教師は

＊26　前掲書（＊20），160-161頁。
＊27　前掲書（＊20），199-200頁。
＊28　前掲書（＊20），164頁。
＊29　前掲書（＊20），146頁。

原則としてまとめをしない」としているが，一方「児童の発表や討議では不十分と思う場合は児童のみに任せないで教師が出てよい。教師が要点に向かって釘打をすることも必要である」「児童中心の学習であるから教師は説話してはならないと囚われる必要はない」「児童の問題だけでは材料の主眼点に一致していないときは環境整理や暗示啓発によって更に児童に問題を考えさせてみる。又，教師も学習者の1人であり且つ学習指導者ということから問題を出して補ってよい」として，「不足を教師が補う」必要も述べている。[*30]

　教師の役割としては次のような点も提示されていた。たとえば「能力の低い児童の問題をも生かして学級問題の中に加えていく」「学級学習になったなら，先づ能力の低い児童から発言をさせて賞賛激励をしていく」[*31]「建設的に行き而かも学級に全児童を活動させて行くにはおよそ発表の順序がある。先ず能力の低いものから漸次能力の優れて居るものに及ぶのを原則としたい」[*32]など，教師が学力の低い子どもが学級相互学習に参加するための配慮をすべきとしている。また，発言しない子どもに対しては①独自学習の徹底，②発表の必要の自覚，③発表の順序の考慮などの配慮をすべきだとし，「発表を好まない個性」は仕方がないが，「討議学習の圏内に居て内的活動だけはするやうにしなければならぬ」[*33]とした。また，子ども相互に注意し合って討議の方法を進歩させたり，中心問題に触れて意見を言うように指導したりすべきとした。[*34]清水の指導論には，教師は直接討議や学習の内容に指導をするのではなく，もっぱら「討議の態度」「聴聞態度」の指導に注意を払うべきという傾向があった。

　次に清水は，学級相互学習の後に「不徹底なものがあったときには，ここに差別的要求に応じる分団学習の必要を生ずる」とした。「主として智力に訴えるものには必要がある。例えば算術で理解したものと然らざるものとに分かちて指導をしたり，読み方でも読解充分なものと不十分なものに分かちて指導す

＊30　前掲書（＊20），165頁。
＊31　前掲書（＊20），200頁。
＊32　前掲書（＊20），192頁。
＊33　前掲書（＊20），195頁。
＊34　前掲書（＊20），193頁。

ると徹底を図ることが出来る。又理科なども学級学習の後実験観察の不十分な
ものには再び実験観察の指導がいる[35]」としている。学級相互学習後の独自学習
の定着・徹底の過程での教師の指導も必要であるとした。

　以上のように清水は，学習法実施の過程のなかで，①独自学習において充分
な個人指導をすること，②学級相互学習に向けて，個別指導・分団指導を通じ
て発表のための基礎づくりや訓練をすること，③学級相互学習においてはすべ
ての子どもがなんらかの活動ができるように配慮すること，④子どもの学習が
偏ることのないよう修正すること，⑤子どもの学習をさらに徹底・定着させる
指導をすることなどを教師の仕事として挙げた。

3 ｜ 今井鑑三の実践研究から学ぶ

（1）独自学習とその指導について

　「子どもが生きているか」をつねに問うた今井が目指す「子どもを生かす授
業」とは，子どもが生きている証を，気兼ねなく率直に表すものであった。
「主体的に〈個性的に〉，思うこと，感じること，考えることを，自由に，生き
生きと述べられることが必要であろう。国語の学習では，決まった答えはない
というならば，ひとりひとりのものを出させることが不可欠である。とくに，
未理解，疑問，迷い，間違いなどが出てくると授業は生きてくる」「答えはひ
とりひとりにあるとわかると，子どもはその様相を一変させる。潜めていたも
のを見せてくれる[36]」とした。

　今井は，「子どもは，素直で純粋なものといわれています。だから常に自然
体で，その個性は発揮され，その本心，本音が聞けるはずです。しかし，はた
してそうでしょうか」として，「なんとかして，私たち教師は，豊かな個性を
もって，子どもらしく生きる子どもを育てたいものです。まず，安んじて本音

＊35　前掲書（＊20），166頁。
＊36　前掲書（＊18），7頁。

を言える場におくことが考えられます」[*37]と述べた。個に応じる，個に根ざすといっても，そもそも子どもが本当に本来の自分や本心・本音を表すことができているかどうか，本来の個性を発揮できているのだろうかという根本から問題にしたのである。子どもはそのままで個性的存在ではあるが，独自の資質や性格を自然に素直に発揮しながら，いま教室にいるのだろうか，そんな学級づくりや授業づくりができているだろうか，教室の場づくりができているだろうか，と問うところから個性尊重の教育ははじまるという指摘である。また，今井は個に根ざす教育を実現する方策として，「豊かな表現力」を育てる必要を述べた。この表現力は「言語表現だけでなく，造形，音楽，身体表現など，すべて体を動かし，心を動かす表現活動，表出行動，作業活動の場におけば，その本領が発揮され，その個性も発現される」[*38]とした。

　国語を専門とする今井の指導論には，「読む・書く・話す・聞く」のそれぞれの領域について，その基礎づくりの重要性の主張と同時に，具体的な教育方法の提示，授業事例の解説など，実にきめ細かく誠実で厳しい「良い授業」の追究の姿が見られる。そのすべてをここに示すことは難しいが，国語の独自学習で大きな部分を占める「読むと書く」の一体的指導の概要をまとめ紹介する。[*39]

　今井は「読む」と「書く」は「関連的指導というよりは表裏一体の指導」としており，この一体的指導は「話すこと」や「話し合い」を強化するために必要としている。「読む学習における書くことの効果」については，①「思考内容の定着」として，活発な子，饒舌な子の話のムダや重複を避け，文脈を考え制限され整理され洗練されたものとすべきとした点，②「思考内容の強化」として，読むことは考えることであるが，書くことはさらに考えることであるとした点や，「書くときに思慮ぶかい子」はそれゆえに安易な発言ができにくく，話しことば万能という考え方を捨てればこうした子はむしろ光った存在となるとした点，③「個の形成」として，書くという自己表現のときに子どもは個性的なものを発動し，わかり，考え，思い，感じて個は形成されるとした点や，

---

*37　前掲書（＊18），18頁。
*38　前掲書（＊18），19頁。
*39　前掲書（＊18），128-134頁。なお①～⑤の番号の付記は筆者による。

子どもたちの解釈はその経験・生活環境・個性・能力差などによって思考する内容もさまざまで，時に浅慮や誤解が生じるので，各個の解釈をもち寄って話し合うことでさらに個の充実・更新をもたらすべきとした点，④「生産的活動」として，書く労苦と努力を支える積極的な意欲が不可欠であり，書くことの喜びを知った子どもたちは驚くほどよく書くし，この努力的な書く行為がどれほど子どもを育て強くしているかはかりしれないとした点，⑤「学習形態の改善」として，書くことは「饒舌に話し合って終わるような浅薄な学習に対し，重厚で手固い，読み書きの学習を導入すること」になるとした点を挙げている。特に⑤について，「読みつつ書き，書きつつ読む。独自学習といい，ひとり読みという。ここに個の形成が有り，思考の深化があり，生産が行われる。華やかではない。むしろ地味である。つまり地道な学習である。そして，このようなひとり学習，個の学習が前提となって，共同の，協力の学習が開かれる。根拠のある話し合い学習，考え合い，比べ合い，高まり合いの学習が行われる。こうした独自と共同，個別と集団の組み合わせや連鎖によって，学習は堅実な方向に進むと考えられる。その要因となるものは，書く学習といっていいであろう」とした。

　さらに，今井は「書く意味」を再確認するとして，次の 4 点を提示した。[40]

　① 書くことは理解のたしかめである
　② 書くことは思考活動を活発にする
　③ 書くことによってその人の個が形成されその存在が確かなものとなる，
　　当然個人差・能力差もあらわれてくる
　④ 書くことは生産活動である，自己を成長させ新たにし自己の形成に迫っ
　　ていく

こうした意味を授業に組み込む工夫として，さらに次の 4 点を必要とした。

＊40　前掲書（＊18），104-105頁。

① 書く活動といっても，「書きしるす」「書き広げる」「書きまとめる」のように整理し，それぞれに具体的活動を工夫して組織化すること

② 書く活動を授業の中に組み込むことは，教材の特質に応じた教材化の工夫を自由にかつ新しく多様化するところにある，何を何のためにどう書かせるかの問題である

③ 書くことをどう指導するかどう生かすかという問題は，個別指導・個別点検が問題であるが便法があるわけではない

④ もっと根本的には，書かされている子どもからみずから書く子どもに身を立て直す指導にある，それはめあてをもち，みずからに問いかけ，みずから応え，みずから追求していく子どもを育てることにある

　このように「学習の個性化」というときには，今井が指摘したように，子どもが本来もっている個性がその学習において素直に十分に表出できているのかという次元から問われるべきであろう。さらに，それを可能とする授業づくりのなかで，子どもの自己を表現する力を地道に育てる必要がある。教師の側からいえば，独自学習はこのようなところを個別に指導する大切な局面であり，個別指導・個別点検を十分行うなど「指導の個別化」の機会を確保するところである。奈良女附小では，国語に限らず子どもたちを「書く主体」として育てる学習文化が根づいているところに注目すべきであると考える。

（2）相互学習とその指導について

　では，今井が考えた相互学習の授業づくりとはどのようなものであったのか。今井は，教師と子ども及び子ども同士の対話活動のなかに，「通じ合い，伝え合い，わかり合い」が行われていることが重要とした。[41]通じ合いがない授業の改善には，「つねに本音，本心がわだかまりなく発露される学級となるように，日常の言動が訓練され，洗練され，心おきなく語り合えて，相互の意志が通じ合えるようになること」「教師と子どもとの間に，あたたかみのある対話が行

＊41　前掲書（＊18），8頁。

われることが不可欠」とした。[42] そのために、「教師の話しことばを、できるだけわかりやすく、具体的にすること」とし、子どもに対しては「自由な質問の仕方を会得させて、わかりにくい場で、活発に利用すること」が必要とした。[43] また、「学び合い」について、以下のように述べている。[44]

　　「わかったこと」以外に「わからないこと」や「問題となる点」がもち出される。「わかったこと」も、その「わかりかた」が提示される。そして、これらが学習を進める内容となる。したがってそこに展開される学習は、互いに「確かめ合う」「わかり合う」「さぐり合う」「しらべ合う」「比べ合う」「教え合う」「考え合う」などの相互学習の形態となる。自分ひとりの単独性を超えて、ともに高まり合い、たすけ合い、導き合うといった協同性、連帯性の強いものを志向する。
　　学び合う学習では、互いに話し合い、練り合い、きたえ合うことが特質である。さらにいえば「わからないことはわからない」と発言し、「おかしいことはおかしい」と腹蔵なくいい、励まし合い、高め合う学習である。

　このように今井の相互学習指導論は、自由であたたかい対話活動によって、子どもたちが協働で探究を進めるための指導を追究するものであったといえる。
　さらに、「学習における話し合いは、成員相互の高まり合いである。それは、互いの考えの『聞き合い』であり、それを基底として『わかり合い』、さらに『考え合い』『練り合う』ものである。まさに、相互にかかわり合い、結び合うものである。個を開いて、個が高まり合うものである。そこには、自己を主張する面と、自己を越える面とが、微妙にはたらき合い、交じり合うことになる」として、このような見地から見た真の「話し合いの要件」として次の点を示した。[45]

＊42　前掲書（＊18）、11頁。
＊43　前掲書（＊18）、12頁。
＊44　前掲書（＊18）、52-53頁。
＊45　前掲書（＊18）、136-138頁。

①「話題の設定」として，話し合う必要のあることが成員に確認されていること

②「話し合いへの準備」つまり自分の考えをまとめるのに必要な時間を与えること

③「話し合いの時間」は１話題10〜15分程度，１時間中２話題とすること

④「話し合いの形態」として，小集団（グループ・班など）と学級集団（学級全員）の二つが交互に組み合わされ，司会進行が決まっており，発言も相互指名，自主発言，教師指名，机列順発言などさまざまな方法があることを配慮すること

⑤「教師の役割」として，どういう役割でどんな時に出るのか，そのかまえが必要であること

　この他にも「話し合い」技術の訓練や「話し合い」の改善と前進についての指導の実際など，取りあげここで共有したいところは多々あり，このような今井の学習指導論についてはよりいっそうの探究の必要性を感じている。「協働的な学び」の実際がどのようなものであるべきか，そのために教師は何をどう指導していくべきか，今井の提示した知見は豊富にある。

4 ｜ 奈良の学習法の今後の可能性と課題

　以上のように，奈良の学習法の学習論や指導論の一端を示したが，ここには「令和の日本型学校教育」に至るわが国の教育実践研究の成果として，今日私たちが当然踏まえておくべき内容が多く含まれている。理論的な研究成果も数多くあり，それに学んで自律的学習についての原理的理解を深めることができるのと同時に，実践研究の成果として提示されている指導の具体を奈良女附小で目の当たりにすることができる。一方，このような実践研究の成果をこの学校だけのものとせず，どう広く共有し実践の糧としていくべきか，また新しい時代の変化に即するための継承と発展というところに大きな課題がある。ここ

から「令和の日本型学習法」の構築のための探究をさらに進める必要があると考える。

　奈良女子大学附属小学校学習研究会は，2023年２月に『「令和の日本型学校教育」を体現する学校[46]』を発刊したが，そこには現在の奈良の学習法の実践の具体がいろいろな角度から示されている。本章で述べた奈良女附小の先人の実践研究の成果と併せて読者が自校の実践と比較したとき，自校の学校研究課題や自身の実践研究課題を明確に見出す一助となり，そこから各々の探究が始まることを期待している。「『令和の日本型学校教育』の構築を目指して」と題された2021年１月の中教審答申には，副題に「全ての子供たちの可能性を引き出す，個別最適な学びと，協働的な学びの実現」とある。「全ての子供たちの可能性」を引き出すことができるような学校教育の実現のために必要な学校改革については今後も考えていきたい。

第 13 章

フレネ教育に見る
個別的・個性的な学びと協同的な学び

坂本　明美

1 ｜ 「フレネ教育」 – 「フレネ技術」と学習材

　フランスの教育者，セレスタン・フレネ（Freinet, C.; 1896-1966）（以下，「フレネ」とする）は，第一次世界大戦に従軍して負傷し，多くの人々の死を目の当たりにする。強い反戦の思いをもって教職に就いたフレネは，教師による権威的な知識伝達型の授業による画一的な教育を批判し，子どもの興味・関心や自由な表現から出発する，学習者を中心とした教育の在り方を追究した。フレネは，さまざまな教育理論や教育実践を吸収しつつも，自分の学校・学級で実践が可能な要素を抽出し，それらを自分なりに組み換えながら自己の実践に応用させていった。彼は公立学校の改革を目指し，教師を中心とした協同的な教育運動の展開を通して，仲間たちと試行錯誤しながら「フレネ技術」と呼ばれる諸技術の形成と，「学習材」の開発・製作・普及に取り組んだ。「フレネ技術」には，自由テクスト，学校印刷，学校新聞，学校間通信，学校協同組合，講演［自由研究の発表］，仕事の計画（表）など，さまざまな技術がある。「学習材」としては，資料カード，『学習文庫（B. T.）』（テーマ別資料小冊子），自己訂正カードをはじめ，複数の種類がある。フレネらが取り組んだ教育運動は「現代学校運動（le mouvement de l'École Moderne）」と呼ばれ，フランスだけではなく国際的な拡がりも見せながら，実践的研究は現在も続いている。

　一口に「フレネ教育」といっても，それを1つの完成体と見ることは，必ずしも適切ではない。フレネの生涯を通して見ても，彼が影響を受けた複数の理論や教育実践が彼においては混在しており，変遷もあった，ということも重要

である。さらに、「フレネ教育」といっても、教師、学級、学校によっても実践が異なるため、一括りにまとめて記述することができない。フランスにおける状況としては、学校全体で「フレネ教育」を実践している学校は少なく、教師が学級単位で実践に導入していることが多い。

本章では、「フレネ教育」における「個別的・個性的な学び」と「協同的な学び」との関係について考察することを目的とし、次の2つの課題を設定する。

第一に、フランスの「フレネ教育」の実践における「個別的・個性的な学び」と「協同的な学び」との関係について考察する。実践としては、南フランス・ヴァンス（Vence）の「フレネ学校」（以下、「フレネ学校」とする）において、筆者が2007年3月に観察した内容を中心に、他の複数の年度に同校で観察した内容も扱う。また、2009年3月に観察した、フランス・マイエンヌ（Mayenne）県の公立小学校「ビズ学校（Ecole Bizu）」で「フレネ技術」を導入した実践も、部分的に扱う。

第二に、フレネは「個別化」・「個性化」と「協同化」との関係についてどのように捉えていたのか、ということについて、彼の主張を考察する。筆者が知る限り、フレネの記述や「フレネ教育」に関する文献等においては、フランス語で la collaboration（協働）ではなく、la coopération（協同）という概念で頻繁に議論されているため、本章では「協働」を「協同（la coopération）」に置き換えて論じる。

以上の2つの課題に取り組む際に、フレネにおけるキー・コンセプトである「共同体」「学校共同体」を媒介として考察する。なお、本章において［　　　］は筆者による補足説明等を表すことにする。

2 ｜ フレネ教育における「個別的・個性的な学び」と「協同的な学び」の実践

本章で取りあげるヴァンスのフレネ学校は、フレネが妻のエリーズと共に新しい学校を築くことを決め、1935年に公式に開校を宣言した学校である。私立

学校のフレネ学校が1991年に国立学校となった際に，同校の「使命」として，「エリーズとセレスタン・フレネがここで望んだ教育（学）を保護すること」が掲げられていた[下線部は，原文で太字・斜体で強調]。その後，公立学校となる。2009年作成，2010年実施の「ヴァンスのフレネ学校〜協約と憲章〜」という文書にも，次のように記載されている。[*2]

　　「フレネ教育（pédagogie Freinet)」という熟語が非常に多様な実践を指し示し，さまざまな解釈を引き起こす時にあって，エリーズとセレスタン・フレネによって開校された学校は，基準にする（référence）学校であり続けなければならない。この特殊な学校は，独自の教育，即ち，フレネとエリーズ・フレネが，自分たち自身の学校において望んだ教育を実践する。
　　　　　　　　　　　　　　　　　[下線部は，原文で太字・斜体で強調]

　現在のヴァンスのフレネ学校[*3]は合計3学級あり，幼児学級が1学級，小学生の学級が2学級，すべて異学年学級（異年齢学級）である。2007年3月の筆者の訪問時，子どもの数は全校で66名であり，その内訳は次のとおりであった。幼児学級は合計26名で，年少（3〜4歳）が8名，年中（4〜5歳）が9名，年長（5〜6歳）が9名であった。小学校低学年の学級は合計20名で，第1学年が8名，第2学年が12名であった。小学校中・高学年の学級は合計20名で，第3学年が8名，第4学年が5名，第5学年が7名であった。
　フレネ学校と長年交流しているけやの森学園が制作された DVD では，フレ

＊1　Rédaction par le Conseil des maîtresses de l'école Freinet（2009). /Actualisation à l'Inspection Académique de Nice（2010). *L'école Freinet de Vence : Convention & Charte*. p. 13.
＊2　*Ibid.*. p. 8.
＊3　フレネ学校における実践の詳細について知りたい方は，次の著書において，ゴ氏が2001年から4年間同校で調査を行った記録をもとに，分析・考察を行った内容が収録されているので，参照されたい。
　　Go, H.-L.（2007). *Freinet à Vence : Vers une reconstruction de la forme scolaire*. Presses Universitaires de Rennes.（アンリ‐ルイ・ゴ，阿部一智（訳）『ヴァンスのフレネ学校——学校形式の再構築に向けて』ひとなる書房，2020年。)

ネ学校における「自由作文やコンフェランス，アトリエでの創作活動」の共通点として，「子どもたちが自らと向き合って辿り着いた作品や研究成果を，必ずクラスメートや先生と共有しなければならない」という点を挙げ，次のように解説されている。[*5]

　　自分のなかだけで作品や研究が完結するのではなく，みんなの前での発表を通して，さまざまな対話が交わされます。個別化と共同化，すなわち，個人と社会，この両輪があってはじめて，人としての自立につながるのです。

　筆者も，この引用文にある指摘は非常に重要であると考える。上記の引用文においては，「個人と社会」という「両輪」について指摘されているが，本章では，個人と「共同体」という視点で考察したい。たとえば，フレネ学校で午後のアトリエの時間に，絵の具を使って絵を描く仕事を自ら選択した子どもたちが，アトリエの教室に集まり，絵を描いていた。ある女の子が一通り絵を描き上げるとすぐに，同じアトリエで絵を描いていた他の子どもたちと教師が集まってきて，その絵を見ながら感想やアドバイスを率直に話し合っていた。一通り発言が終わると，その女の子は，他の子どもたちから寄せられたアドバイスの内容を受けて，早速，筆に絵の具をつけて模様のような線を描き加えていた。この場面から，個人の作品は共同体で共有され，共同体でその作品を質的に高め合っているように見えた。
　以下では，個人と「共同体」との関係を軸として，「フレネ教育」における「個別的・個性的な学び」と「協同的な学び」との関係に焦点を当て，いくつ

＊4　**けやの森学園**：埼玉県狭山市根岸にあり，幼稚舎と保育園が併設されている。「生きる力を育む自然の教育」を教育理念とし，自然体験を重視している。教育方針は次の3つの柱で構成されている。「1．からだで学ぶ体験教育」，「2．心を鍛える仏教教育」，「3．社会をつくるフレネ教育」（「けやの森学園」のホームページより）。
＊5　けやの森学園（制作・著作）『ドキュメント「フレネ教育の神髄に迫る」——けやの森からフレネへの旅　Part3（DVD）』2020年。

＊4

か実践を選んで紹介したい。

（1）個別学習

　フレネ学校における個別学習は，子どもたち一人ひとりが持っている「仕事の計画表（Plan de travail）」に基づいて行われ，子どもが自分の「仕事［学習］」を自主運営している。小学生の学級では，「仕事の計画表」に記載された項目について，指定された期間内に何をどこまで行うか，ということを各自が自分で考えて決定し，自ら目標を赤い線を引いて設定する。その際に，教師の助言も得ながら設定している場面も見られた。参考までに，フレネ学校の現在（2021／2022年度）の状況として，小学校低学年学級担任兼校長，オレリア・ルヴェ（Aurélia Levet）氏によると，「仕事の計画表」に基づいた個別学習の時間は，午前は 8 時30分〜10時までで，これに加えて，週 4 日［（水）・（土）・（日）はお休み］のうち 2 日は，11時〜11時30分の時間帯も個別学習に取り組む。午後は，計画表に基づいた学習［仕事］は50分間取り組む［午後の他の時間は，アトリエ活動，子どもの講演［自由研究の発表］，（協同組合の）会議，教室の整理整頓など］。しかし，午後にアトリエ活動を選択せず，計画表に基づいた学習［仕事］を 1 時間30分取り組むこともできる。したがって，少なくとも 1 日に 2 時間20分あるいは 2 時間50分，「仕事の計画表」に基づいた個別学習に取り組むことになる。もしもアトリエ活動を選択せず，計画表に基づいた学習［仕事］に取り組むのであれば， 1 日に 3 時間あるいは 3 時間30分，個別学習に取り組むことになるという。[*6]

　「仕事の計画表」には教師が設定した項目が事前に記載されているため，それらの内容について子どもが自ら判断・選択・決定・実行していくことが求められる。中・高学年学級の「仕事の計画表」を例に挙げ，表面に記載されている項目の一部分を紹介すると，「（自由）テクスト」，「詩」，「書き写し」，「家で読むもの」，「かけ算九九」，「綴り」，「応用問題」，「数」，「演算」，「私の講演［自由研究の発表］」，「聴いた講演」，「アトリエ［絵の具で描く絵，サインペンで

＊6　2022年 8 月26・27日にオレリア・ルヴェ氏から受信したメールより。

描く絵，パソコン，英語，庭仕事，演劇やダンスなど]」などである（図13-1）。教師は子どもたちの様子を見て回ったり，教室前方の長椅子に座り，子どもたちが持ってくるものを確認したり，質問に答えたりしている（図13-2）。

　「フレネ教育」の特徴の1つとして，豊富な「学習材」が教室に備えられていることが挙げられる。一人ひとりの学習リズムは異なる，という認識のもと，多様性を尊重し，異質性に基づいた学習を可能にするためには，一人ひとりの進度に対応した「学習材」が必要となる。フレネ学校で子どもたちが頻繁に取り組んでいた個別学習の学習材は，

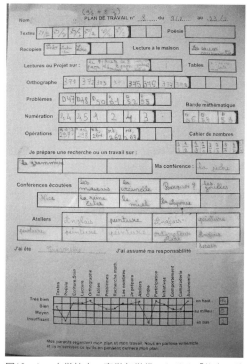

図13-1　小学校中・高学年学級における「仕事の計画表」の表面

出所：フレネ学校（筆者撮影，2007年3月15日）。

たとえば次のようなものである。「問題カード」と「答えカード」がそれぞれ小さなケースに入っており，子どもがケースから「問題カード」を取り出して取り組み，解き終わったら「答えカード」を取り出してきて自己訂正を行う。プリント形式の学習材は，単元別にバインダーに綴じられており，ポケット式クリアリーフに1枚ずつ順番に収められている。プリント形式の学習材も，子どもたちの学習進度に合わせて，子どもが自分で選んで取り出して取り組み，自分で答え合わせを行う。これらは，学級で共同所有されているため，使い終わったら，また元の場所に順番をそろえて返却しなければ，他の子どもが次に使うときに困ることになる。一方，薄い小冊子の学習材で，子どもたちが個人

図13‐2　小学校中・高学年学級における
　　　　個別学習
出所：フレネ学校（筆者撮影，2007年3月15日）。

図13‐3　小学校低学年学級における「支
　　　　援」のペア
注：1年生の子ども（左）が絵本を読み，それを
　　2年生の子ども（右）が聴いてあげている。
出所：フレネ学校（筆者撮影，2007年3月13日）。

で所有しており，直接書き込む学習材もある。

　さて，子どもたちは静寂のなかで個別学習に取り組んでいるが，他人の迷惑にならないように配慮しながら，非常に小さな声で子ども同士で話している場面に出会うことがあった。筆者はそれまで何度か同校を訪問させていただいていたが，2007年3月の訪問時にはじめて，「支援（Parrainage）」のペアと，異学年の子どもたちが混合した座席の配置に仕掛けがあることに気がついた[7]。「支援」のペアは，異学年の子ども同士のペアで，上の学年の子どもが下の学年の子どもの支援をしてあげるものである。低学年学級では，「支援」のペアが隣同士で座るように座席が配置されていた。ただし，「支援」のペアではない子ども同士であっても，自主的に協同的に学んでいる姿を随所で観察し得た。印象的な場面は，低学年学級において，1・2年生の「支援」のペアが教室の隅にあるソファに座り，1年生の子どもが絵本を小さな声で音読し，2年生の子どもがその読みを聴いてあげている姿であった（図13‐3）。このように，個

＊7　坂本明美「フレネ学校における教育実践──『異年齢学級』に着目して」『技術教室』
　　　第667号，2008年，58-59頁。坂本明美「フランス・ヴァンスの『フレネ学校』における
　　　教育実践に関する一考察──教育の継承に着目して」『山形大学　教職・教育実践研究』
　　　第12号，2017年，51-56頁。

別学習であっても協同的に学んでいる場面がさまざま見られた。中・高学年学級では、グループごとに、3～5年生の異学年の子どもたちが混合して配置され、各グループに必ず5年生が含まれるように、バランスを考えて座席が配置されていた。

（2）「仕事の計画（表）」：個人と共同体による評価

　ヴァンスのフレネ学校では、幼児学級でも「仕事の計画表」を実践に導入しているが、本章では小学生の2つの学級で実践されている「仕事の計画表」について記述する。2007年3月の観察時には、低学年学級も中・高学年学級も、3月12日～3月27日という期間が設定され、計画表を記入していた。子どもたちは、一つひとつの項目について取組みが終わる度に、黄色い蛍光マーカーで色を塗っていくため、「記録表」としての役割も果たしている。この計画表の期間が終わるとき、評価項目の一つひとつについて、まず自己評価を行う。自分が設定した目標を達成することができたかどうか、ということだけではなく、学校生活についても自身を振り返る。中・高学年学級の「仕事の計画表」の表面下欄に記載されている評価項目を紹介すると、本節（1）「個別学習」で記述した項目にほぼ相当する複数の内容と、それ以外に、「整理整頓」、「参加」、「イニシアチブ［学級や学校のために自ら率先して行うこと］」、「態度」、「仲間関係」、「自律（Autonomie)」という項目が加えられている。それぞれの項目について、子どもが「とても良い」「良い」「普通」「不十分」という4段階から選んで印をつける。

　自己評価の次の段階が、共同体による相互評価である。中・高学年学級の様子を紹介しよう。子どもたちは、「仕事の計画表」の表面に記載されている評価項目の一つひとつについて、学級で状況を報告し合い、それぞれの自己評価の選択が適切であるかどうか、時間をかけて意見を出し合い吟味していた。ある子どもの自己評価について、他の子どもが、その子の日頃の状況を説明したうえで、「評価をもう一段階上げるべきだ」、と評価の修正を提案する場面があった。別の子どもの自己評価については、逆に、評価を下げることを求める場面もあった。共同体からの意見を受けて、本人が自己評価の修正が必要である

と判断する場合は修正する。参観している筆者が疲れるほど，長時間かけて相互評価を行っていた。計画表の裏面の前半には，「自律」に係る具体的な行動基準が５つ示され，それぞれ毎日実施できたかどうかチェックし，合計点数をつけて数値化する欄がある。後半には，計画表についての本人のコメント，教師のコメント，保護者のコメントを記述する欄が設けられている。このように，個人の仕事［学習］と，学級・学校での生活態度は，学級の子どもたち・教師・保護者が共同体として，その一員である子どもをつねに意識して見ており，相互評価を通して助言し，批判し，認め合い，励まし合う。学級での共同体による相互評価の場面では，子どもたちは他の子どもたちについて，率直に自分の考えを発言していた。すでに成された自己評価に対して修正を求めるということは，子どもたちが自分のことだけではなく，他者の学びや学校生活の様子について，我がことのように真剣に考えているからこそできるのだろう。その基盤には，個人がつねに共同体とのつながりにおいて仕事をし，生活していることと，お互いの間に築かれた信頼関係があるのだろう。

（3）「自由テクスト」

　自由テクストは，子どもが表現したいことを自由なテーマで書くものであり，自らが表現した自由テクストをもとに「書くこと」「読むこと」などを学ぶという点で，「個人的・個性的な学び」であるといえる。しかし，それと同時に，子どもが自分の書いた自由テクストを学級の皆の前で読み，教師も含めた共同体でコミュニケーションを図ることにより，個人の表現が共同体で共有される。里見（1994）は，「書くこと，あるいは表現というものの個別性を徹底的に認識していたからこそ，フレネは同時に，それをコミュニケーション行為と共同性にリンクしていくことの重要性をだれよりも鋭く自覚していた[8]」と述べている。

　「自由テクスト」とは別に，子どもが皆の前で伝えたいことを口頭で表現し，その表現された内容をもとに対話する「朝の話し合い」の実践もある。「朝の

＊8　里見実『学校を非学校化する──新しい学びの構図』太郎次郎社，1994年，74頁。

話し合い」や「自由テクスト」の実践を通して，その子らしさ，個性が表現される。その個性的な表現を学級で共有し，コミュニケーションを図ることを通して，対話的関係が生まれていく。このような実践を日々地道に継続し，蓄積していくことによって，互いに個性を尊重し合う関係が育まれ，共同体としての関係が築かれ，お互いが目に見えない絆でさらに強く結ばれていくのだろう。また，1人の子どもが書いた個人の自由テクストは，その子にとっての「書くこと」の学習になるだけではなく，他の子どもたちにとっての「読むこと」「書くこと」の学習材として役立ち，共同体の学びに貢献する。このことからも，「共同体としての学び」といえるだろう。

　現在（2021／2022年度）のフレネ学校の低学年学級担任兼校長，オレリア・ルヴェ氏は，同校で実践されている「自由テクスト」における2種類の状態として，「自由テクストを書くこと」を「個人的な学び（le travail personnel）」／「個人の学び（le travail individuel）」として捉え，黒板を使った次のような学びを「協同的な学び（le travail coopératif）」として捉えている。すなわち，自由テクストに出てくる単語で，はじめて出合う単語や読み方のわからない単語の読み方［発音］を，グループで類推し合い発見していくプロセスや，子どもたちが対話をしながら推敲したり，より豊かな表現に練り上げたりするプロセスを「協同的な学び」と捉えている[9]。同校での自由テクストの実践を通した「協同的な学び」について，以下では，筆者が観察した内容をもとに概略について述べる[10]。

　ヴァンスのフレネ学校では，幼児学級から小学校を卒業するまで自由テクス

＊9　「けやの森学園」主催による「日仏教育実践交流会」（2014年8月6〜7日）のなかで，オレリア・ルヴェ氏が，8月6日に埼玉県狭山市市民会館で講演をされた。その講演原稿の原文を，同年9月16日に，ルヴェ氏より筆者宛てにメールで送っていただいた。原文のタイトルは，«La méthode naturelle d'apprentissage de la langue»。ルヴェ氏から同年9月18日に受信したメールで，筆者からの質問への回答とともに，講演原稿の原文からの引用について許諾をいただいた。また，2022年8月26日にルヴェ氏からメールでいただいた回答の内容も含む。

＊10　坂本明美「第4章　フランスにおける『読むこと』の実践――『フレネ教育』の『自然な方法』を中心に」フランス教育学会（編）『現代フランスの教育改革』明石書店，2018年，特に94–108頁を参照のこと。

トを実践しており，自由テクストは，「書くこと」と「読むこと」の学習の土台になっている。自由テクストを通して「話すこと」の学習も行われているが，他の「フレネ技術」を通しても「話すこと」は学習されているため，ここでは「書くこと」と「読むこと」に焦点を当てて論じることにする。

　2007年3月に訪問した際にも，幼児学級の年長児だけを取り出して，自由テクストをもとに，「読むこと」の学習を協同的に行っている場面を観察した。小学校1・2年生の低学年学級では，「読むこと」の学習については，まだ初歩の子どもたちと，「読むこと」ができる子どもたちとの間に大きな差がある。そのため，2つのグループに分けて学習を行う場面が設けられている。前者の初歩のグループを観察した際に，上述した幼児学級で年長児だけを取り出して行っていた「読むこと」の協同的な学習と同様の方法で，次のように実践されていた。ある子どもの自由テクストの内容を教師が黒板に書き，はじめて出合う単語の読み方を学習する際に，まず，その単語を音節に分ける。そして，知っている単語や，それまでに他の子どもたちの自由テクストに出てきた単語を参照しつつ，教師と子どもたちが次々に発言を重ねていき，子どもたち自身でその音節の読み方（発音）を類推し，発見していくように，教師は支援していた。

　中・高学年学級で観察した内容としては，次のようであった。まず，子どもたちが書いてきた自由テクストを，それぞれが皆の前で読み，質問をしたり感想を話したり，コミュニケーションを図る。そして，学級で多数決をとり，1つの自由テクストを選ぶ。選ばれた自由テクストの作者はまず1文を読む。読まれた1文について，教師と子どもたちが対話をしながら口頭で，表現や単語の選択について吟味し，推敲し，質的により豊かな表現になるように，共に練り上げていく。確定した1文を教師が言い，他の子どもがそれを黒板に書き取る。その書かれた1文について，単語の綴りや文法の間違いを子どもたちで見つけ，修正し，教師の問いかけによって文法的事項について復習する。この流れを1文ずつ繰り返していくのであるが，黒板に書き取る子どもは，1文ずつ交代していた。このように，1つの自由テクストをもとに，教師の発問によって多様な視点で学びを広げ，深めていき，小学校3〜5年生の子どもたちが協

同的に学び合っていた。

（4）「講演［自由研究の発表］」

　個人の学びの成果は共同体で共有
され，その共同体も豊かになる。そ
のことがよくわかるのが，「講演［自
由研究の発表］」である。「講演［自
由研究の発表］」は，子どもが興味・
関心をもったテーマについて調べ，
情報収集し，まとめ，皆の前で発表
して共有し合うものである。個人の
学びの成果を共同体で共有すること
によって，聴き手の子どもたちにと
っても学びとなる。個人の学びが共
同体のために役立ち，貢献する。

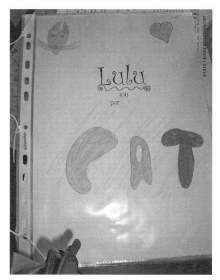

図13‐4　子どもが製作した「手作りの本」
出所：ビズ学校（筆者撮影，2009年3月12日）。

　マイエンヌ県の「ビズ学校」は，2009年3月の筆者の訪問時，学級数が1つ
で，小学校第2〜第5学年の4つの学年の子どもたち合計26名が，1つの同じ
教室で学んでいた。同校における「講演［自由研究の発表］」の実践として，子
どもたちは，自分が興味・関心をもった内容について，自分で章立てを行って
執筆し，その成果を一綴りの「手作りの本（l'album）」にまとめていた。「本」
といっても，左側に綴じ穴のある，薄いナイロン製のポケット式クリアリーフ
のなかに，子どもが書いたものを1ページずつ入れ，ひもで結んで綴じたもの
である。2009年3月12日に筆者が観察したとき，小学校5年生の女の子が『リ
ュリュ，猫』というタイトルで，自分が飼っている猫について書き，製作した
本の内容を発表していた（図13‐4）。まず，聴き手の子どもたちに「質問〜講
演中の学習カード〜」と書かれたプリントを配布した後で，発表がはじまった。
この「質問」の学習カードには，発表内容についての質問が5問すでに記載さ
れていた。発表者は，目次からすべて読み，描いた絵は皆に見えるように提示
して紹介していた。書いた文章をただ読み上げるだけではなく，補足説明も自

分の言葉で話していた。また，パソコンで猫の写真も提示していた。発表終了後，すぐに聴き手の子どもたちが全員，順番に感想を発表したり質問をしたりしていた。聴き手の子どもたち全員からのコメントの発表が終わると，5つの質問について1つずつ，子どもたちが自分の考えた答えを発表し，学級全体で確認しながら，教師が答えを板書していた。子どもたちは，板書された文章を見ながら，「質問」の学習カードに補充して書いていた。しかし，それで終わりではない。

　教室にはフレネ教育運動で製作された分類リストが備えられており，その分類リストには，テーマのジャンル・内容に応じて番号が割り振られている。この分類リストに従って，手作りの本のテーマに対応した番号が，作られた本の表紙などに記入されており，複数ある箱の1つに収められ，学級で保管される。本が収められている複数の箱も番号で分けられ，整理されていた。こうして，他の子どもたちが読みたいと思ったときに，分類リストの番号を見ながら，いつでもすぐに探して読むことができるように共同所有されていた。個人の学びの成果が，子どもにより手作りの本として作品化され，共同体の共有財産となり，他の子どもたち（共同体）の学びのための「学習材」となって役立てられる。個人の学びが共同体において循環している，ともいえるのではないか。

　この学級には，フレネ教育の学習材のシリーズである『学習文庫（B. T.）』が大きな本棚にびっしりそろえてあった。『学習文庫』は，フレネ教育の子ども向けのテーマ別資料小冊子であり，同校では番号順にわかりやすく整理されていた。このように，教室に豊富な学習材をそろえて準備しておくことによって，子どもがあるテーマについて興味・関心をもったときに，タイミングを逃さず学びを深めることができる。「個性的な学び」を保障し，「深い学び」へと発展させていくためには，それを可能にするための学習材が必要である。

3 | フレネにおける「共同体」・「学校共同体」
―「個人の個性的な学び」と「協同的な学び」をつなぐ概念

　前節では，「フレネ教育」を導入した実践の一部分を紹介したが，このような実践の背景には，フレネのどのような思索があるのだろうか。

　フレネの記述を考察すると，「個人の個性化された学び」と「協同的な学び」とをつなぐものが，「共同体」あるいは「学校共同体」という概念であると考えられる。[*11]　フレネは彼の教職初期から「共同体」，「学校共同体」という概念に着目していた。また，フレネにおいては「仕事（le travail）」もキー・コンセプトの 1 つとなっている。フレネは，「個性」あるいは子どもの「仕事［学習］」を，「共同体」との関係で捉えようとしていた，ということがわかる記述が複数見られる。本章で特に取りあげたいフレネの記述は，「共同体のために役立つ仕事」が彼の理想とする子どもの「仕事」であり，子ども自身が「共同体のために役に立っている」と感じられることが重要である，という主張である。

　フレネは「講義」と「宿題」，「伝統的学校の技術のすべて」を批判し，次のように述べていた。[*12]

　　（…略…）大人と同様に，子どもは，目的がわからない仕事［学習］には全然興味を持たない。なぜならば，いわば目的などまったくないからである。教師に赤インクで汚され，採点されるためだけにしか用意されない宿題に，どうして小学生が魂を注ぐだろうか。

　　我々は，仕事［学習］をしている子どもが，共同体の役に立っているとつねに感じている，というところに到達した。それは次のようなことである。子どもが文章を書くとき，活字を組むとき，印刷をするとき，それは少し

＊11　フレネの記述は，書かれた当時のフレネの状況や時代背景との関連で考察する必要があるが，紙幅の制限があるため，ここではフレネの主張をいくつか抽出するだけにとどめる。

＊12　Freinet, C.（1937）. *Plus de leçons*（*Brochures d'Education Nouvelle Populaire*, No. 3.）, pp. 13-14.

も教師のためではなく，仲間たちと通信相手たちのためである。子どもが歴史，科学，あるいは地理の問題に取り組むとき，子どもは自分の努力が仲間たちの役に立つだろう，とも感じなければならない。

　我々は，「仕事の計画（les Plans de travail)」と「講演［自由研究の発表］（les conférences)」という 2 つの手段によって，そこに到達した。

　フレネはここで，「仕事の計画」と「講演［自由研究の発表］」という 2 つの「フレネ技術」を挙げている。

　さらに，子どもが「共同体」のために役立つだけではなく，「共同体」も子どもの役に立ってくれる，という双方向の関係について彼は論じていた。『フランスの現代学校――民衆学校の物質的，技術的，教育学的組織化のための実践的指針』において，フレネは「真の教育目的」として，「子どもは，理性的な（rationnelle）共同体の内部で，個性（personnalité）を最大限に伸ばすだろう」と述べている。その「理性的な共同体」は，「子どもが役に立ち，子どもの役に立ってくれる」ものであるという。[*13]

　また，『教育の不変の要素（*Les invariants pédagogiques*)』のなかで，「不変の要素 第21」として，フレネは次のように記述している。[*14]

　　　子どもは，個人が服従しなければならないような群れの仕事［学習］は好きではない。子どもは協同的な（coopérative）共同体の内部での，個人の仕事あるいはチームでの仕事が好きである。

　「不変の要素　第21」についてのフレネの記述を詳しく見てみよう。フレネはまず，「すべての子どもたちが，同じ時間に，まったく同じことをしているスコラスティックな実践」を，「決定的に非難すべきこと」としている。そし

＊13　Freinet, C.（1948). *L'École moderne française : Guide pratique pour l'organisation matérielle, technique et pédagogique de l'école populaire.* Éditions Ophrys, pp. 13-14.（4ᵉ édition).（Ophrys 社による初版は1945年)。
＊14　Freinet, C.（1977). *Pour l'école du peuple.* François Maspero, p. 166.

て，「我々がいくら部門あるいは課程によって生徒たちを分類しても，彼らの欲求も素質も同じであることは決してなく，全員を同じ歩調で進ませたいと思うことは，非常に非理性的である」と述べている。そして，次のように論を展開している。少々長くなるが，引用したい[*16]。

　我々は，子どもたちが生き生きとした共同体の内部で，自分のリズムで仕事をする［学習する］ことができる可能性を追求し，それを見出した。

　チームでの仕事［学習］と協同的な仕事［学習］の概念は，それ自身，再検討されなければならない。チームで仕事をする［学習する］こと，あるいは協同的に仕事をする［学習する］ことは，必ずしも，一人ひとりのメンバーが同じ仕事［学習］をすることを意味しない。逆に，個人は，自分の個性を最大限に保たなければならないが，共同体に貢献しなければならない。

　仕事［学習］のこの新しい形は，教育学的に言っても，また人間として言っても，最も重要度が高い。

　レムリー（Lèmery, E. et J.）の論稿「教育の個別化（l'individualisation）について」のリード文において，次のように記述されている[*17]。

　セレスタン・フレネにとって，また私たちにとって，個別化は，諸技術（自己訂正など……）と学習材（参考資料と学習の，多様なカードと小冊子）を使った「個別学習（travail individualisé）」に帰着しない。それゆえ，次のように洗練されるだろう。自然体系の組織において，「個別化」と「社会化」は切り離せない。

＊15　*Ibid.*, p. 166.
＊16　*Ibid.*, pp. 166-167.
＊17　Lèmery, E. et J. (1997). Propos sur l'individualisation de l'enseignement. *Le Nouvel Éducateur*, No. 93, Novembre 1997, p. 12. のリード文。

そして，レムリーは，上述した「不変の要素　第21」について考察するなか
で，「個別学習」の欠点について考察し，次のように指摘している。すなわち，
フレネは，「個別化された学習においてさえも差異をすでに強調しており」，
「個性化された学習（le travail personnalisé）へ向かって行くこと，または，さ
らに厳密に言うならば，相乗作用の共生によって，一人ひとりにとって個別的
で社会的な発達をより調和的に両立させる，学びの個性化された道筋へ向かっ
て行くこと」を示していた[18]［下線部は，原文で太字で強調］。

　上記のレムリーの主張によると，フレネは「個別化」と「社会化」との両立
を目指し，単なる「個別学習」を超えて，「個性的な学び」を追求していた，
といえるだろう。「個別化」と「社会化」との両立については，実際にフレネ
は，『個別学習とプログラム化（*Travail individualisé et programmation*）』のなか
で，「個別学習は，それが協同的な社会生活に統合されていなければ意味がな
い[19]」，と原文では斜体にして強調して述べている。レムリーの記述にある「相
乗作用の共生」は，筆者が本章で考察してきた「共同体」概念とつながってい
るように思われる。

4　「個性的な学び」と「協同的な学び」の充実と，「共同体」の発展

　フレネは，子どもたち一人ひとりの学習リズムや個性を尊重するだけではな
く，個人の「個性的な仕事［学び］」が「共同体」のために役立っている，と
子ども自身が感じていることが大事である，と考えていた。彼は，子どもが個
性的に学んでいくことと，学級・学校において「共同体」的な関係を築き，そ
の「共同体」が発展していくこととは，互いに密接に結びついている，と考え
ていたのではないか。そのため，「共同体」概念を媒介とすることによって，

＊18　Ibid.. p. 12.
＊19　Freinet, C. et Berteloot, M.（1966）. *Travail individualisé et programmation*（Biblio-
　　　thèque de l'école moderne）, p. 15.

個人の「個性的な学び」と「協同的な学び」とをつないでいこうとしたのではないか。

　ヴァンスのフレネ学校やビズ学校における実践では，個人の「個性的な学び」は，その子どもが豊かになるだけではなく，「協同的な学び」により，共同体も豊かになっていた。その基盤には「フレネ技術」と学習材があり，自由な表現とコミュニケーション，対話による関係づくり，学びの成果の共有などが重要な役割を果たしていた。また，個人の仕事［学び］やふるまいは，つねに信頼関係に基づく共同体に見守られ，子どもたちは仲間の進歩・向上を願って，互いに自分の考えを表現し合い，フレネ学校では，「仕事の計画表」を使って相互評価も行っていた。さらに，本章では紙幅の都合上扱うことができなかったが，「フレネ技術」の1つに「学校協同組合」があり，フレネ学校とビズ学校の両方で，「協同組合の会議［集会］」を定期的に開いていた。「会議」では，子どもたちが大人（たち）とともに学校共同体の一員として，批判や賞賛をしたり，学校生活における諸問題の解決方法について話し合ったり，提案，決定，仕事［学び］の計画・調整をしたりする。

　子どもたち同士，子どもたちと教師との間に「共同体」的関係を築いていくことと，個人の「個性的な学び」と「協同的な学び」とが相互に結びつき充実していくこととは，互いに相乗効果を発揮しながら発展していく，といえるのではないだろうか。

第 14 章

一人ひとりがみんなと自由に

きのくに子どもの村の体験学習のねらいと実際

堀　真一郎

　きのくに子どもの村は，1992年4月に最初の小学校を設立し，現在（2022年）は，和歌山，福井，福岡，山梨，長崎の各県に小中学校を各1校，和歌山に高等専修学校1校の計11校を運営する学校法人である。ほかに英国スコットランドに研修施設を所有している。子どもたちの自己決定，個性，体験をキーワードとして，「プロジェクト」という名の体験学習を中心にした実践を続けている。

1 ｜ 学習（授業）の質の転換が急務 −学校づくりのはじまり

（1）学校でいちばん楽しいのは何か

　まず次の数字を見ていただきたい。

　　農村の小学4〜6年生　　5％
　　都会の小学4〜6年生　　2％

　これは，いまから30年余り前，私が大阪市立大学に勤めていたころに小学生を対象にして行った生活実態調査で，「学校でいちばん楽しいのは何ですか」という質問に「勉強」という答えを選んだ子の割合である（図14−1）。
　いわゆる「勉強（学習）」がいちばん好きという子は，1クラスに1人いるかいないか，というのが現実の学校の姿なのだ。圧倒的に多いのは「友だちに

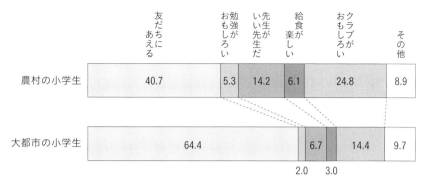

図14‐1　学校でいちばん楽しいこと（1984年，福井県と大阪市の小学4‐6年生）

出所：堀真一郎「現代都市の教育環境」新堀通也・津金沢聡広（編著）『教育の環境と病理』第一法規出版，1984年。

あえる」で，農村で40％，都会では64％の子が選んでいる。

　学校とは，子どもたちの「学習」を最も大切な使命としてつくられた施設ではなかっただろうか。

　新しいことが知りたい。できなかったことができるようになりたい。

　子どもたちは，誰でもそんな強い願いをもっているはずだ。しかし，この調査の結果で見る限り，学校での学習はその願いに応えているとは到底いいがたい。むしろ我慢して耐えなくてはならない労役になっている。

　　毎日が楽しい。
　　なんだか笑えてくる。
　　早く明日になってほしい。

　子どもたちがこんな思いを抱いて登校する。そんな学校を自分たちの子どものためにつくりたい。そう願う数人の親が集まって「新しい学校をつくる会」が生まれた。1984年の秋のことだ。

　「つくる会」の最初の仕事，それは，めざす学校の具体像の設定である。抽象的な「楽しい学校」とか「自由な学校」とかいったお題目を唱えているだけでは，ことは少しも進まない。めざす理想の子ども像，学校の所在地，子ども

と大人の組織，資金確保の方法，経営の在り方，そして何よりも学習の質と進め方について冷静に，そして具体的に考えねばならない。

（2）学校づくりの基本方針

　度重なる話し合い，文献研究，そして学校見学などの末，私たちの学校づくりの基本方針は次のようにまとまった。

① 自由な学校

　イギリスのニイル（Neill, A. S. : 1883-1973）の学校（サマーヒル）をモデルとする。子どもたちが感情面で解放され，いろいろなことを決めたり選択したりする楽しい共同社会とする。

② 私立学校としての認可

　正規の私立学校（まずは小学校）をめざす。特別な子どものための特殊な施設ではなく「あるべき姿の普通の学校」のモデルとして世に発信する。

③ 体験学習

　メインの学習方法として，アメリカのデューイ（Dewey, J. : 1859-1952）の提唱した「為すことによって学ぶ（learning by doing）」方式を採用する。同じ年齢の子どもに同じ教材（教科書）を同じペースで教える画一的な知識の伝達は避けねばならない。そして「学校でいちばん楽しいのは学習」と答える子が，少なくとも30％，できれば3分の1になるような学校にしたい。

④ 寮のある学校

　候補地は，大阪から車で2時間以内の土地にしぼり，遠隔地からの子のために寮を用意する。通学か寮生活かは子どもと保護者が決める。寮の存在は，働く母親のお役に立てるかもしれない。

⑤ 同一賃金

　年齢，資格，経験などの違いはあっても職員は対等の立場で働く。基本給は全員が同額とする。扶養家族のある職員には手当を多めにする。

（3）目標とする子ども像：自由な子ども

　学校づくりの第二の仕事は，教育目標の設定，つまり子どもたちにどのよう

に育ってほしいかを明確にすることだ。私たちは主にニイルとデューイの思想と実践に学んで次のようにまとめた。

　　1．感情面が解放され自信と生きる喜びのある子ども
　　2．好奇心旺盛で考えつづける子ども
　　3．共に生きることを楽しむ子ども

　感情面が解放された子どもとは，心の奥深くで不安や自己否定感などにとらわれていない子ども，という意味である。ニイルの『問題の子ども』の冒頭のことばは示唆に富んでいる。[*1]

　　　困った子というのは，実は不幸な子どもである。彼は内心において自分自身とたたかっている。その結果として外界に向かってたたかう。

　フロイトのいう「超自我」つまり生後に大人（親や教師など）から与えられて内面化された禁止やしつけと，もって生まれた願いや生きる力との間に生じている葛藤が不安と混乱と自己否定感を生み，それが盗み，破壊，ウソ，空想の世界への逃避などの問題行動の原因となるというのだ。ニイルにとって，学校とは，子どもたちの内面の葛藤の原因となっている超自我を再形成させる場でなくてはならない。つまり既成の権威から解放され，子ども自身が「いかに生きるべきか」を体験的に習得するための共同生活の場，それが学校だというのだ。彼は初期の著作において次のようなことばも残している。[*2]

　　　すべての迷信，因習，そして偽善をかなぐり捨てたとき，そのとき初めてわれわれは教育を受けたといえるのだ。

＊1　A．S．ニイル，堀真一郎（訳）『問題の子ども（新版 ニイル選集①）』黎明書房，2009年，3頁。
＊2　A．S．ニイル，堀真一郎（訳）『クビになった教師』黎明書房，1976年，47頁。

ところで自分自身の価値観や世界観を形成するためには，感情面が安定して生き生きと躍動していると同時に，さまざまなことに好奇心をもち，創造的に考える態度と能力も備わっていることが望ましい。

　この自分自身で考える力を子どもたちが身につけるのを援助すること，それこそが教育の最大の使命だ，と強調したのがデューイである。彼は，「1オンスの経験は1トンの理論にまさる」と喝破して，「為すことによって学ぶ」方式を提唱した。1896年にシカゴ大学に実験学校を開設するための計画案では次のように書かれている。[*3]

> 　すべての教育の究極の課題は，心理学的要因と社会学的要因を調和的にはたらかせることである。心理学的要因は，それぞれの個人が彼のすべての個人的能力を自由に使用することを（…中略…）要求する。社会学的要因は，個人が彼の住む社会的環境のなかのすべての重要な関係について熟知するようになることを（…中略…）要求する。（この二つの要因の）調和は，子どもが自分自身を，しかも社会的な諸目的を実現するような仕方で表現することを要求する。

　つまり教師が一方的に知識や価値観を「伝達する」のではなくて，衣食住など生きていくための基本的な営みから出発して，子どもたちの自発性や活動性を尊重し活用して，創造的に考える態度と能力を伸ばし，その興味と関心を多方面へ展開させようというのである。この学習の仕方を彼は「活動的な仕事」（Active Occupations）と名づけた。

　ニイルとデューイはいずれも，子どもが大人や社会の既成の権威や価値観にしばられないで，自らの生き方を築くのを支援する共同生活の場としての学校を構想した。私たち「つくる会」も，精神的に自立した個人としてだけでなく，他と共に生きる喜びに目覚め，それを楽しむ大人へと成長する子どもになって

＊3　Dewey, J. (1972). Plan of Organization of the University Primary School, In J. A. Boydston (Ed.), *The Early Works of John Dewey 1882-1898, Vol. 5.* Southern Illinois University Press, p. 224.

ほしいと願って学校づくりをはじめた。

2 ｜ 新しい学校の基本原則とその展開

（1）自己決定，個性化，体験学習

　こうして私たちのめざす新しい学校では，感情，知性，社会性のどの面でも自由な子ども，つまり「自由な子ども」が教育の中心目標となった。

　この目標の達成には，思い切った方針転換が必要である。これまでの学校は，教師中心主義と画一主義と書物中心主義で貫かれているからだ。私たちは，これを子どもの自己決定と個性化と体験学習の原則へと方向転換する。

① 教師中心→子どもの自己決定

　普通の学校では，教師は決める存在，子どもは従う存在となっている。子どもには，決めたり選んだりする自由がほとんどない。しかし子どもが知的に自由になるためには，自分自身で決め，結果を見きわめ，失敗したらやり直す自由が不可欠である。特に失敗する自由こそは，子どもの基本的人権の一つだといってよい。

　教師は，子どもの興味を刺激し，みずから判断するように仕向け，励まし，プロセスと成果を肯定的に評価する。こういう教師は，決してヒマではない。環境を整え，学習材を準備するのにとても忙しい。自由学校では子どもの自由と教師の忙しさは比例する。

② 画一教育→個性化

　子どもは，たとえ年齢が同じでも，その他の点では一人ひとりが違っている。この当たり前の事実を尊重しないと，全員そろって同じように考え，同じように行動させるのが普通になってしまう。子どもたちは自由に決定したり選択したりできない。

　学習の中身は最初にしっかり決めておいたうえで，それぞれのペースで進ませるというやり方もある。しかしこれでは子どもたちは中身を選ぶことができない。個性化（individualization）には，活動と学習の多様化（diversification）が

不可欠である。つまり，同時平行的に，子どもたちが違ったことが，あるいは違った方法で学習できるシステムが望ましい。

　もう一つ大切なことは，個性化と「一人学習」は違うということだ。私たちは，一人ひとりが輝くのは仲間と共に学ぶ生活のなかだと考えている。

③ 書物中心 → 体験学習

　一人ひとりが自己決定をするには，解決しなくてはならない具体的な問題や課題が必要である。子どもにとって「どうでもいいこと」ではなく，「なんとかしないといけない問題」や「解決すればいいことが予測される課題」があれば，子どもたちはそれに挑戦する。体験学習は決してラクな学習ではない。知的な探究なのだ。先生は簡単には手助けしてくれない。自分で考えなくてはいけない。残念ながら世間では，体験学習はただ体や手を使うだけの軽い活動，あるいはいわゆる主要教科への付け足しと見られがちである。ひどい場合は単なる気分転換くらいの意味に捉えられている。しかし体験学習こそは，全身全霊をつかって挑戦する知的探究である。

（2）「プロジェクト」が中心

　私たちは「子どもの自己決定」「個性化」「体験学習」という3つの基本原則を図14‐2のように組み合わせて「プロジェクト」「基礎学習」「自由選択と集会（ミーティング）」「個別学習」という学習形態を設定した。

① プロジェクト

　プロジェクトは，3つの基本原則が調和した形態である。子どもが決定し，選択し，個人差や個性が生かされ，しかも実際生活（特に衣食住）と結びついたホンモノの仕事だ。学ぶ楽しさと仲間と触れ合う喜びをたっぷり味わい，知性と手と体を鍛える総合学習（integrated study）である。単なる教科の総合（合科）ではなく，発達の諸側面の統合でもある。小学校では週14時間，中学校では11時間が割り当てられている。体験学習としてのプロジェクトの主な特徴は次のとおり。

- 発達の総合

　教科の総合ではなくて子どもの発達の各側面，つまり身体，感情，知性，人

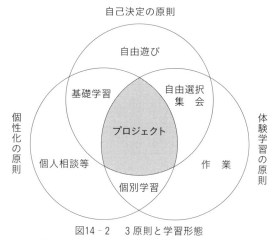

図14-2　3原則と学習形態

出所：筆者作成。

間関係を総合的に発達させる。「合科」や「総合的な学習」ではない。

● **基本的社会生活**

　衣食住や「いのち」からテーマをとる。単なる気分転換や「ままごと」ではない。生きるためのホンモノの仕事への挑戦である。

● **知的探究**

　体験学習では手や体も使うけれど、いちばんよく使うのは頭だ。好奇心、そして考える態度と能力が成長し続けることがねらいである。

● **カリキュラムの中心**

　メインの活動に集中すると同時に多方面の分野へと発展させられる。たとえば「米つくり」の活動から、「かず」と「ことば」の学習、植物の種類と成長、気候や土壌、日本や世界の人々の食生活の実際と歴史、貿易、世界の紛争や飢餓の問題などへと広がる。

● **道具としての知識や技術**

　3R's（読み書き計算）や既成の知識は、プロジェクトの遂行のための有用な道具として重視される。活動の結果として得られた知識は、その後の経験に役立つ財産として大切に保存される。普通の学校では、知識は、それ自体が目的

となっている。

- 子ども自身による活動の選択

後述するように，教師が主要な活動の異なる複数の縦割りクラスを提案し，子どもたちは好きなクラスを選ぶ（最近にぎやかに取り沙汰されている PBL やアクティブ・ラーニングでは，この選択の自由が保障されるとはいえない）。

② 基礎学習

自己決定と個性化の原則は保持されるが，抽象的な学習材も活用される。そしてプロジェクトとは相互依存の関係にある。基礎学習で学んだことがプロジェクトで活用され，また逆にプロジェクトそのものや関連のある事象が基礎学習の題材になる。小学校では国語や算数の内容を 7 時間，「ことば（literacy）」と「かず（numeracy）」として学ぶ。

プリント類はすべて手づくりである。市販のものは使わない。普段の生活とプロジェクトの活動から題材がとられるので，それぞれのクラスによってその内容は異なる。中学校では，国語・数学・理科・社会・英語の 5 教科にも計12時間が設けられている。数学は進度別に複数の学習グループができる。

③ 自由選択と集会（ミーティング）

自己決定と体験学習の原則は貫かれるが，個人活動というよりグループ活動である。音楽，美術，保健体育などの内容が多く用意され，子どもたちは学期ごとに選択する。

さらに全校ミーティング，クラス・ミーティング，寮のミーティングなど，さまざまな議題について話し合いがもたれる。時には移動中のマイクロバスのなかでも開かれる。自由学校とはミーティングの多い学校なのだ。

④ 個別学習

一人ひとりが計画を立て，大人の助言を受けて学習する。中学校では各教科の教員が別々の教室に待機していて，生徒たちから個別にさまざまな質問を受ける（必ずしも教科に関するものとは限らない）。週に 3 〜 4 時間。

⑤ クラス編成と時間割

この学園の学習の中核である「プロジェクト」は，クラス編成，時間割，教職員体制その他の実際的な在り方を決定する。まずクラスは，学年ではなくプ

ロジェクトのテーマをもとに編成され，子どもたちはそのなかから選んで所属する。たとえば木工，建築，園芸，地域社会の調査などの好きな教師2人が「工務店」というクラスをつくって全校の子どもたちにアナウンスする。子どもたちは，その活動と担任を見てこれに参加する。友だちを誘うこともできる。活動と担任とクラスメイトを選べるのだ。

　子どもたちが興味に従ってクラスを選ぶので，必然的に縦割り学級になる。人数や年齢構成はクラスによって違ってくる。2022年度の和歌山の小学校のクラスの名前は次のとおりで，116人の子が5つのクラスに分かれている（カッコ内は主な活動）。

- ・工務店（工作，建築，園芸など）
- ・ファーム（米づくり，野菜づくり，養鶏，料理など）
- ・劇団きのくに（劇づくり「子ダヌキ村の30周年」など）
- ・おもしろ料理店（日本と世界の郷土料理など）
- ・クラフト館（工作，焼き物，建築など）

　時には希望者の数や男女比，年齢構成などに極端なばらつきが生まれることもある。こういうときは再度ミーティングを開いて勧誘する。それでも問題が解決されないときは，子どもたちの意見も聞いて主要な活動やテーマそのものを考え直す。クラス名が変わることもある。

3 ｜ 実践例「道づくり」

クラス：きのくに子どもの村工務店		
児童数：小学1年〜6年生24名	教　員：2名	
活　動：学校から寮への近道づくり	期　間：2001年9月〜12月	

（1）テーマ設定の理由と活動のねらい

① なぜ「道づくり」か

　「工務店」は，1992年の小学校開校以来ずっと，そしていまも続いているクラスで，毎年「自分たちの生活空間を楽しくする」というテーマで運営されてきている。主な活動は木工，建物づくり，花壇づくり，地域社会の研究，本づくりなどで，毎年，多くの子が参加する。

　この年の年間テーマは「道」で，1学期には学校のある彦谷地区について調べ，昔といまの生活道路と人々の暮らしに目を向けた。彦谷地区は，和歌山県の東北の端，橋本市の中心部から約8キロの山のなかにあり，当時すでに村人の数が二十数名に減っていた。お年寄りが多く，子どもはほとんどいない。典型的な過疎の村である。限界集落といってよい。区長さんはじめ村の人たちは私立学校の新設計画を歓迎してくれた。

　学校の周辺や村の様子を見て回ったり地図を読んだりするうちに，子どもたちは寮との往復の道が大きくカーブしていることに気がつき，担任たちの期待どおり，「もっと近く早く通えないか」という声をあげた。子どもたちの「やる気と好奇心」が刺激されたのだ。自分たちの生活を便利で豊かにするだけではない。ホンモノの仕事である。とはいえ，これは想像以上に困難な大工事であることがわかってきた。

② 予想される子どもたちの成長

● 感情面の解放

　固い地面をつるはしや削岩機で削り，杭を打つ難しい仕事である。子どもたちは，汗だくになり注意を集中して作業を続ける快感を味わうであろう。そして苦労の末に難工事を仕上げたときに自信を深め，達成感を満喫するに違いない。

● 知的な発達

　子どもたちは，作業の開始前にも作業の途中でも解決を迫られるいくつもの難題に直面するはずだ。その問題を観察し，仮説を立て，情報を集め，結論をまとめて実際に確かめねばならない。この仕事はデューイのいう「創造的に考える力」を伸ばすには格好の題材である。

と同時に，この仕事を出発点として，子どもたちの興味を多方面に拡大し深化させるのにも有力であろう。

● 社会的成長

これは1人でできる仕事ではない。目的と夢を共有し，役割を分担して進めねばならない。そして仲間と共に力と知恵をつぎ込んで，むずかしい事業を成功させたときの喜びはとても大きいに違いない。

（2）活動の経過

① ルートを決める

付近の地図を片手に学校の周辺を歩いてルートを考える。次に現場で斜面の角度や樹木の位置などを確認し，出来上がったときの姿をイメージして最終案を確定する。

② 崖を削る

手ぐわ，スコップ，つるはしなどを使って掘削する。斜面は，地元の人が「かしわ」と呼ぶもので，角ばった石と赤土でかたくしまっていて，しかも大きな石や木の根っこが作業を遅らせる。途中で削岩機を投入したところ，子どもたちは「ホンモノの工事だぁ！」と大喜びする。

③ 階段をつくる

この道には何か所か急なところがある。2本の細い杭を縦に打ち，横棒を置いて土を乗せて階段状にする。

④ 杭を打ちロープを通す

斜面を削り終わると片側に杭を打ち，その杭にロープを通す。寮に向かって右側が深い谷になっていて，踏み外すとタダではすまない。重い掛矢（かけや）を使って固い地面に打ちつける。この作業は高学年の子が引き受ける。杭とロープの値段を調べるためにホームセンターへ足を運ぶ。

⑤ 完成そして修理

12月12日，近道はようやく完成し，完成パーティを開く。しかしその後，湿ったところが凍って滑りやすいことに気がつく。大急ぎで砂利と木材チップを敷いて修理をする。

完成した「寮への近道」の中央部分（右が寮，左が学校に続く。全長110メートル。）

　3学期には完成した道のわきに花壇をつくり，たくさんの球根を植える。

（3）子どもたちの成長と学習の広がり
① 続出する問題への対処
　子どもたちは，緊張と解放感の両方を味わいながら，力をふるい汗を流した。活動中は笑顔が多く，声にも張りがある。ホンモノの大きな，そしてみんなの役に立つ工事をしているという満足感と，作業の進展に伴って深まる自信が何よりの動機づけとなったようだ。

　便利で，しかも安全な道をつくるには，確かな見通しとさまざまな工夫が必要だ。子どもたちは，教室で，現場で，さらに旅行先で何度もミーティングを重ね，いくつもの問題や課題の解決に挑戦した。問題の存在に敏感に気づく，状況を観察する，いくつかの解決策を思いつく，1つの結論をまとめる，実行して確かめる，というデューイのいう「創造的に考える態度と能力」を，子どもたちは少しずつ身につけていった。

　たとえば完成した道で何人かの子が足を滑らせて転んだと知ったとき，どれだけの子がどこでどのように転んだかを調べ，砂利を敷く，ルートを変える，木材チップを敷くなど，案をみんなで比較検討して「まず木材チップを敷いてみる」という結論を出し，とりあえずこの問題を解決した。

寮への近道が完成。思わず笑えてくる。

　　いちばん大変なのは，崖けずりだった。岩盤と，太いねっこが出てき
　たのが，いちばん大変だった。太いねっこはかんたんには切れないし，
　岩盤は，くわでたたくと，石がとびちってあぶない。でも以外（ママ）
　に楽しい。やっとできて，初めてみんながとおる日，朝，友だちと，何
　人とおるか数えてた。100人くらいとおった。　　　　　（たかひろ，小4）

② 多方面の興味関心

　道づくりは多方面の事象へと子どもたちの興味を刺激するうえで，豊かな可
能性を秘めていた。「ことば」の学習では，自分たちの成し遂げた仕事につい
て長い文章を書くだけでなく，道に関連する漢字，熟語，言い回し，ことわざ
から，文字の起源や表現方法（句読点の使い方など）に至るまで各方面に関心
が深まった。子どもたちのたくさんの文章は，クラス雑誌「四季工務店」の特
別号「ザ・ちかみち」（全115ページ）にまとまった。

　手づくりの劇「ハリーポッターと賢者の道」も完成して，学年末に上演して
喝采を浴びた。

　道づくりは，低学年と高学年を問わず，「かず」の学習材として大いに活用
された。たとえば「杭は，どのホームセンターで買うのがいちばん割安か」か

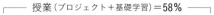

図14‑3　学校でいちばん楽しいのは何か（きのくに子どもの村小学校4～6年生）
出所：筆者作成。

らはじまり四則計算，消費税，分数，百分率などの学習につながる。

　そのほか，昔の道（東海道五十三次，熊野古道と世界遺産，伊能忠敬の日本地図つくり，シルクロードなど）から歴史の学習へ，冬になって道が凍ったことから気候など理科の学習へ，さらに道をテーマにした曲から音楽や劇づくりへ，というように限りなく広がる。

4 ｜ 体験学習の成果

（1）子どもの村の学習は楽しい

　2016年，学園創立25周年にあたって，本稿の冒頭で紹介した調査のときと同じ質問を私たちの学園の小学生にしてみた。図14‑3でわかるように，学校でいちばん楽しいのは学習，つまり「プロジェクト」と「基礎学習」と答えた子は，合わせて58％であった。この結果に満足するわけではないけれど，ひとまずホッとした。

（2）体験学習と「学力」

　ところで，私たちの体験学習中心のやり方に疑問をもつ人は少なくない。子どもたちの元気な姿に感動しつつも，「学力は大丈夫か」「高校への進学は？」「県庁や文科省からクレームは来ないか」などという質問が見学者から頻繁に出される。なかには「学校は楽しいだけでよいのですか」などと尋ねる人もあ

表14‐1　中学校卒業生の高校での成績（期末試験などでの当該学年での平均順位）

平均順位＼年度	2009年	2010年	2011年	2012年
平均順位	38	17	33	17
学年生徒数	238	214	287	194

出所：筆者作成。

る。これらの疑問の背景には，学力とは，教科書の内容を覚え受験に備えることだ，という"常識的"な発想がある。

　そこで10年ほど前に４年続けて，学園の中学校卒業生が進学した高校での成績を調べてみた。私たちは入学試験も校内試験もせず，宿題も出さず，しかも中学生には「受験指導はしない」と宣言している。しかし調査の結果は，驚くほどの好成績であった。公立私立を問わず多くの高校では，学年ごとに全校テストがあり，その成績の学年での順位が知らされる。和歌山校の中学校卒業生にこの学年での順位を尋ねたところ，１学年の平均生徒数が233人で，卒業生たちの順位の平均は，なんと26番であった。普通の意味での学力の面でも心配はない（表14‐1）。

　私たちの学園の和歌山校には高等専修学校がある。学園の唯一の高校段階で，全５校の中学生の約30％が進学する。ほかの子らは普通の公立校や私立校へ進む。後者の卒業生たちに「進学した高校で苦労していないか」と尋ねることがある。彼や彼女たちの答えには共通の特徴がある。

　　　高校のほうがずっとラク。授業だって先生の話を聞いているだけでよい。試験だって出題範囲が決まっている。子どもの村の中学校では，したいことがいっぱいあって滅茶苦茶に忙しくて，それが楽しかった。

（3）体験学習と学習指導要領

　私たちは「学習指導要領」を無視しているのではない。折に触れて普段の学習計画と照合することがある。表14‐2は，ある年の「工務店」クラスのそう

277

表14‐2　プロジェクトの活動と「学習指導要領」の対照チェック表（部分）

テーマ	主な活動	「 小 学 校 学 習 指 導 要 領 」 と			
		国　語	算　数	社　会	理　科
（スコットランド）コテージの新築 喫茶店の建て替え（きのくに）	ミーティング（企画）設計，模型作り用材の準備「きざみ」棟上げ内装最終点検完成パーティ世界の住まい調べ原稿書き博物館めぐり旅行ホームセンター見学	話す・聞く（1-6）説明文を読む（1-6）文を書く・記録する（1-6）	四則計算（1-6）量と単位（1-6）図形（三角形，四角形，ひし形，1-6）面積（4-6）角度（5-6）拡大縮小（6）平均と単位量（5）比の計算（6）対称図形（6）角柱・円柱（6）	暮らしの移り変わり（3）気候とくらし（5）いろいろな国や地方の暮らし（5-6）日本と世界の歴史（5-6）地図に親しむ（4-6）国土と地形（3-5）都道府県（4-6）いろいろな生活と道具（3-4）	時差・地球・天体（6）てこの原理（6）季節の変化（4-5）電流と電気（6）いろいろな地域の気候（6）
木工おもちゃ作り	椅子などの家具生活小物人形オルゴール電池おもちゃ等		四則計算（1-6）いろいろな図形（1-6）量と単位（1-6）拡大縮小（6）対称図形（6）	暮らしと道具（2-5）	電球・電池・磁石・電気（3-6）おもちゃ作り（2）
料理	喫茶店の経営日本と世界の食事山菜料理	いろいろな言い回し・ことわざ（1-6）	四則計算（1-6）量と単位（1-6）	食品・栄養・生活習慣（5-6）	食品・栄養・生活習慣（6）物と重さ・体積（3）物質の変化（5）

注：カッコ内の数字は配当学年。
出所：筆者作成。

いうときの対照表の一部である。

　ここで強調しておきたいのは次の視点だ。

　　学習指導要領の内容をプロジェクトの活動でカバーするのではない。
　　プロジェクトの活動が結果として学習指導要領の内容の多くをカバーする。

　実際，プロジェクトのいろいろな活動は，国語や算数は言うまでもなく，社会や理科の学年配当の枠を超えて豊かに含まれている。およそ15年前のことだが，あるとき元文部科学大臣の方とお会いしたことがある。元文部科学大臣からは「どんどんおやりください」と励ましていただいた。

　最後にもうひとこと。2021年の正月明けにコロナ感染者がどっと増えたこと

がある。学園では用心して 5 か所の小中学校を臨時休校にした。それから 1 か月半，子どもたちに相談した。

「もともと短い 3 学期がコロナのせいでさらに 1 週間短くなった。そこで相談したいんだ。春休みを削って 3 学期を 1 週間延ばしてはどうかと思うんだけど，みんなはどう思う？」

5 か所の小中学校のすべてで一斉に拍手喝采が起こった。何人かの小学生が「やったー！」とか「ばんざーい！」とか叫んだ。

最後に本書の主題である「個別最適な学びと協同的な学びの一体的な充実」に関連してひとこと付け加えておきたい。最近よく耳にする「アクティブ・ラーニング」について気になることがある。それは，だれが学習のテーマなり主題なりを決定するのか，ということだ。

子どもの村では，教師があらかじめ学習の対象と中身を決定しないようにしている。たとえば2022年度の「劇団きのくに」というクラスの場合，2 人の教師は「プロジェクト」のメインの仕事である劇づくりについて，事前にその内容を決めておくことはしない。そもそも劇を仕上げるかどうかもクラスのミーティングで決める。まず，真面目な話の劇，悲しい話の劇，笑える話の劇などについて話し合いを繰り返す。最後は，観客が大笑いしてくれるような作品にすると決まる。次に具体的な内容については，「きのくにの怖い話」「開校30周年の話」「マムシにかまれた話」「どろぼう学校」などが有力な候補に挙がり，最後に「どろぼう学校」が最も多くの子の賛成を得た。加子里子の絵本『どろぼうがっこう』（偕成社，1973年）から題材をとり，ストーリーを「もっと楽しく」なるように改変するための話し合いが続いた後，1 学期の最後に 2 度の公演をして児童生徒や保護者たちから盛大な拍手をもらった。

私があえて言いたいのは，どのような趣旨の学習改革を企図するにしても，教師のあからさまな，あるいはひそかなリードによって，子どもたちが巧妙に動かされるのは避けましょう，ということである。

参考文献

‣ 堀真一郎『きのくに子どもの村の教育 —— 体験学習中心の自由学校の20年』黎明書房，2013年（新装版，2022年）。
‣ 堀真一郎『体験学習で学校を変える —— きのくに子どもの村の学校づくりの歩み』黎明書房，2021年。
‣ 堀真一郎『教育の革新は体験学習から —— 堀真一郎教育論文集』黎明書房，2022年。
‣ 堀真一郎『自由教育の名言に学ぶ —— 子どもは一瞬一瞬を生きている』黎明書房，2023年。

〈以下，子どもの村の中学生が出版した**ホンモノ**の本〉
‣ きのくに子どもの村中学校わらじ組『山の村から世界がみえる —— 中学生たちの地域研究』黎明書房，2009年（増補版，2019年）。
‣ かつやま子どもの村中学校子どもの村アカデミー『中学生が書いた消えた村の記憶と記録 —— 日本の過疎と廃村の研究』黎明書房，2014年。
‣ 南アルプス子どもの村中学校ゆきほたる荘『中学生が伝える恐ろしいやまい・地方病』黎明書房，2023年。

第 15 章

経済産業省「未来の教室」プロジェクトが目指してきたもの[*1]

浅野 大介

1 経済産業省「未来の教室」プロジェクトの誕生

（1）経済産業省「教育産業室」の発足（2017年）

①「2つのキョウソウ関係（共創・競争）」と「公教育と産業構造との関係」

経済産業省が所管するサービス業の1つに「学習支援業」（学習塾，通信教育，スポーツ・音楽教室等の民間教育サービス）がある。その担当部署（サービス政策課教育産業室・スポーツ産業室）では，「1人1台端末」の配備を前提とした学び方改革の実証事業や成果普及事業（EdTech 導入補助金事業）で構成される「未来の教室」プロジェクト[*2]を2018年度より進めてきた。その延長線上で2019年以降は，文部科学省や内閣官房・内閣府，総務省，財務省の関係省庁一丸の協力で「GIGA スクール構想」を企画・推進し，国庫補助金と地方財政措置の合わせ技による小・中学生向けの「1人1台端末」の配備が実現されるに至った。筆者は経済産業省側の担当管理職として，この「未来の教室」プロジェクトや GIGA スクール構想に深く関与してきたが，その理由は2つあった。

＊1　本章の内容は，すべて筆者個人の見解であり，所属組織である経済産業省を代表するものではない。

＊2　「未来の教室」プロジェクト：主に，委託事業として実施した「未来の教室実証事業」，実証事業成果の普及事業である「EdTech 導入補助金」，広報事業の「未来の教室キャラバン」で構成された。

＊3　筆者は2022年6月末まで，商務・サービスグループ　サービス政策課長（兼）教育産業室長（兼）スポーツ産業室長を務めた（他にデジタル庁統括官付参事官，内閣官房こども家庭庁設置法等準備室参事官を兼務）。

第一に，経済産業省は学習支援業というサービス業を所管する立場から，主に学校教育を所管する文部科学省に"プランB"（膠着する現状を崩す代替案）を提示する意義を強く感じたためである。筆者は，よりよき行政の実現には政府内で「価値観に開きのある官庁同士」がつねに刺激を与え合う「2つのキョウソウ関係（共創・競争）」が不可欠だとの立場をとる。このため，当時の文部科学省は「3クラスに1クラス分の端末配備」を当面の目標とするなか，2017年に発足した経済産業省教育産業室では「1人1台端末環境とEdTech」を今後の不可欠の学習インフラとして位置づけ，民間教育と学校教育の協働による教育イノベーション（学習環境改革）を進めようと，「未来の教室」プロジェクトを進めてきた。

第二に，そもそも近代以降の公教育と産業構造には深い関係性があるためである。未来の仕事の担い手である子どもたちが，初等中等教育を通じて基礎的な資質・能力を身につけられるよう，経済産業省が文部科学省と協働することはまったく奇異ではなく，むしろ協働しないことのほうがよほど不自然なためである。

そもそも19世紀以来の近代教育は，産業革命の時代に，均質的で秩序に従順な大量の工場労働者を必要とした近代国家の要請を背景に世界に広まり，明治時代の日本でも公教育が確立した。そこでは，あらかじめ正解が準備された問いへの早く正確な回答を重視する教育，既存の常識や規範を疑うよりもそれらに対して従順にふるまうことを重視する教育が主流であったといえよう。

しかし，時は2020年代。いまの子どもたちが出ていく社会は，明らかに激変

＊4　たとえば経済産業省が主管するエネルギー政策も，組織文化や価値観に開きがある環境省等の関係省庁が異なる視点から議論するなかで政策は磨かれる。政策形成プロセスとしても各省庁の審議会の合同開催などを通じて「仕組み化」もされている。そもそも経済産業省は旧・通商産業省時代から，他省庁主管の政策分野について主管官庁とは異なる視点から「プランB」を考え，規制改革等に繋げる業務を数多く手掛けてきた。「打ち上げ花火」と揶揄される一過性の政策も多数ある一方，主管官庁だけでは難しい本質的課題に迫る政策も生まれ，評価はケース・バイ・ケースといえよう。

＊5　2017年7月に訓令に基づき発足したプロジェクトチームであった「教育サービス産業室」が，2018年7月に省令（経済産業省組織規則）に基づく室に格上げされた。

している。産業の世界を見回せば，単純な「ものづくり」ではなく「"もの"を使って提供するサービスの内容」に高い付加価値を認める。そのため既存の業種の垣根は融解して「産業構造のヨコ割り化」が進み，働き方や組織も「個の組合せ」や「多様性」を重んじるようになった。そして，DX（デジタル・トランスフォーメーション）の波がこうした変化を突き動かしている。

　このDXの進む社会で人間に求められる資質・能力は何か。人間は「情報処理能力」（記憶や計算などの認知能力）にせよ「体力」（一切休まず高速で働き続ける持続力）にせよ，コンピュータには圧倒的に劣る。今後はコンピュータに任せるべき仕事が増えるが，一方，事前にプログラムされたことにしか対応できないコンピュータでは担えない仕事を，人間が担うと考えるのが自然だ。

　つまり人間には，個々の生活課題（たとえば調理・清掃・洗濯等の家事，健康管理，資産形成等の諸課題）やマクロな社会課題（たとえば政治・経済・治安・交通・環境等の諸課題）について「解くべき課題の本質は何か，そのうえでどんな状態の実現を目指すか」「目指す姿と，選んだ手段は対応しているか」「他の場面でも有効だった手段を応用できないか」など，課題の絞り込み（＝抽象化）と作業仮説づくり（＝具体化）を繰り返す思考力が求められる。そして何より，チームをつくり，仲間と励まし合いながら試行錯誤し，共に仕事を仕上げる力がより重視される社会を生きることになるだろう。

　しかし，以前のようには付加価値を生み出せなくなった日本の企業組織や産業構造の問題の根っこには，人材と，その集合体としての組織の課題が横たわっている。そしてその背後には，「昭和の工業化社会での成功体験」をいまも引きずったままの「日本の教育」が，根深い課題として潜んでいるはずだ。[*6]

② 学習指導要領の理念を「本気で実現する」ための設え

　そんななか，折しも文部科学省が2017年に告示した2020年代の学習指導要領は「主体的・対話的で深い学び」の実現を目指す内容であった。それは言い換えれば「受動的・一方的で浅い学び」との決別，ということである。

＊6　詳しくは，浅野大介「なぜ経産省は教育に乗り出したのか」『中央公論（12月号）』第135巻第12号，2021年，120-132頁を参照。

しかし，「主体的」に学習するには一人ひとりの特性や事情に応じた個別最適な環境が必要になる。「対話的」な学びには，同じクラスの教師や同級生だけでなく，別の学校にいる生徒や，さまざまな職能・背景を有する大人との間の協働的なコミュニケーション機会が充実していたほうがよい。そして「深い学び」を得るためには，情報を集めて分析し，大量の文章を書き，推敲を繰り返す知的作業を，誰でもどこでも容易に行える学習環境の整備が必要になる。

2017年当時の問題は，学習指導要領の高邁な理念を現場で実現できる教員の数も，図書館の蔵書の数も，地域や学校ごとのばらつきもあり，全国津々浦々まで「受動的・一方的で浅い学び」と決別するための「道具」が揃っていないことだった。つまり，学習指導要領の先進性に，文部科学省内の他の施策が追いついていない印象があった。当時，経済産業省の教育産業室では，次のような「道具と環境」を揃える必要性を強く感じていた。

それは，①1人1台端末環境の実現，②標準授業時数の廃止，③教員養成課程と教員免許制度の抜本改革，の3点。つまり本書のテーマである「個別最適な学び」「協働的な学び」を実現するうえで必要不可欠な要素（①と③）の早期実現と，実現を阻む障害になりうる要素（②）の早期見直しであった。

なかでも，1人1台端末環境の実現こそが最優先の課題だと考えた。なぜなら，学習指導要領に基づき個別最適な学びや協働的な学びを実現するには，まず学校のデジタル学習環境を一気に整え，クラウド環境でさまざまなEd-Tech[*7]を「選んで，組み合わせて，使える状態」にすることが最初の突破口になると考えたからである。さまざまな地域間格差・家計所得格差を補完する意味でも，さまざまな認知特性をもつ子どもの表現手段を保障する意味でも，これこそが，必要不可欠な，最優先に進められるべき措置だと感じていた。

③ 最優先イシューとしての「1人1台端末とEdTechの利用環境整備」

旧・通商産業省時代の1993年度から推進した通称「100校プロジェクト[*8]」以降，経済産業省は永らく初等中等教育から遠ざかっていたが，2018年1月より

＊7　EdTech：さまざまな解釈があるが，動画教材やAI型教材やプログラミング教材などに限らず，汎用性のある検索エンジンやビデオ会議システムも含めデジタル技術を活用した学習手段全般を指すものと考えている。

「未来の教室」と EdTech 研究会（座長：森田朗東京大学名誉教授）を設置し，政策のスタンスづくりにとりかかった。研究会に併設したワークショップには現役中高生や教師，研究者，企業・NPO から130人以上の参加者を得て，ここで議論した計20時間超の議論に基づく第 1 次提言を同年 6 月に公表した。

　そして翌 7 月からはこの第 1 次提言の方向性に基づき，民間教育事業者と全国の小・中・高等学校等がコンソーシアムを組成し，EdTech を用いたさまざまな学習環境改革を実証する「未来の教室」実証事業を開始した。そして翌2019年 6 月には実証事業 1 年目の成果に基づき，第 2 次提言として「未来の教室ビジョン」を公表した。そこでは，すべての小・中・高等学校で「1 人 1 台端末・高速通信網・クラウド」が標準配備されることや，EdTech の活用が可能になることを大前提とした次代の学習環境のイメージを提言した。

　筆者は，2018年当時の文部科学省が掲げていた「3 クラスに 1 クラス分の端末を2022年度までに地方財政措置で推進し，最終的には 1 人 1 台を目指す」という整備目標では，地方自治体任せであり，モメンタム（勢い）をまったく得られないと考え，この方針を大きな力によって転換する必要を感じていた。[*9]

　省庁の常識として，「1 人 1 台端末環境整備への国庫補助金投入」のような巨大予算の実現は，大型補正予算の編成されるチャンスを狙う以外に道はない。しかし当時，幸いなことに2019年10月に消費増税（8 ％→10%）が予定されており，その直後の緊急経済対策（補正予算）の編成が見込まれたため，1 年以上前からこのチャンスを狙い準備することができた。2019年初から内閣官房・内閣府・文部科学省との議論を深め，秋以降に与党（自由民主党）からの働き

＊8　旧・特別認可法人情報処理振興事業協会（IPA：現在の独立行政法人情報処理推進機構）が実施した全国100校程度の小・中・高等学校等にインターネット環境とサーバー・クライアントを提供した「ネットワーク利用環境提供事業」のこと。
＊9　まず，「最終的には」という語は"霞が関文学"的な解釈では「現時点では予定も見通しもないが」を意味するため，この語を削除するなり，早めに予定を具体化する必要があった。また，地方財政措置は各地方自治体の裁量によって使途が決まるため，学校ICT 環境整備に使われる確証はまったくないにもかかわらず，地方財政措置をもって「国として政策を措置した」としてきた教育行政のスタンスを根本的に改める必要があった。

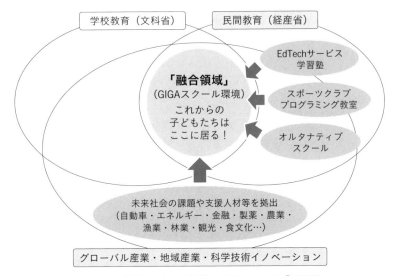

図15-1　GIGA スクール時代の子どもたちの「居場所」

出所：浅野大介『教育 DX で「未来の教室」をつくろう』学陽書房，2021年より。

掛けも作用し，当時の安倍総理官邸の強力な意思決定により，10月の消費増税後の12月に GIGA スクール構想の経費が2019年度補正予算案として計上された[10]。この補正予算案では，経済産業省も「EdTech 導入補助金」を新設し，「未来の教室」実証事業で実証してきたさまざまな EdTech 教材の学習効果を，GIGA スクール構想によって整備される１人１台端末環境を活かして全国に普及させる支援を開始できた[11]。こうして関係省庁による協業が前進した[12]。

----

*10　前掲書（＊6）参照。経済産業省「未来の教室」実証事業の誕生から文部科学省と協力して実現に向かった GIGA スクール構想の道のりについて，筆者のオーラルヒストリーが残されている。あくまで筆者の観点からの口述であるため，今後文部科学省サイドからの証言も待たれる。

*11　2021年度までに6,800の小中高校や一定の要件を満たすオルタナティブスクールなどの学校等教育機関において EdTech の試験的導入が進んだ。

*12　このときに内閣官房 IT 総合戦略室（当時）を調整の場とした文部科学省・経済産業省・総務省・財務省による協業体制は，その後2021年９月のデジタル庁発足以降も引き継がれ，４省庁による「教育データ利活用ロードマップ」（2022年１月７日デジタル庁・総務省・文部科学省・経済産業省）の策定にもつながっている。

（2）「未来の教室」プロジェクトの誕生（2018年）

先述のとおり，「未来の教室」プロジェクトの立ち上げ期に，経済産業省では有識者会議として「未来の教室」とEdTech研究会（座長：森田朗東京大学名誉教授）を2018年1月に発足させ，政策スタンスを固めた。以下，そこでの議論の外縁を簡単に紹介したい。

① プロジェクト全体を貫く「十則」

先述のとおり，この研究会では，付設したワークショップでの議事内容を以下の10項目にまとめ，これを土台に研究会の第1次提言に整理した。この10項目は，その後の「未来の教室」実証事業や，その成果の全国的普及を促すEdTech導入補助金を含め，「未来の教室」プロジェクトではどんな学習環境を目指すのかという軸を定める「十則」となった。

① 幼児期から「50センチ革命×越境×試行錯誤」[*13]を始める

② 誰もがどんな環境でも「ワクワク」（遊び，不思議，社会課題，一流，先端）に出会える

③ 学習者が「自分に最適な世界水準のプログラム」と「自分に合う先生」を幅広く選べる

④ 探究プロジェクトで文理融合の知を使い，社会課題や生活課題の解決を試行錯誤する

⑤ 常識・ルール・通説・教科書の記述等への挑戦を（失敗も含めて）学びと呼ぶようになる

⑥ 教科学習は個別最適化され，もっと短時間で効率化された学び方が可能になる

⑦ 学力・教科・学年・時間数・単位・卒業等の概念は希釈化され，学びの自由度が増す

⑧ 先生の役割は多様化する（教える先生，教えずに「思考の補助線」を引く

＊13　50センチ革命：一人ひとりが50センチでよいから，小さな半歩を踏み出してチャレンジをする日常がつくり出せれば人生も世の中もよりよきものになるのではないか，という考え方を言葉にしたもの。元中小企業庁長官である前田泰宏氏の言。

先生，寄り添う先生）

⑨ EdTech が教室を科学し，教室は学びの生産性をカイゼンする Class Lab[*14] になる。

⑩ 社会とシームレスな「小さな学校」に（民間教育・先端研究・企業／NPO と協働，企業 CSR・CSV が集中）

② プロジェクトの中核コンセプト

研究会では，この「十則」をさらに抽象化し，「"創る" と "知る" が "ワクワク" の力で循環する学び」の実現という目標を設定し，その後の「未来の教室」プロジェクトでは「学びの自律化・個別最適化」「学びの探究化・STEAM 化」という二本柱を実証コンセプトとしてプロジェクトを進めてきた。

- 「"創る" と "知る" が "ワクワク" の力で循環する学び」

日本の近代教育史を振り返ると，日常生活や社会事象における経験をベースにした探究学習を重視する「経験主義」と，教科ごとに系統立てられた知識の習得を重視する「教科主義」との二項対立の論争が繰り返された。そして，学校現場ではこうした理論的対立を背景に，両者の折衷案のような実践も試行錯誤された事例も多数あるが，やはり現実には教科主義が支配的といえよう。

そこで「未来の教室」プロジェクトでは，将来の社会課題解決やそのためのイノベーション創出の担い手になる子どもたちの資質・能力を育む観点から，「経験」（＝創る）と「教科」（＝知る）の二項対立を越えた「"創る" と "知る" が "ワクワク" の力で循環する学び」の実現をプロジェクトの目標に据えた（図15‐2参照）。[*15]

- 学びの「自律化・個別最適化」「探究化・STEAM 化」

この目標を実現するため，実証事業は 2 つのコンセプトで設計した。

＊14　つまり，教室そのものが学習の実験室だということ。

＊15　「未来の教室」プロジェクトでは，経験主義的側面が強く，大正自由教育に原点をもつ信州大学教育学部附属長野小学校や長野県伊那市立伊那小学校をはじめ，きわめて限られた学校に根づく学習スタイルにも影響を受けつつ，EdTech というデジタル技術の活用による学習の個別最適化要素も重視してプロジェクトが形成されてきた。

まず1つ目の「学びの自律化・個別最適化」は，従来のリアルタイムの一律・一斉授業を基本とする大量生産型の教育ではなく，オンデマンドの講義動画や AI ドリル等の EdTech 教材の活用，それを前提にして一人ひとりが設定するオーダーメイドの時間割（個別学習計画），多様な能力や背景をもつ指導者，そしてさまざまな居場所の組み合わせによる自律的な学習環境を目指すものである。デジタル環境が一人ひとりの学習ロ

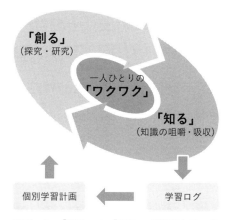

図15‐2　「創る」と「知る」が循環する，自律的で個別最適な学びへ

出所：図15‐1 と同じ。

グ分析を可能にし，児童・生徒が自己認識を深める助けを得て，気づけば学習指導要領が求める資質・能力をそれなりに身につけることができる学習環境づくりを目指してきた。

　そして2つ目の「学びの探究化・STEAM 化」は，プロジェクト型・教科横断型の探究学習を重視するものである。たとえば調理やファッションやスポーツなど，児童生徒も当事者意識をもちやすい日常生活の場面や，日本中・世界中の大小さまざまな社会課題・自然現象を題材にネット・リアルを問わず知識を集め，対話し，思考できるカリキュラムへの挑戦である。大学の研究や企業の事業開発現場が取り組む「ホンモノの課題」と学校で習う国語・英語・数学・理科・社会などの教科の単元も，学際的に自然と接続され，小学生でも中高生でも「ホンモノの課題」の当事者として学際的な探究の入口に立てる学びを目指すものである。以下，実証事業群を振り返る。

2 ｜「学びの自律化・個別最適化」事業群の振り返り

　これらは，特に多くの中学校や高校に見られる，教師が一律・一斉・大量生産型で生徒に知識を伝授する学習スタイルを根本的に改革する挑戦であった。学習者主体で生徒が「1人1台端末」を使って自律的に学びを進め，教師の助けを得ながら自分の学習計画を立て，その修正を日々続けるスタイルを志向した実証事業を進めてきた。2つの事業の概要を紹介する。

（1）「麹町中モデル」：千代田区立麹町中学校×Qubena（COMPASS）

　まず「未来の教室」と EdTech 研究会の委員であった工藤勇一校長（当時）時代の千代田区立麹町中学校では，AI 型教材「Qubena（キュビナ）」を使った自学自習と学び合いを数学の学習時間の中心に据える実証事業を進めた（図15‐3）。

　ここでは Qubena を利用して1・2・3年生の「基礎クラス」（成績上位3分の1集団を除く集団）の学習改革を行う一方，「発展クラス」（成績上位3分の1集団）では Qubena を利用せず一斉授業を続けた。基礎クラスでは教師は一斉講義を原則行わず，生徒たちは1人1台の iPad を持ち，校内のカフェテリアで各自の学習課題を解く自学自習と，生徒同士の学び合いを軸に学習が進められた。[*16]生徒がタブレット片手に話し合い，気軽に教師に質問する賑やかな風景の一方，雑音を避けて教室の隅に座り，1人で集中して学習する生徒もいた。

　この実証事業は，各生徒が自分が理解できていないポイントに絞って学ぶスタイルであったが，担当教諭からは「一斉授業では手を挙げて基本的な質問をしづらいが，Qubena を使うようにしてから生徒が教師に声をかけやすくなり，学力に自信のない生徒からの質問も増えた」との振り返りがあった。

　実証期間中，生徒たちは中学数学の標準授業時数の約2分の1の時間で履修を完了したため，生み出された残りの2分の1の数学の授業時数を「数学を使

＊16　このクラスでは Qubena ではなく自身が通う学習塾の教材を持ち込んで学ぶことも許されていた。

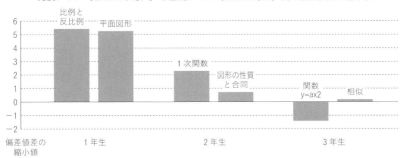

中学1年生の実施カリキュラム

従来の授業	中学1年生（2・3学期）の学習		
実証事業の授業計画	中学1年生（2・3学期）の学習	中学2年生（1学期〜）の学習	STEAM教育
	中学1年生の2・3学期の学習範囲を修了	中学2年生の学習範囲を先取り	数学を実践的に活用したSTEAM教育を実施

発展クラス（Qubena未導入）と基礎クラス（Qubena導入）間の偏差値差の縮小値

図15‑3　中学数学の時間に「創る」と「知る」を循環させる（麹町中モデル）
出所：経済産業省「未来の教室」実証事業報告書より。

う STEAM ワークショップ」に振り向けた。たとえば「交通事故の8割は，ヒューマンエラーが原因である」という社会課題について，解決法としての自動運転技術の可能性を学び，簡単な自動運転のプログラミングに挑戦した。狙った位置に車を自動で駐車させるには，「車輪の直径×円周率×回転角度/360」といった計算式を用いたプログラミングをする中で，生徒たちは「数学は，こう役に立つのか」という実感も得た。EdTech を活用した効率的な単元学習で時間の余裕を生み出したことにより，生徒たちが「社会の中に潜む数学」に触れ，数学の定理を学ぶ意義を知る余裕も生み出せることを実証した。

（2）「大熊小中モデル」：大熊町立小中学校×Qubena（COMPASS）

　東日本大震災により，福島県双葉郡大熊町立小中学校は，廃炉に向かう東京電力福島第一原子力発電所が立地する大熊町から，会津若松市内に避難をしていた。2022年度からは義務教育学校「学び舎ゆめの森」に生まれ変わり，2023年度から大熊町に帰町した[*17]。実証当時の児童生徒数は11人で，小学生と中学生が同居するなか，特別支援学級の児童も外国籍の児童も集団のなかの１つの個性として溶け込み，インクルーシブな学習空間を形成していた。１人１台のiPad環境が整備されている状況で経済産業省のEdTech導入補助金を用いて，先述の「麹町中モデル」でも用いたQubenaを数学で導入して自学自習を進めた。児童生徒からは「単元を前に進めたり，わからない点に戻ったり，自分でペースをつくれていい」「わからないことがわかるようになって楽しい」という声が聞かれた。

　指導する教員たちからはQubenaを用いて自律的に学習するようになってからの子どもたちについて，次のような感想が出された。

　　「一人ひとりがじっくりと自分のペースで課題に取り組むようになった。理解に時間のかかる子は周りの子が気になって焦りがちだったのが，いまは気にすることなく『自分の課題』に集中するようになった」
　　「ゲーム感覚で，１単元を終えるとステージをクリアしたような達成感があってうれしいみたいだ」
　　「これまでのような受け身の授業ではない。自分が何を学んだかを振り返り，まとめる作業をさせているが，大人になるまで彼らを支える学び方が身についてきた感じがする」

　当初は教科書に沿った解説をしない授業をすることに教員心理的には抵抗感

＊17　2022年度に会津若松市内で新しい義務教育学校としてスタートし，2023年度から大熊町に帰町した。イエナプラン教育の影響も受けながら教育課程づくりを進める大熊町教育委員会に対し，経済産業省では「未来の教室」プロジェクトの一環として，EdTech導入補助金の活用などさまざまな形で協力した。

もあったという。このため2020年度の2学期は教科書と Qubena を併用したが，3学期は思い切って Qubena を中心に授業を進めたら，予定より早く一通りの履修が終えられたので，「余った時間を，もう一度これまでの復習に充てたのが子どもたちにはプラスだったようだ」という感想も寄せられた。

3 │ 「学びの探究化・STEAM 化」実証事業群の振り返り

次に，「学びの探究化・STEAM 化」の実証事業群を紹介したい。これは「何のために学ぶのか」をイメージしにくい教科学習を変える挑戦であった。教科というタテ糸に，実社会や実生活というヨコ糸を通して編み込むことを常態化し，いわば，初等中等教育を高等教育，つまり学術の場や知的創造の場に近づけていくことを意味するものだと筆者は捉えてきた。

STEAM は，科学（Science）・技術（Technology）・工学（Engineering）・数学（Mathematics）の頭文字を集めた STEM という造語にA（Arts）を加えた概念であり，筆者はこの「A」をリベラルアーツ（教養）として捉える。生活・社会と科学技術を接続させ，教科横断・教科融合的な学習を重視した探究型・プロジェクト型の課題解決学習のキーワードである。

（1）「未来の地球学校」プロジェクト，「旅する高校」プロジェクト

株式会社 steAm や NPO 法人 TOKUSHIMA 雪花菜工房などが進めてきた「未来の地球学校」プロジェクトでは，2020年度には北海道旭川農業高等学校や徳島県立徳島商業高等学校など高校専門科6校が，農林水産業や日常生活課題に IoT・ロボット等のテクノロジーを応用して，高校や中学校の教育課程にも組み込む学習プログラムの開発を進めた。2021年度からは参加校を大学・高校普通科・中学校・小学校の計40校に拡大し，大別して「Playful Coding」（情報・数理・アート・AI の新メディア表現）や「Playful Robotics」（課題解決！ロボティクスエンジニアリング）の2種類のプログラムを，後述の経済産業省「STEAM ライブラリ」上で無償公開している「Playful Physical Computing」

アイディアの概要

→上空から自動で鳥山や潮目を発見するとその付近にて停止
→小魚の下に大型魚が遊泳している可能性が高いのでドローンを潜水、魚探知、魚種、個体の大きさ、魚群の規模などの調査を行う。
→同時に環境データ収集蓄積（気温、水温、塩分濃度など）
 ★魚群探知機能

図15‐4 「STEAM 高校 広域総合学科」の可能性に向けたトライアル

注：(左上) 農業実習上の課題でプログラミングとロボティクスに挑戦する生徒たち，(右上) 沖縄水産高等学校の生徒たちのチャレンジは「魚群探査のできる水陸両用ドローン」，(下) エンジニア，メディアアーティストたちとの対話は，1年間全てオンラインで実施した（ここで示した画像は参加校を結んだ報告会の様子）。

出所：図15‐1と同じ。

などの学習素材を用いて構築・実証してきた（図15‐4）。

　たとえば北海道旭川農業高等学校のプロジェクトでは，農業の現場の作業負担を軽減するための除草ロボットづくりに向けて，さまざまな工夫を凝らしたプロトタイプ作成まで漕ぎ着けた。沖縄県立沖縄水産高等学校のプロジェクトは，海水中の塩分濃度や潮流のデータを活用した沿海漁業の実現に向けて，魚群探査機能のついた水陸両用ドローンの実用化を考えるものであった。いずれも ZOOM を通じたエンジニアたちとのオンライン議論を繰り返して，探究してきた。

　一方，一般財団法人地域・教育魅力化プラットフォームが進めた「旅する高校」プロジェクトは，高校生が1年単位で在籍校とは異なる他地域の学校に移

「みらい探究」(学校・地域の枠を越え, 協働で学び合い, 切磋琢磨できる探究)
「普通教科」(個別最適な学習計画と学習ログで, 他校での単位取得・互換をスムーズに)

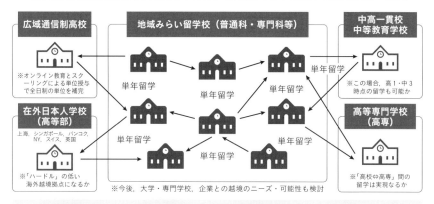

図15‐5　「旅する高校」みらいハイスクール・アライアンスのイメージ
出所：一般財団法人地域・教育魅力化プラットフォームの作成資料をもとに筆者加筆。

住し, その地域固有の社会課題などを探究する経験を積みつつ, 在籍校卒業に必要な普通教科の単位を通信教育を通じて取得できる, 現行制度の範囲内で可能な新しい高校教育課程づくりに挑戦する実証事業であった（図15‐5）。

　すでに世界の高等教育レベルでは, ミネルヴァ大学のように, カリフォルニア州に本部を置きながら, 授業は完全オンラインで実施され, 学生は世界7都市を渡り歩き, 各都市でのリアルな生活やさまざまな社会経験を組み合わせる学習環境を提供する大学は存在する。これに近い環境を, 日本の高校生にも提供できないだろうかという着想からスタートした事業であった。2021年度の実証事業の要点は, 単位制の広域通信制高校で取得した単位を所属する全日制高校での単位に認める事例をつくり出すことにあった。これにより, 高校生がさまざまな地域や海外を渡り歩き, 「その地域でしか学べない」地域社会課題や農業や漁業を素材にしてさまざまな STEAM 学習の経験を積み上げていく学びを可能にするねらいがあった。同時に「全国どこで学んでも変わらない」普通教科はオンラインで学ぶ, つまり全国共通のスタンダードでの個別最適な学習機会と地域特性の強い学びの機会を両立させることに挑戦するものでもあった。

（2）「みんなのルールメイキング」プロジェクト

　認定 NPO 法人カタリバと進めてきた「みんなのルールメイキング」事業は，全国12の公立・私立の中学・高校と 2 つの県教育委員会と連携して進めてきたものである。これは生徒が当事者意識をもちやすい「校則」を題材にして，多くの生徒には社会科の"暗記知識"でしかなく当事者意識をもちにくい「法」「自由」「民主制」「デュー・プロセス（適正手続）」といった概念を体得することを目的とした「STEAM の A（リベラルアーツ）」のプログラムである。「そもそも」や「なぜ」を問う力，つまり探究学習の基礎力を磨くプロジェクトとして位置づけ，全国的な広がりを目指して広報も強化してきた。

　ここでは生徒たちが疑問に感じる校則の改廃を，GIGA スクール環境を活かしたオンラインで参画する NPO のスタッフや企業人などのコーディネーターの参画も得て探究するプログラムとして実施してきた。

　この事業では，原初モデルとなった岩手県立大槌高等学校とカタリバによる取組みをたたき台に，「未来の教室」実証事業として全国展開を進めた。この大槌高等学校では有志の生徒と教員による校則検討委員会が規制緩和を主導してきた。生徒を体育館に並べて行う整容検査や（髪型の）ツーブロック禁止令の廃止過程では，「そんな髪型では就職活動で落ちる」「地域の目を気にしなくては」といった教職員の"親心"ゆえに続いてきた髪型規制などについて，生徒たちは地元企業にヒアリングをかけ，地域も企業も「気にしていない」事実を調べ，教職員たちの仮説を棄却する結果になった（図15‐6）。

　誰もが所与の前提と思っていた事柄に対して「それは本当か」という問いを投げかけたり，学校はそもそも何ができればよい場所なのかという「そもそも論」を自由に議論したりする経験は，学校が探究の場へと変化していくうえでの素地をつくる活動であるといえよう。

（3）経済産業省 STEAM ライブラリー

　経済産業省では，中高生にとっての探究学習の入り口と協働の場を提供する趣旨で，無償公開・オンラインの「STEAM ライブラリー」の制作を進め，2021年 3 月より暫定版を公開している。2022年度からの高校の新教育課程にお

	生 徒	教職員	保護者	企 業
賛成	・そこまで派手だと思わないから。 ・ツーブロの人を見ていても別に悪い印象を持たないから。	・ある程度ならば，いわゆる「奇抜」ではない範囲である。	・生え際がすっきりして良いと思う。次のカットまで間隔もあくので経済的。 ・義務教育でないからある程度自由でも良いと思う。髪型ぐらい自由でいいのでは。	・役場庁舎内でもツーブロックには抵抗はない。（町役場） ・どちらでもない。しかし，変でもないし，ツーブロックは何も気にならない。（釜石市ホテル）
反対	・面接のときにしてはいけない髪は普段からするべきではない。	・清潔・さわやかさよりも明らかにオシャレを意識し，勉学に励む準備ができていない。 ・就職先の企業が認めていないのであれば，学校でも認めないことにしないと就職に影響が出る。		

図15‐6 「ツーブロック解禁」賛成・反対をめぐる見解（大槌高等学校の生徒調べ）
出所：岩手県立大槌高等学校・認定NPO法人カタリバ作成。

ける総合探究や理数探究や公共といった授業を中心に関係教科の組み合わせ（合科）で活用される想定で開発を進めてきた。

たとえば，図15‐7にある「ベジミート（植物肉）」などの話題は，日本語版と英語版を用意しているため，動画の視聴を入口にして，社会科・理科・英語科など異なる専門性をもつ教職員が縦割りの教科を越えた教科横断的な協働を進めて授業デザインを行うきっかけになると考えている。これらの動画を題材に，各教科の教職員が知恵を出し合い，「同じ題材を使って複数の教科の定期考査問題をつくる」という活かされ方もあってよいのではないだろうか。

学校が現有の教育リソース（教職員，教科書，学校施設）だけで，現実の社会課題をテーマにした深い探究学習を実現するのは至難の業である。そもそも探究の経験に乏しい教職員自身が学際的（教科横断的）な探究に取り組み，自分なりの疑問を問いにすることや通説や常識にひるまず挑戦することを楽しむことが大切である。そのうえで，教材・指導者・場所・スケジュールなどの「組

ブリタニカジャパン×東京大学生産技術研究所・産業技術総合研究所・NEDO・筑波大学附属中

モビリティの調和

スマートハウス

バイオ
ハイブリッド

ドローン

バイオジェット
燃料

風力発電

自動運転

ベジミート

水素

高耐久の偏光材

心地よさの探究

長寿命Oリング

介護用ロボット

活性汚泥の微生物

トンボの
紫外線特性

コンテンツ詳細例：ベジミート―植物肉の可能性―
制作：ブリタニカ・ジャパン株式会社×筑波大学附属中学校

日本語版：　英語版：

> 理科, 家庭科, 歴史, 政治経済など教科を結びつけて, 植物肉市場の現状と今後を考える。

コマ例①

ベジミート：なぜ植物肉が求められているのか
・植物を中心とした食事と代替肉（特に植物肉）の急速な普及について分析する。確立された一連の基準を用いて, 植物肉のサンプルを評価する。植物肉を提供するレストランを成功させるための初期計画を作成する。

コマ例②

ベジミート：環境と経済への影響
・植物肉産業について詳しく調べ, 植物肉を作るプロセスと, 現在使用されている植物肉の生産技術, また今後期待される生産技術を特定し, 説明する。様々な生産方法を評価する。

コマ例③

ベジミート：肉を使わないビジネスのアイデア
・植物肉を提供するレストランの開業にあたって, 考慮すべき社会面・環境面の主な要因を見つけ出す。事業計画を作成する際に, 各ステークホルダー（利害関係者）の立場を考慮することの大切さを検討する。レストラン開業における障害を乗り越えるための方法を考える。

図15‐7　最先端研究を通じた STEAM 探究

出所：図15‐1 と同じ。

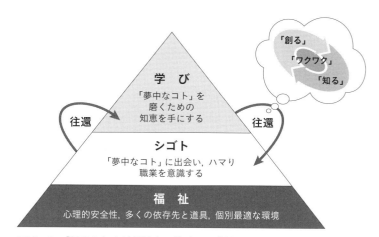

図15‒8　「創ると知るが循環する学び」は「学び・シゴト・福祉」
　　　　のピラミッドの一部

出所：図15‒1と同じ。

み合わせ」パターンを圧倒的に広げる必要がある。そのためには，次節で述べ
る教育 DX（デジタル・トランスフォーメーション）が必要になる。

4　プロジェクトから得た教訓
－「未来の教室」を支える数々の“インフラ”整備の必要性

（1）「学び・シゴト・福祉」のピラミッド

　実証事業 4 年目までを振り返って感じるのは，「学び・シゴト・福祉」のピ
ラミッド構造の重要性である（図15‒8）。ここで「福祉（Well-being）」と表現
したものは，すべての子どもたちに心理的安全性が保障され，多くの依存先や
道具を選んで組み合わせ可能な個別最適な学習環境のことである。その上に
「シゴト」つまり夢中になれることに出合い，熱中し，職業を意識する経験が
加わり，そのうえでようやく「学び」，つまり夢中なことに出合い知恵を手に
する活動が機能するようになるのではないかと感じる。

この「学び」と「シゴト」はグルグルと往還を続け，まさに先述した「創る（＝シゴト）と知る（＝学び）が循環する」状態になるものと考えられる（図15‐2参照）。この図のとおり，往還サイクルは「創ると知るが循環する学び」というコンセプトそのものともいえよう。

（2）GIGA スクール構想の「正常運転」：教育のデジタライゼーション

　実証事業では１人１台端末を自由自在に活用すること，具体的には「調べて整理する」「対話する」「何かの成果を創り出す」の３つを自在に行えることが大前提であった。これを１人１台端末の「正常運転」の状態と呼ぶとしよう。

　目下，GIGA スクール構想によって学校における端末の導入は一気に進んだが，大半の学校では「正常運転」と呼び得るレベルの活用にまでは至っていないはずである。しかし，本格的なデジタル活用は，疲弊した学校教育現場をさまざまな意味で活性化させるだろう。たとえば e メールやビデオ会議システム（ZOOM や Teams など）やチャットを使って関係者間のコミュニケーションを円滑にとる，わからないことは Google などの検索エンジンで情報を集め，取捨選択をして編集し，Word や Excel や PowerPoint といったツールを使って作文やプレゼンテーションやチャート作成をして資料化する。新たに勉強する必要があれば，パソコンや携帯電話からデジタル教材や YouTube 動画を活用して知識を吸収する。こうしてインターネット環境と１人１台端末を活かせるなら，離島や山間部に住んでいても，低廉で高品質な学習コンテンツで学べるし，ビデオ会議システムがあれば，全国各地や海外の生徒同士，大学生や大学院生も交えた議論の機会も簡単につくれるようになる。こうしたデジタライゼーション（Digitalization）のレベルの話を早急に常識化することがまず必要であろう。

（3）学習環境を「組み合わせ自在」にする：
　　　教育のデジタル・トランスフォーメーション（DX）

　最後に，「未来の教室」プロジェクトで目指してきた姿は，「児童生徒は一人ひとり，みな違う」ことを前提に，子どもと教師，保護者が相談して，「個別

学習計画」を各自の認知特性や家庭環境も勘案して組み立て，一人ひとり違う学習スケジュール（時間割）で自己調整と評価を繰り返す姿である。集団で議論しながらプロジェクトを進める協働の時間と，自己調整的に自学自習を進める時間がメリハリをもって両立する「未来の教室」の姿である。

　このとき学校は，児童生徒が多様な居場所・教材・指導者・支援者を組み合わせ，自分なりの学び方を見つけ，各自の目標を各自に適したスケジュールで達成するのを助ける機能を担い，学術支援・メンタル支援・キャリア支援の3つに職能分化された常勤・非常勤の多様な教育スタッフがオンライン・オフラインで支援し，事務職員との分業がなされる姿が想像できる。この姿を実現するには，教育のデジタル・トランスフォーメーション（DX）つまりデジタル技術を前提とした学習環境の「生まれ変わり」が必要となろう。

　教育DXが実現すると起こる変化は，私たちが携帯電話を「ガラケー」から「スマホ」に乗り換えた変化に似ている。昔の「ガラケー」のアプリは，NTTなどの通信キャリアを頂点にしたクローズド型・垂直統合型で開発・提供された。OS（基本ソフト）が非公開でアプリ開発に制約も強く，多様なアプリ開発者の知恵が集めにくく，多様なニーズをもつ利用者にとってアプリの選択肢も狭かった。現在の学校教育システムは，この「ガラケー」のスタイルに似たクローズド型のシステムといえるだろう。

　一方，スマホのアプリは一定の仕様とデータ連携ルールが公開され，オープン型・水平分業型で無数の企業や個人が知恵を絞って開発し，利用者は自分のニーズに合わせて多様なアプリを組み合わせて便利に使える。これから目指すべき「未来の教室」の姿は，スマホのアプリを選ぶように，使う教材，指導者や支援者，学ぶ場所，そして時間の使い方について，一定のルールに基づく組み合わせが許される学び場の姿ではないだろうか。[18]

　そこでは，教科ごとに定められた標準授業時数という考え方も，学年ごとに

＊18　こうした考え方は，以下の内閣府総合科学技術イノベーション会議教育・人材育成ワーキンググループによる「中間まとめ」にも反映されている。
　　　内閣府「Society 5.0の実現に向けた教育・人材育成に関する政策パッケージ〈中間まとめ〉」2021年。

学ぶべき内容が定められた学習指導要領の考え方も，教員免許の考え方も，オンライン学習の履修上の扱いも，あらゆる論点でビフォー・デジタルからアフター・デジタルに衣替えを要することを意味しているのではないだろうか。

（4）校内研究を通じた「職員室の高信頼性組織化」

一方，実証事業を通じて感じた最も重要なことは，デジタライゼーション以前の話として，「高信頼性組織」（High Reliability Organization）という概念の学校への応用である。もともと高信頼性組織研究という研究分野は，化学プラントや原子力発電所など重大事故が起これば致命的な被害をもたらす重要インフラのうち，「日々トラブルはあれど重大事故には至らない，"ダイナミックな無風状態"を継続できる組織（＝高信頼性組織）」の特徴を探る研究である。重要インフラというのは，とかく無数の決まり事（法令・規則）に縛られた複雑な組織構造になりがちであり，無数の細々とした決まり事が目的の達成を却って困難にすることもある。だからこそ手段の目的化を避け，シンプルに目的の達成を志向し，状況に応じた的確な手段選択を続ける組織文化の醸成が鍵になる。熊谷晋一郎氏（東京大学先端科学技術研究センター准教授）へのインタビューによれば，そんな高信頼性組織には，①メンバーの個別事情や創意工夫を受け止められる「謙虚なリーダーシップ」が機能し，②メンバー間で創意工夫や挑戦を歓迎する「心理的安全性」が保たれ，③メンバー間の「知識の交換」が盛んになり，結果として「一人ひとりの創造性が発揮される状態」が生まれ，「ダイナミックな無風状態」をつくり出せているのではないか，と言う。では，いまの学校は，特に職員室は，こうした要件を満たす場であろうか。

「未来の教室」プロジェクトで成果を挙げた学校現場に共通するのは，こうした要件をおおむね満たす場であったことだ。このため私は「職員室の高信頼性組織化」を校内研究などの機会を通じて進めることに意義を感じた。職員室全体が教育の最上位目標の達成を意識し，手段（決まり事や学習手段）の目的化を避け，迷ったら最上位の目的に立ち戻り，そもそも論から柔軟に考え続ける組織文化を手にする必要がある。そして先述の「謙虚なリーダーシップ」「心理的安全性」「知識の交換」の3条件を揃えることは，「そもそも」や「な

数値で見る変化				定性の変化

	初年度	2年目	差分
失敗してもよいという安全・安心な雰囲気がある	58%	95%	**37%↑**
人の挑戦に関わらせてもらえる機会がある	58%	90%	**32%↑**
立場や役割をこえて協働する機会がある	75%	100%	**25%↑**
本音を気兼ねなく発言できる雰囲気がある	50%	70%	**20%↑**

取り組み前
・本当にここまで厳しいことが必要なのだろうかと思っていたが言い出せなかった。(負の同調圧力)
・周りの先生が厳しくしているのを見てさらに指導が厳しくなっていった。(忖度による負の増幅)
・職員室の中に暗黙のルールがありそもそもを問うことが憚られる。(暗黙の当たり前の固定化)

▼

取り組み後
・職員室の中で自由な発言をしても否定されない。(自由な発想が許容される職場に)
・生徒が自由に発言する機会が増え生徒と議論できる関係に。(抑圧的関係から対等な関係へ)

図15‐9　校則検討を行う中で起こった教職員の変化（岩手県立大槌高等学校）
出所：図15‐1と同じ。

ぜ」を問いつづける態度が不可欠な探究学習を教える側としても不可欠である。

　たとえば，先述した「みんなのルールメイキング」プロジェクトの前後で，図15‐9のような職員室の変化が起きた。教職員の心理的安全性が改善され，"そもそも論"を言えない空気や，負の同調圧力が緩み，自由な発想が許された変化が，徐々に高信頼性組織の要件を満たしはじめたものと推察される。学習指導要領が掲げる「主体的・対話的で深い学び」は，こうしたプロセスを経て職員室が変わってはじめて成立する学びではないかとも感じる。

　さらに，先述した「STEAMライブラリー」プロジェクトを活用し，各教科の教職員が一緒に授業や定期考査の課題を考える活動は，中学・高校の職員室に生まれがちな教科タテ割りの壁を溶かし，失敗も学びと捉えてチャレンジする「心理的安全性」を生み出し，教職員同士や教職員と外部専門家との「知識の交換」を盛んにし，学校全体が高信頼性組織に向かうきっかけにもつながるのではないだろうか。

　校内研究の機会などを通じて，こうした活動に取り組むことは，各学校や教

育委員会レベルですぐにでも開始できる，現場目線での改善活動ではないだろうか。

参考文献

‣ 浅野大介「なぜ経産省は教育に乗り出したのか」『中央公論（12月号）』第135巻第12号，2021年，120-132頁。
‣ 浅野大介『教育DXで「未来の教室」をつくろう』学陽書房，2021年。
‣ 経済産業省「『未来の教室』とEdTech研究会第1次提言」2018年。
‣ 経済産業省「『未来の教室』ビジョン（「未来の教室」とEdTech研究会第2次提言）」2019年。
‣ 経済産業省「『未来の教室』ポータルサイト」（https://www.learning-innovation.go.jp/）
‣ 経済産業省「産業構造審議会教育イノベーション小委員会」（https://www.meti.go.jp/shingikai/sankoshin/shomu_ryutsu/kyoiku_innovation/）

第 16 章

ＩＣＴが拓く個別最適な学びと
協働的な学びの新たな地平

堀田　龍也

1 ｜ これからの日本 －主にデジタル化の視点から

　社会の変化が激しい時代になった。これまでのような安定的な社会ではない。当然ながら，人々に求められる資質・能力には大きな変化が生じている。

　このような社会の変化に多大な影響を与えているものの１つにデジタル化がある。本章では，主にデジタル化の視点から，社会の変化と求められる資質・能力，そのための教育の在り方について検討していくことにする。

（1）VUCA の時代

　デジタル化の視点から現在及び今後の我が国の社会状況を鑑みると，いくつかの論点があり，かつそれらが組み合わさっている。

　まず１つ目は，「VUCA の時代」の到来である。VUCA とは，変動性（Volatility），不確実性（Uncertain），複雑性（Complexity），曖昧性（Ambiguity）といった今後の社会の特徴を示す用語の頭文字で構成される言葉である。先行きが見通しやすかった安定的な時代とは異なり，デジタル化が進んで社会の変化が激しく予測困難な時代を迎えているため，組織にはより迅速な意思決定が，人々にはより自律的な行動が求められるようになる。過去の知識に頼り過ぎることはリスクとなり，知識の不断の更新が不可欠となる。組織の判断には前例踏襲は機能しなくなるため，意思決定は従来の PDCA（Plan：計画→ Do：実行→ Check：評価→ Action：改善）から OODA ループ（Observe：観察→ Orient：状況判断→ Decide：意思決定→ Act：行動のサイクルを短いスパンで繰り返して改善

していくこと）へとモデルチェンジしている。

　VUCA の時代においては，つねに自分で情報を収集し，自分なりに判断し，しばらく活動したらまた情報を収集し直して状況判断を修正していくような学習経験が必要になる。多方面からの情報収集にはインターネット等の活用が，関係者の情報共有にはクラウドが不可欠である。

（2）人口減少社会

　2つ目は，急速な人口減少である。VUCA の話は世界的な傾向であるが，人口減少社会は我が国における重大な問題である。

　世界の人口が増加し続けるなか，日本は2005年ごろに人口減少社会に突入した。2050年には日本の人口は9,500万人まで減少し，65歳以上が全人口の約4割に達する見通しである。生産年齢人口が減少するため，一人ひとりの労働者の生産性の向上が必須となる。

　生産性の向上には，人間の能力を増幅させるためのテクノロジーを活用する必要がある。徒歩では行けない場所に行くために自動車や新幹線や飛行機を用いるように，会えない距離にいる人ともオンラインでミーティングができるように，テクノロジーの活用がこれまでも人間の活動を増幅してきた。今後は，個々の人間が ICT を活用して生活や仕事を便利にして生産性を向上させていくことはもちろんのこと，現在はまだ人間が行っている業務の一部を AI やロボットなどのテクノロジーに任せていくことによって，労働人口が減少しても社会の豊かさを保ち続けることができるようにしていくことになる。

　近年では，掃除をするロボットなどが家庭に普及しているし，睡眠の状況を検知して上下するベッドなども普及し始めている。これらのテクノロジーは，センサーとプログラムによって機械を駆動している点でいわばロボットの一種である。このような背景があって小学校段階からプログラミング教育が導入され，STEAM 教育の重要性が説かれている。

（3）人生100年時代

　人生100年時代を迎えている。リンダ・グラットン（Gratton, L.）の著書『LIFE

SHIFT』^{*1}が2016年に英国で出版されたのをきっかけとして，長寿時代の人生設計の在り方や，従来の社会制度の見直しの動きが世界中で始まった。

　年代に応じて，もち合わせている能力やスキルを活かせるような仕事を選択すること，必要に応じて学び足したうえでキャリア・チェンジすることなどは，現在では我が国でもすでに一般的である。雇用する側もジョブ型雇用を用意し^{*2}，その人ごとの個性的な働き方をどのように認めていくかがつねに検討されるようになっている。

　柔軟な働き方制度の実現には，テレワークを可能としているデジタル化の進展が寄与している。ワーク・ライフ・バランスが重視される時代となり，オンラインによって男女ともに年齢に合わせて活躍できる社会が実現しつつある。終身雇用が当たり前ではなくなっている今日，将来の自己実現を自分で決めていくこと，そのために必要な学びを生涯にわたって続けていくことが必要となっている。

（4）日本の将来を見越した学習環境としての GIGA スクール構想

　AI の台頭により，職業の新陳代謝が進行する。AI に置き換わる確率が極めて高いのは事務的な業務である。事務的な業務の多くは定型的なものであり，プログラムによって実行可能となる。たとえば役所で住民票を入手する業務も，新幹線や飛行機のチケットを注文する業務も，かつては代行してくれる人にお願いしていたが，現在はスマホでできる。スマホを経由してクラウド上のプログラムに直接指示をするようになったため代行する人材が不要になったのである。

---

* 1　Gratton, L. & Scott, A. (2016). *The 100-Year Life : Living and Working in an Age of Longevity.* Bloomsbury Publishing.（池村千秋（訳）『LIFE SHIFT（ライフ・シフト）──100年時代の人生戦略』東洋経済新報社，2016年。）
* 2　ジョブ型雇用：日本の従来の雇用制度は「メンバーシップ型雇用」と呼ばれ，新卒の一括採用，年功序列の終身雇用が特徴であるが，流れが速く価値観が多様化する社会には合わなくなった。これに対して「ジョブ型雇用」とはジョブ（職務）の内容を明確に定義し，それに合致する人材を社外から雇用するシステムであり，欧米等では一般的な雇用制度である。

一方で，人材が足りなくなるといわれているのが専門職である。専門職の人たちのほとんどが，何らかの資格を取得し，業務に長く従事し，経験から豊富な知識を得ている。意思決定のスキルは相当に高く，複雑な状況判断に対応することができる。そのため，ロボットや AI に置き換わることは，今すぐには難しいだろうと見られている。

　今日，「探究的な学び」が重視されている背景は，このような職業の新陳代謝と無縁ではない。「教科の指導が忙しいから『探究』なんかやっている時間はない」というのは本末転倒である。探究的な学びでこだわりを発揮して試行錯誤するような学習経験をさせずに従来型の学習指導に終始することは，ロボットでもできる機械的なことしかできない人材を育成しているといっても過言ではないだろう。

　学校現場では，このことに対してどれくらいの実感をもって児童生徒を育てているだろうか。教師がかつて自分が教わってきたときと同じような学習指導で人材を再生産したら，今から先の時代に生きていくことになる児童生徒は仕事に就けない可能性が高まるのである。

　これからの時代の社会の変化を見据え，児童生徒の将来に必要となる資質・能力を検討し，今の段階でどのような教育をしておかなければならないかということを逆算して出されたのが，現行の学習指導要領であり，「令和の日本型学校教育」である。これを実現するための学習環境として検討され，多額の税金を導入して準備されたのが GIGA スクール構想である。

2 ｜ これから求められる資質・能力

　ここまでは，VUCA の時代，人口減少社会，人生100年時代などのキーワードと，デジタル化がこれらを後押ししていることを述べてきた。ここから先は，そんな我が国において，これからの時代に生きていく児童生徒にどのような資質・能力が求められるか，学校現場でそれをどのように育成していくかという点について述べていく。

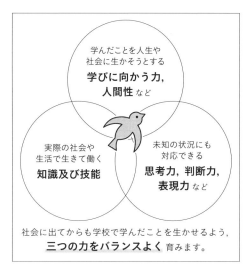

図16‐1　学習指導要領における資質・能力の三つの柱
出所：文部科学省ホームページ（https://www.mext.go.jp/a_me
nu/shotou/new-cs/1383986.htm）より。

（1）「資質・能力の三つの柱」

　旧来用いられていた「学力」という用語が，点数主義につながりやすく，マスメディアによってミスリードされることへの懸念があり，現行の学習指導要領では「資質・能力」という言い方を採用している。資質・能力は学力より広い意味をもった用語であり，非認知能力などについても検討されたうえで用いられている用語である。

　現行の学習指導要領における資質・能力は，「三つの柱」で構成されている（図16‐1）。

　左下には「知識及び技能」が配置されている。これまでの学習指導要領でも知識及び技能はつねに重視されてきた。今回も同様である。しかし「実際の社会や生活で生きて働く」という修飾語がついていることからもわかるように，単に記憶・再生にとどまらない，関連事象と紐づけられ当該の場面で発揮される知識や技能であることが求められている。考えてみれば，単なる知識であればインターネットの検索機能で簡単に入手できる時代である。浅いレベルの知

識はどれだけでも後で足し得るわけであり，それらの基幹をなすような理解の構造をつくるような学習のしかたが必要になる。

　右下には「思考力，判断力，表現力など」が配置されている。ここにも「未知の状況にも対応できる」という修飾語がついている。すなわち，この授業あるいはこの単元で経験した思考や判断，表現の経験が別の場面や別の教科等でも働くようになっているか，心理学の用語でいえば「転移する」かが重要ということである。デジタル化によって入手可能な情報が豊富になった分，どの情報を優先するのかという思考や判断の訓練が必要となったし，そのための思考ツール等の活用が実践されるようになった。また，インプットで終わることなく，誰かに説明するというアウトプットによって，自己の理解度をメタ認知し，不確かな理解を自覚し，不足した情報を収集し直して補っていくような学び方が推奨されるようになった。これらはいずれも，転移する学び方への改善だと捉えることができる。

　しかし今日では，知識や技能を身につけるのは学校教育の段階だけではない。生涯学習の時代となって久しいが，さらに社会の変化が速くなりキャリア・チェンジが一般的になっていくなか，学校を卒業して仕事に就いても，自ら学び続けていかなければならない時代となっている。そのような時代において，教師がしっかり教え，学習内容を順序よく理解させるばかりでなく，むしろ学習者である児童生徒が，やや混沌とした状況のなかであっても自ら学びとることができることにこそ，重点が移っているのである。つまり，児童生徒自身に学ぶスキルが身についていくような学習指導になっているかが重要である。

　このように3つの円で描かれている場合，上部に配置されている「学びに向かう力，人間性など」が最も重視されていると考えていいだろう。しかも「学んだことを人生や社会に生かそうとする」という修飾語がついている。つまり，学びの内容や方法が児童生徒にとって「自分の」学びであると印象づけられていることが求められるのである。自分で選択させること，自己決定させること，学ぶときのこだわりを意識させること，学びのペースを自分で調整させることなどが非常に重要である。ここで身につくのは，自分が学ぶ主体であるという自覚であり，学ぶスキルの上達である。

　また，学びに向かうためには，気持ちが前に向いていなければならない。学ぶ内容や方法への認知の他に，学ぶ意欲が必要ということである。学び続けるためには試行錯誤は当然のことであり，多少の失敗や批判でめげてしまい学びから遠ざかるようではいけない。「もう一度やってみよう，今度はこうやってみよう，あの人のやり方がおもしろいから取り入れてみよう」と考えられる姿勢が重要である。

　このように「学びに向かう力」には，学ぶためのスキルの獲得だけでなく，非認知能力である学ぶ意欲が求められるのであり，これを日頃の学習指導のなかでどのように涵養していくかということになる。数回の授業では身につけることはできないため，方向目標として意識させ続け，学びに向かう力が育っているかを長い目で評価していくことが必要である。

　この点においてもデジタル化は有効に機能する。他者の学びの状況がクラウド上で可視化され，いつでも他者参照ができることは，児童生徒が学び方を身につける際にきわめて有効である。学ぶ方法に正解など存在しないから，他者の学び方を参照することは自分の学び方を自覚させることにつながる。毎回の学びの記録がデジタルで残っていることは，過去の自分の学び方を参照することでもあり，自分の学び方の改善や向上を自覚させることにつながる。

　ここまで，学習指導要領において資質・能力の三つの柱を育むことが求められており，そこにデジタル化がどのように寄与しているかについて述べてきた。戦後，学習指導要領は約10年に一度の改訂が繰り返されてきたが，現行の学習指導要領はこれまでの改訂のなかで最も大きく基調の見直しが行われたものである。コンテンツ・ベースからコンピテンシー・ベースへといわれたように，学習内容を中心に検討されただけではなく，資質・能力の育成がベースとして置かれたのである。しかし，未だにコンテンツの加除修正や教師による教え方の議論ばかりが話題になってしまい，これからの世の中で求められている資質・能力がどのように変化しているか，そのために児童生徒が習得しておかなければならない学び方を身につける学習場面がどう提供されるかについては十分に議論されていないという現実がある。

（2）GIGA スクール構想の本質

　GIGA スクール構想は，現行の学習指導要領を確実に実施するための学習基盤の整備である。学習指導要領の告示に合わせる形で教育振興基本計画が定められ，情報端末のための整備予算が地方交付税交付金に埋め込まれていたが，予算規模は３クラスに１クラス分に留まっていた。PISA2018 では，OECD 諸国において我が国が最も学習で ICT を活用していない国であり，しかしプライベートな場面でチャットやゲームをすることは OECD 諸国でトップであるという結果がマスメディアで報道され話題となった。当時，AI 等の先端技術によって児童生徒の学びを支援できないか，あるいは教師の働き方を改善できないかといった研究開発が進んでおり，経済産業省を中心に EdTech と呼ばれる分野が推進されていた。

　GIGA スクール構想に関する補正予算の法案は2019年度末に国会を通過した。折しもこのころはコロナ禍の混乱の始まりであり，安倍総理（当時）によって全国の学校が臨時休業となった時期と重なった。在宅の児童生徒にどのように学びを提供しようかと検討した学校のなかには，学校にある情報端末を持ち帰らせる取組みが見られたが，それはほとんど広がらなかった。家庭の情報端末に頼るには家庭間格差があった。このような現実が GIGA スクール構想の予算の倍増を後押しし，当初４年計画で整備される予定だった情報端末は，１年間で整備されることとなった。調達は設置者の責務であるため，自治体によっては出遅れてしまったり，GIGA スクール構想が学習指導要領の確実な実施のための学習基盤の整備なのだということが理解されないままに過剰な利用制限をかけた整備をしてしまったりした例も見られた。文部科学省の担当課長は何度も説明会を企画し，YouTube 等で学校現場や教育委員会に語りかけたが，学校や役所からは YouTube が視聴できないなどの時代にそぐわない制限がかかっていて情報が行き届かないなどの混乱が見られた。

　2021年１月の中央教育審議会答申（いわゆる令和答申）には，GIGA スクール構想について次のように書かれている[*3]（下線は筆者）。「令和時代における学校の『スタンダード』として（…中略…）義務教育段階の全学年の児童生徒１人１台端末環境の整備を目指し，家庭への持ち帰りを含めて十分に活用できる

環境の整備を図る（15頁）」「GIGA スクール構想により配備される 1 人 1 台の端末は（…中略…）この端末からネットワークを通じてクラウドにアクセスし，クラウド上のデータ，各種サービスを活用することを前提としている（32頁）」「学校内のみならず学校外とつなぐネットワークが高速大容量であること（32頁）」「クラウドの活用を禁止せず，必要なセキュリティ対策を講じた上でその活用を進めることが必要である（32頁）」「小学校，中学校段階のみならず，多様な実態を踏まえつつ高等学校段階においても 1 人 1 台端末環境を実現する（32頁）」「デジタル教科書・教材等の普及促進や，学習履歴（スタディ・ログ）や学校健康診断情報等の教育データを蓄積・分析・利活用できる環境の整備，ICT を活用した学びを充実するための ICT 人材の確保，ICT で校務を効率化することによる学校の働き方改革の実現などが重要である（32頁）」。

　この考え方を踏まえれば，児童生徒 1 人 1 台の情報端末によって，一般的に利用されているクラウドツール（ブラウザのほか，ワープロ機能や表計算機能，プレゼン機能など）を使って，調べたり，まとめたり，伝えたりすることを通して各教科等の学習を進めることが基本的なスタイルということになる。クラウドツールでは他者参照が可能となっており，それが児童生徒個々の学びの状況を教師が把握するだけでなく，児童生徒それぞれが互いに他者参照し合い，誰と相談するべきかを自己決定することにつながる。児童生徒相互のコミュニケーションが活性化するだけでなく，教師から見れば真に学びにつまずいている児童生徒を支援しやすくなる。主体的・対話的で深い学びに向かう授業改善が実現すると同時に，児童生徒には学び方が身につくことになる。学び方の多様性が保障できることによって「どのように学ぶか」が個に応じて実現する。

　情報端末の持ち帰りについても，GIGA スクール構想の当初からの大切な視点である。家庭において，教師がそばにいない状況でどのように自己調整しながら学んでいくかは，自律した学び手となるために重要な学習経験である。GIGA スクール構想以前には，すべての児童生徒の家庭で情報端末が自由に活

＊3　中央教育審議会「『令和の日本型学校教育』の構築を目指して──全ての子供たちの可能性を引き出す，個別最適な学びと，協働的な学びの実現（答申）」2021年。

用できる状況にはなかった。GIGA スクール構想によって，家庭間格差を埋め，どんな家庭環境であっても学びに向かうことができることを保障しようという考え方なのである。

（3）学習の基盤となる「情報活用能力」

　現行の学習指導要領では，小学校・中学校・高等学校のすべての総則に，言語能力，情報活用能力（情報モラルを含む），問題発見・解決能力等が「学習の基盤となる資質・能力」として記載されている。学習の基盤となるのであるから，各教科等でさまざまに展開される学習において，基盤となって機能する，そのために備わっておくべき資質・能力としてこの3つの能力が例示されているということになる。ここではこれらの3つの能力について，デジタル化の視点から検討していくことにする。

　人間は言葉で思考するから，言語能力が重要であることは論を待たない。前回の学習指導要領から「言語活動の充実」として国語以外の教科等でもさまざまな言語活動が推進されてきた。これを前提に「対話的な学び」という用語が登場したが，ここでいう「対話」とは児童生徒同士の対話だけでなく，教師との対話，地域の人など学校外人材との対話などが想定されていた。また，「対話」とは話をすることだけではなく，文章に表し，文章を読んで理解し合うようなことも想定されていた。GIGA スクール構想によってクラウドでの他者参照ができ対話が誘発されることや，オンライン通話等によって学校外人材との対話が実現しやすくなることがわかるだろう。さらに現行の学習指導要領では「協働的」という用語も用いられるようになったが，クラウドを使って皆で作業状況を共有できる時代になったことが後押ししている。

　「問題発見・解決能力」は，従前から「問題解決能力」という用語で広く用いられていた。これからの時代は問題が定まればその解決は自動化されたプログラムや AI が対応できる部分が多くなることが想定されており，人間の能力としてはむしろ問題を発見できることのほうが重要と考えられるようになったことが背景にある。

　この2つの能力に加えて「情報活用能力（情報モラルを含む）」が取り上げら

れた。情報活用能力は，情報端末の基本的な操作スキルやキーボードからの日本語入力，クラウドの理解と使いこなしなどのいわゆる「ICT を操作するスキル」だけでなく，インターネットを経由して得られる情報を正確に読みとり鵜呑みにせずに判断したり，情報を整理したり，適切に表現したりするような「情報そのものを取り扱うスキル」の両方を含んだ能力である。情報活用能力が身についていなければ，1 人 1 台の情報端末がせっかく身近にあっても，検索に時間がかかったり，情報を正確に読みとることができなかったり，誰の言葉かわからないような説明に終始したり，適切な引用をせずに適当に貼り合わせてあたかも自分が考えたかのように見せてしまうなどの様子が見られる。「情報モラルを含む」とわざわざ書かれているのはこのためである。

　情報活用能力は，さまざまな学習場面でつねに情報端末を活用することによって身についていくため，学習経験の頻度によって身につき方が異なる。全国の児童生徒に同様に情報端末が提供されている今日ではあるが，情報端末を活用する学習場面があまり用意されていない学校と，日常的に活用して授業に取り組んでいる学校では，情報活用能力には相当な差が生じる。情報活用能力が学習の基盤となる資質・能力である以上，身についた情報活用能力の差は各教科等の学習成果に大きく影響してしまう。

　「情報端末を使うことが目的ではない」という言い回しが正論として流布されるが，一定期間は情報端末を積極的に活用して慣れていくこと自体を目的にしなければ，いつになっても十分に活用できるようにはならない。そのような段階では，操作スキルが十分ではないために授業時間を大幅に消費するばかりでなく，児童生徒がこの場面で情報端末をこのように活用すればよいという意思決定を自分でできないため，学び方の習得が阻害されてしまう。

　デジタル化の視点からいえば，情報活用能力が現行の学習指導要領の総則，教育課程の編成やカリキュラム・マネジメントを検討するところに明確に位置づいたという点が，Society 5.0 に向かう今日の学校教育においてきわめて重要な点であることを押さえておきたい。

3 ｜ 「個別最適な学び」とデジタル化

（1）「誰が最適にするのか」という議論

　2021年1月の令和答申のなかには，「個別最適な学びと協働的な学びの一体的な充実」と書かれている。このうち「個別最適な学び」という用語に定まるにあたっては，2020年7月の中央教育審議会初等中等教育分科会教育課程部会で以下のような議論があった。

　当時は「個別最適化」という用語が用いられていた。この用語は経済産業省から出されたものであり，一時期，政府でも文部科学省でも用いていた。個別最適化とは，AI等を用いて児童生徒の学習理解の状況を推定し，次に学ぶべき問題をリコメンドするという機能を中心に語られてきた用語であり，経済産業省が所掌する塾などの教育産業では非常に有効に機能していた。しかしこの用語を学校教育にもち込んだ場合，個々の学習者である児童生徒に対する最適化であることは望ましいとしても，「誰が最適にするのか」という点について疑義が生じる。AIドリル等のシステムが最適化してくれるのか，あるいはそばにいる教師がしてくれるのか，いずれにしても学習者である児童生徒の主体性はどうなるのかという点が問題となった。

　教育データの利活用が推進されることにより，学習状況をサマライズして可視化する技術が発達し，学習者や教師にフィードバックする機能が充実してくるとして，それらの情報を踏まえたうえで自己決定することこそ重要ではないか。自己決定できない段階においては教師が寄り添って支援することが大切で，そのためにもフィードバック機能の充実が待たれるのではないか。このような議論を経て，中央教育審議会では「個別最適化」ではなく「個別最適な学び」という用語を用いることとなった。「学び」なので主語は児童生徒である。対応する用語が「協働的な学び」であると考えると，「個別的な学び」でいいのではないかと考える人がいるかもしれないが，学習者本人が「最適」だと思う，

＊4　中央教育審議会「教育課程部会（第118回）議事録」2020年。

つまり，自分自身の興味や関心，ペース，やってみたいこと，挑戦してみたいことの自己決定を大事にするという，これからの時代の学びに向かう力を尊重して概念化されたのである。

（2）自律した学習者同士の「協働的な学び」

　児童生徒が自らの学習を調整できるような自律的な学習者であるという前提で，他者と協働することが「協働的な学び」である。児童生徒それぞれには，自分のねがいや可能性がありつつ，まだ十分にはできていないこともあり，だからこそ他者の学びの状況をクラウドで参照し，必要に応じて他者と一緒に活動しようとすることが肝要である。

　教師が留意しなければならない点は，個別最適な学びと協働的な学びは同時多発的に生起するということである。したがって「今から個別でやりましょう」とか「次は協働でやりましょう」と全員に対して指示している限り，児童生徒の学びは教師の制御下に置かれるのであり，一斉授業の一種にとどまるということである。

　一人でやるのか他者とやるのかは，学習者である児童生徒が決めるということが大原則である。それが「個別最適な学びと協働的な学びの一体的な充実」という用語の意味である。おそらく不慣れな教師は不安に思うだろう。その不安は，個々の児童生徒がしっかり学べているのかという不安である。だからこそクラウドツールで学習状況が可視化されていることに意味がある。

　初期段階では，学び方の手順をしっかり教え，何度も繰り返すなかで少しずつ難易度を上げていくことが適切である。日々の授業のなかで同様の学び方が繰り返され習慣化し，学ぶスキルが身についていく。次第に児童生徒が自分で見通しをもって取り組むことができるようになるので，最初は5分，次は10分，15分と任せる時間を延ばしていき，学習活動の切り替えの判断を本人にさせていくことが重要である。自分のペースをメタ認知できるようになり，学び方を自覚的に更新できるようになっていく。学び手として自律している児童生徒が増えていくほどに，教師には時間と余裕が生まれ，クラウドを参照しながら個別の支援が必要な児童生徒に丁寧に接することが十分可能となる。

おわりに

　読者の皆さんは，この一冊をどのように読まれたのだろうか。本書の執筆にも加わった編著者の私は，すべてのページを読み終えたときに，『「個別最適な学び」と「協働的な学び」の一体的な充実を目指して』というタイトルが妙にフィットしていると感じた。それは，各執筆者の専門性や立場が多様であり，日本の教育課題を論ずるアプローチはそれぞれ個性的であるにもかかわらず，それらをクロスさせて重なり合う知見を引き出してみると，目指すべき方向性が見えてくるように読めたからである。多様な子どもたちを束ねることなく，一人ひとりが"違う"ことを前提として「すべての個性的な学習者にどう向き合うのか」という問題意識が執筆者メンバーに共通していたように思えた。

　本書の執筆に協働してくださった皆さんにあらためて感謝したい。2021年1月26日に中央教育審議会から出された「『令和の日本型学校教育』の構築を目指して──全ての子供たちの可能性を引き出す，個別最適な学びと，協働的な学びの実現（答申）」を冷静に受け止めつつ，わが国の教育の実情を歴史的・国際的に捉えたうえで，これからの時代に求められている教育実践を多様なアングルから描き出すことに挑戦したのが本書である。個の学びと協働の学びをどういう方法で実践していくのかという問いを設定する前に，そもそも教育実践が上級学校への進学を目的とした準備教育や進学先の学校への"適応"を優先することになっていないかを問うことからはじめたいと私たちは考えた。就学前の子どもを対象とする保育・幼児教育と小学校・中学校の義務教育段階の児童生徒を対象とする学校教育との連携は，子どもの育ちに従って個に応じてデザインされることが肝要であろう。"発達障害"ないし"2E児"の目線から授業の在り方や学習環境が問い直されることで，学びの主導権が子ども一人ひとりにゆだねられることが可能になっていくであろう。そして，「個別最適な学び」はすべての学習者にとって「指導の個別化」と「学習の個性化」が配慮されることで実現され，それぞれの個の追究が十分に保障されてはじめて「協

働的な学び」が子どもの必要感を伴って充実していくという立場で本書は編集されている。「個別最適な学び」と「協働的な学び」は二項対立的に捉えるものではなく，両者は互いに補い合い，関連し合うなかで深い学びにつながっていくものなのだと捉えていただきたいと思う。

　そもそもわが国は長い間，個別の学びで年齢に関係なく学びたいことを学ぶ寺子屋式の教育で庶民の識字率を驚異的に高めていた国であった。それが明治期に入ると，近代学校教育制度の確立に伴って国家に有用な人材づくりを担うための教育が学校の使命とされた。個性よりも団体規律が優先され，効率よく指導するために一斉画一型の伝達方式がとられ，学校は競争原理の評価システムのなかで優秀者を選抜する装置になっていった。

　一斉授業を基本とする明治維新後の授業スタイルは今日でも多くの学校で踏襲されているが，日本の教師たちは子ども同士が学び合うことのよさを追究し，社会性を同時に育む授業研究を積み重ねてきたといえるだろう。一部の“名人”の授業においては，一斉授業スタイルのなかでもそれぞれの個性が活かされるような感動的な授業が展開されることがあったかもしれない。教育現場の教師たちには際限のない教材研究と子ども理解の努力が求められ，献身的な働き方が美徳にされるため，名人芸のような優れた授業を見せられない教師は，昔から能力か努力が不足していると評価される風潮もあったかもしれない。それでも，誠実に教師の仕事に打ち込むことで，時にはご褒美として子どもと教師とで創る感動的な物語の主人公になれる。自分が差し出した言動によって「あの子がこう変わった！」というエピソードを糧にして，教師たちは実践力を磨いてきた。だから「教師はこうあるべきだ」という啓蒙的な議論が好きだし，子どもと共に成長していける教師の仕事を愛してきたんだと思う。私自身がそうだった。

　しかし，多くの教師にとっては，一斉授業のなかでどの子にも自分らしく学べるチャンスを与えることは至難の業だった。教師それぞれにティーチングスタイルがあるように，子どもの側にも本来はラーニングスタイルがあるからだ。近年では深刻な少子化に逆行するかのように，“通常学級”から離脱する子どもの数が増え，特別支援学級の対象者と不登校の子どもの数が急激に増えてい

る。これは，今日の学校を取り巻く環境において，多様な子どもたちを相手に一斉授業スタイルで横並び的な教育内容を全員そろえて指導することには限界があることを示唆していると見るべきであろう。そもそも個別最適な学びが不十分なままに協働的な学びを志向しようとすることには無理があるのだ。そう捉え直してみると，教室の授業のなかで生成されるドラマに全員を立ち会わせることは日本の多くの教師の理想であるように思うけれど，一人ひとりの子どもが自分なりに学ぶ力をつける学習機会を，授業のなかで十分に保障していくことも同じくらい重要だと納得していただけるのではないだろうか。そのためには，個々の子どもの学びのプロセスを一番近くで見ている教師が，一斉授業の指導者の役割を時々変えて，それぞれの子どもの"最適な学び"の試行錯誤に伴走する援助者となることも重要なのである。

　黒板とチョークと教科書の3点セットで授業を構想していた時代には考えられなかった教育方法が，学校現場から凄まじい勢いで開拓され，YouTubeなどに無料公開される時代になってきた。教育現場のICT活用の進展や日常生活におけるAI技術の普及により，授業の概念を塗り替えようと思えば，従来の発想にはない授業方法を実現することが可能になっている。まもなくデジタル教科書の中身が刷新され，バーチャルリアリティ技術の教育利用も一般化されるだろう。オンライン学習が日常的に利用可能なものになったことで，不登校児童生徒が学びを取り戻したり，特別支援学校の子どもたちが豊かな学びを拡張したりしているように，教室での学びに居づらさやストレスを抱える子たちも，「個別最適な学び」が推進されるなかで自分なりの学び方を試行錯誤しながら，他者とつながっていくことの喜びにも学びを発展させていくのではないかと期待したい。

　本書では触れられなかったが，2023年4月から「こども基本法」が施行されている。これは日本国憲法および「児童の権利に関する条約」の精神にのっとり，すべての子どもが将来にわたって幸福な生活を送ることができる社会の実現を目指して，子どもに関する政策を総合的に推進することを目的として制定された国内法である。同法第3条には6つの基本理念が書き込まれており，その3つ目には次のように明記されている。

三　全てのこどもについて，その年齢及び発達の程度に応じて，自己に直接関係する全ての事項に関して意見を表明する機会及び多様な社会的活動に参画する機会が確保されること。

　私たちはこれまで，幼児教育や学校教育のなかで，どれだけ子どもに選択権や決定権を渡し，意見表明の機会を認めてきただろうか。たとえ善意ではあっても，子どもの意思表明の前に子どもの走路や走り方まで丁寧に指示してきたことはなかっただろうか。一列に並ぶ必要のないことまで，整列させてこなかっただろうか。何のために何をどう学ぶかを子ども自身が考えられるようにすることは，「こども基本法」の重要な理念でもある。

　本書は，子どもの力を信頼し一人ひとりが多様な学び手だという事実に立脚しつつ，その内実はきわめて多様であるため，教師がどれだけ子どもの側に立ってケア・保育・学習指導を提供できるのかを追求したユニークな専門書なのではないかと思う。「個別最適な学び」と「協働的な学び」の一体的充実を目指そうとする読者にとって，ささやかでもお役に立つことができたら，執筆者一同この上もない喜びである。皆さんから率直なご意見やご批正をいただけたら幸いである。

　なお，この企画にご賛同くださり，帯に素敵なメッセージをくださった無藤隆氏と藤原さと氏には心から御礼申し上げたい。

　最後に，本書の企画から編集・刊行に至るまで，北大路書房の西吉誠氏には大変お世話になった。執筆分担者がきわめて多忙なメンバーばかりで，原稿のとりまとめや校正作業なども難航し，当初の計画より刊行が遅れてしまったことでずいぶんご心配をおかけしたものと思う。そんな私たちを温かくかつ根気強く待っていただき，貴重な一冊に仕上げていただけたことに心より感謝したい。

　2023年10月

伏木久始

《執筆者紹介》(執筆順,執筆担当)

奈須正裕 (なす・まさひろ)　はじめに,第1章～第3章
　　編著者紹介参照。

荒瀬克己 (あらせ・かつみ)　刊行に寄せて
　　現在：独立行政法人教職員支援機構理事長。
　　主著：『奇跡と呼ばれた学校』(単著) 朝日新聞出版, 2007年
　　　　　『子どもが自立する学校』(共著) 青灯社, 2011年

伏木久始 (ふせぎ・ひさし)　第4章, おわりに
　　編著者紹介参照。

大豆生田啓友 (おおまめうだ・ひろとも)　第5章
　　現在：玉川大学教育学部教授。
　　主著：『日本が誇る！　ていねいな保育』(共著) 小学館, 2019年
　　　　　『非認知能力を育てるあそびのレシピ』(共著) 講談社, 2019年

加藤幸次 (かとう・ゆきつぐ)　第6章
　　現在：上智大学名誉教授。
　　主著：『個別最適な学び・協働的な学びの考え方・進め方』(単著) 黎明書房, 2022年
　　　　　『教科等横断的な教育課程編成の考え方・進め方』(単著) 黎明書房, 2019年

佐野亮子 (さの・りょうこ)　第7章
　　現在：東京学芸大学非常勤講師。
　　主著：『しっかり教える授業・本気で任せる授業』(共著) ぎょうせい, 2014年
　　　　　『教育の方法と技術』(共著) ミネルヴァ書房, 2023年

松村暢隆 (まつむら・のぶたか)　第8章
　　現在：関西大学名誉教授。
　　主著：『才能教育・2E 教育概論』(単著) 東信堂, 2021年
　　　　　『2E 教育の理解と実践』(編著) 金子書房, 2018年

金田裕子 (かねた・ゆうこ)　第9章
　　現在：宮城教育大学大学院教育学研究科准教授。
　　主著：『協同の学びをつくる』(共著) 三恵社, 2012年
　　　　　『ファシリテーター・トレーニング (第2版)』(共著) ナカニシヤ出版, 2010年

白水　始（しろうず・はじめ）　第10章

現在：国立教育政策研究所初等中等教育研究部総括研究官。
主著：『対話力』（単著）東洋館出版社，2020年
　　　『協調学習とは』（共著）北大路書房，2016年

涌井　恵（わくい・めぐみ）　第11章

現在：白百合女子大学人間総合学部准教授。
主著：『特別支援教育とアクティブ・ラーニング』（編著）金子書房，2023年
　　　『学び方を学ぶ』（編著）ジアース教育新社，2014年

宇佐見香代（うさみ・かよ）　第12章

現在：埼玉大学教育学部教授。
主著：『初等生活科教育』（共著）ミネルヴァ書房，2018年

坂本明美（さかもと・あけみ）　第13章

現在：山形大学地域教育文化学部准教授。
主著：『現代フランスの教育改革』（共著）明石書店，2018年
　　　『新特別活動』（共著）学文社，2005年

堀　真一郎（ほり・しんいちろう）　第14章

現在：学校法人きのくに子どもの村学園理事長・学園長。
主著：『教育の革新は体験学習から』（単著）黎明書房，2022年
　　　『ニイルと自由な子どもたち』（単著）黎明書房，1999年

浅野大介（あさの・だいすけ）　第15章

現在：石川県副知事。
　　　※元：経済産業省サービス政策課長・教育産業室長。
主著：『教育DXで「未来の教室」をつくろう』（単著）学陽書房，2021年
　　　『探究モードへの挑戦』（共著）人言洞，2022年

堀田龍也（ほりた・たつや）　第16章

現在：東北大学大学院情報科学研究科教授，東京学芸大学大学院教育学研究科学長特別補佐／教授。
主著：『クラウドで育てる　次世代型情報活用能力』（編著）小学館，2021年
　　　『情報社会を支える教師になるための教育の方法と技術』（編著）三省堂，2019年

《編著者紹介》

奈須正裕（なす・まさひろ）
　　現在：上智大学総合人間科学部教授。
　　主著：『個別最適な学びの足場を組む。』（単著）教育開発研究所，2022年
　　　　　『「資質・能力」と学びのメカニズム』（単著）東洋館出版社，2017年

伏木久始（ふせぎ・ひさし）
　　現在：信州大学学術研究院教育学系教授。
　　主著：『信州発・大学版「総合学習」の展開』（編著）信州教育出版社，2012年
　　　　　『山と湖の小さな町の大きな挑戦』（共著）学文社，2017年

「個別最適な学び」と「協働的な学び」の
一体的な充実を目指して

2023年11月20日　初版第1刷発行
2024年 8 月20日　初版第5刷発行

編 著 者　　　奈　須　正　裕
　　　　　　　伏　木　久　始

発 行 所　　㈱北大路書房
〒603-8303　京都市北区紫野十二坊町12-8
　　　　　　　電話代表　（075）431-0361
　　　　　　　Ｆ Ａ Ｘ　（075）431-9393
　　　　　　　振替口座　01050-4-2083

ⓒ 2023　　　　　　　　　　　　Printed in Japan
ブックデザイン／吉野綾　　　　ISBN978-4-7628-3238-3
印刷・製本／共同印刷工業㈱
落丁・乱丁本はお取り替えいたします。
定価はカバーに表示してあります。

子どもの遊びを考える
「いいこと思いついた！」から見えてくること
佐伯 胖 編著

四六判　248頁　2,400円＋税
ISBN978-4-7628-3229-1　C3037

「遊び＝自発的な活動」というのは本当か？これまで「自発的な活動」として捉えられ議論されてきた「遊び」。本書では、「いいこと思いついた！」という現象を切り口に、「中動態」や「天然知能」などの概念を参照しながら「自発的な活動としての遊び」について多角的に検討する。そこから見えてくる「遊び」の本質とは。

非認知能力
概念・測定と教育の可能性
小塩真司 編著

Ａ５判　320頁　2,600円＋税
ISBN978-4-7628-3164-5　C1011

非認知能力とは何か。「人間力」「やりぬく力」など漠然とした言葉に拠らず、心理学の知見から明快に論じる。誠実性、グリット、好奇心、自己制御、楽観性、レジリエンス、マインドフルネスなど関連する15の心理特性を取りあげ、教育や保育の現場でそれらを育む可能性を展望。非認知能力を広く深く知ることができる一冊。

協調学習とは
対話を通して理解を深めるアクティブラーニング型授業
三宅なほみ，東京大学CoREF，河合塾 編著

Ａ５判　216頁　2,000円＋税
ISBN978-4-7628-2932-1　C1037

一人ひとりの生徒が自らの頭で考える。そして、仲間と考えを比較吟味し、より適切な答をつくっていく学習スタイル、それが「協調学習」である。今まさに求められている主体的・協働的な学びの形であり、本書では「知識構成型ジグソー法」という型を通し、科目別の授業デザイン等、実際の授業づくりに役立つ知見をまとめる。

メタ認知で〈学ぶ力〉を高める
認知心理学が解き明かす効果的学習法
三宮真智子 著

Ａ５判　176頁　1,800円＋税
ISBN978-4-7628-3037-2　C1011

自律的な学習者を目指すために重要なキーワードとなる「メタ認知」。第1部ではその概念について、第2部ではよりよい学習法や教授法における科学的根拠について、読み切り形式で平易に解説。生涯学習が求められる現代において、単なるノウハウではなく、臨機応変に活用できる学習方略をあらゆる学習者に提供する。

（税抜き価格で表示しています。）